역사와 현실

박헌경 변호사 칼럼집

'역사는 영원히 반복된다.'

『펠로폰네소스 전쟁사』를 쓴 투키디데스가 한 말이다. 역사는 계속 되풀이되므로 오늘을 살아가는 우리는 지나간 역사의 교훈을 배움으로써 내일에 대비하는 지식과 지혜를 얻을 수 있다. 역사라고 하면 우리는 일반적으로 정치사만 생각하는 경우가 있다. 그러나 역사는 정치, 경제, 안보, 사회, 종교 및 문화 등 다방면에 걸친 지식과 지혜가 포함되어 있는 어제까지의 인류의 인간 생활에 대한 지식과 지혜의 총체를 의미한다. 정치사, 경제사, 전쟁사가 있고 문학사, 과학사, 종교사 및 철학사가 있는 것이며 가족사, 한국사, 세계사 등으로 분류될 수도 있다. 다시 말하면 역사는 지나간 인간 생활에 대한 모든 것을 말한다고 할 수 있다.

따라서 우리는 역사를 공부해야 하는 것이고 역사를 공부함으로써 역사상의 사건과 인물로부터 많은 교훈을 배울 수 있다. 특히 한 국가의 장래와 운명을 짊어지고 이끌어 나갈 정치인이 되려고 하는 자는 반드시 역사를 공부해야 하고 역사에서 지식과 지혜를 얻음으로써 국가와 국민을 올바른 길로 인도해 갈 수 있다. 정치 모리배들의 권모술수와 부패 및 잘못된 정치로 인하여 정치와 정치인에 대하여 혐오와 환멸을 느끼고 정치에 무관심해질 수는 있겠지만 정치 그 자체는 우리들 삶의 너무나 많은 것을 좌지우지할 수 있는 심히 중차대한 것이다. 정치인을 혐오하거나 증오할 수는 있어도 정치를 혐오해서는 안 될 것이다. 잘못된 정치로 인하여 경제가 나락에 떨어지게 되면 국민 모두가 엄청난 경제적 고통을 받을 수 있고 정치인의 잘못된 판단으로 전쟁이라도 일어나게 되면 우리의 일상이 밑에서부터 송두리째 뿌리 뽑힐 수 있다. 그만큼 정치는 중요한 것이고 민주국가의 국민으로서 우리는 정치에 대하여 늘 관심을 가지고 지켜봐야 할 필요성이 있는 것이다.

조선의 뛰어난 경세가 율곡 이이는 책문의 형식을 빌어 조선의 현실을 개혁하고 바로 잡기 위하여 정치·경제·안보 등 다방면에 걸쳐 17가지 시대의 현안에 대한 물음에 대하여 스스로 고뇌 속에 답을 제시한 『율곡문답』이라는 책을 펴냈다. 율곡 이이는 퇴계 이황에게 보낸 편지에서 "한밤중에도 생각만 하면 저도 모르게 벌떡 일어나 앉습니다"라고 고질병이 깊어질 대로 깊어진 조선의 현실에 대하여 고뇌하는 마음을 담아 적어 보내기도 하였다. 국가사회의 문제점과 부조리를 개혁하고 보다 나은 공동체 사회를 만들기 위하여 정치에 출마하려는 사람들은 시대의 현안에 대한 처절한 고민과 함께 시대가 당면한 문제에 대하여 대안과 해답을 찾으려고 노력한 율곡 이이의 이러한 마음가짐을 배우고 닮을 필요가 있다.

해방 후 동족상잔의 한국전쟁을 겪은 지 70여 년이 지났다. 남과 북은 서로 다른 체제 아래서 체제 경쟁을 해왔다. 그동안 대한민국은 여러 가지 많은 문제점에도 불구하고 G7에 필적할 만한 선진국이 되었고 정치도 민주화되었다. 반면에 북한은 김씨 3대 세습 유일 체제 아래서 대다수 북한 동포들은 인권이 억압되고 헐벗었으며 북한은 감시화, 병영화되었다. 북한의 김정은도 인정할 만큼 대한민국은 그동안 체제 경쟁에서 종국적으로 북한에 승리한 것은 기정된 사실이다.

그러나 해방 후 70여 년이 지난 현재의 대한민국은 한강의 기적과 민주화에도 불구하고 너무나 많은 문제점들을 내포하고 있다. 정치적으로 보수우파와 진보좌파로 분열되어 내전으로 치달을 만큼 서로 적대시하고 있고, 정치인들은 국가공동체와 국민을 위한 것이 아니라 자신의 영달과 진영 논리에 따라 움직이고 있으며 극단주의가 판을 치고 있다. 다음 세대를 생각하기보다는 다음 선거에 이기기만을 생각하여 국가 재정이야 거덜이 나든말든 상관없이 포퓰리즘적 선심정책만 남발하고 있다.

경제적으로 잠재적 경제 성장률이 점차 둔화되고 있고 OECD 국가 중 미국 다음으로 빈부의 격차가 크다. 주거가 아닌 투기의 대상이 되어 급격히 뛰어오른 주택 가격으로 인하여 청년 세대가 혼자 힘으로 돈을 벌어 주택을 마련하기가 너무나 요원해진 현실이다. 공교육의 부실과 사교육비의 증가로 청년 세대가 결혼과 자식을 포기하게 되고 세계 최악의 저출산으로 인하여 장차 대한민국이 소멸할지도 모른다는 위기감이 팽배해 있다. 줄어든 일자리를 놓고 취업 전선에서 청년들이 구직을 위하여 무한 경쟁에 내몰리고 있고 우울증, 불안증, 공황장애 등 마음의 병을 앓고 있는 사람들이 늘어나고 있다. 자살률은 세계 최고다.

선진국이라고 하면서도 노인의 노후 보장과 복지는 제대로 갖추어져 있지 않고 너무나 열악한 실정이다.

평창올림픽을 계기로 사실상의 핵 보유국임을 선언한 북한은 핵실험과 연일 미사일 발사로 우리를 위협하고 있고 대만해협에서는 2027년 중국의 시진핑 4연임을 앞두고 중국 인민해방군이 대만을 침공할 가능성이 높다. 양안전쟁으로 미국과 중국 사이에 전쟁이 일어나게 되면 주한미군이 한반도를 빠져나갈 수 있고 그사이 중국의 혈맹인 북한이 중국을 도와 남한을 국지적으로라도 침공할 수도 있다. 2024년 미국 대통령 선거에서 트럼프가 당선될 경우에는 주한미군이 철수할 수 있고 우리나라에 더 많은 방위비 분담금을 요구할 수 있다.

개척교회로 시작된 한국교회는 해방과 한국전쟁의 혼란을 거치고 보릿고개를 넘어오면서 어려운 환경 속에서 오직 예수 그리스도의 복음 전파와 사랑의 실천을 설교하며 교인들의 정신적인 지주가 되어왔으나 경제 성장과 함께 교회는 양적 팽창으로 대형화되고 세속화되었다. 목회직이 기득권이 되면서 목회자들이 교회를 사유화하고 자식에게 목회직을 대물림하는 성직 세습이 다반사로 벌어지고 있다. 구한말 경허선사의 개혁으로 새롭게 부흥되기 시작한 한국 불교는 성철 스님을 비롯한 선승들의 봉암결사로 선풍을 진작해왔다. 그러나 사찰이 부유해지고 비대해지면서 사찰은 잿밥에 눈이 먼 사판승들이 장악하고 신도들의 시주와 정부의 보조금을 전횡하게 되면서 많은 문제점을 노정하고 있다. 돈 없고 노후 보장이 되어있지 않은 나이 든 이판승들이 수행보다는 하루 한 끼니를 얻어먹기 위하여 하안거, 동안거에 참석하고 있는 웃지 못할 일이 벌어지고 있는 것이 현 한국 불교의 실정이다.

2018년부터 2024년까지 대한민국의 정치, 경제, 안보, 사회, 종교 및 문화 등 다방면에 걸친 시대의 현안에 대하여 신문 칼럼의 형식을 빌어 현실 비판을 넘어 역사의 교훈으로부터 나름의 현실 문제에 대한 대안과 해답을 찾아보려고 노력하였다. 2018년 경북일보로부터 시작하여 대구일보, 법률신문, 매일신문, 영남일보 등에 칼럼을 기고하였고 이를 모아 새롭게 수정할 부분은 수정, 정리하여 매일신문 출판부에서 『역사와 현실』이라는 제목으로 책을 출간하게 되었다.

　　역사란 역사 그 자체가 아니고 역사를 바라보는 각자의 시각이므로 사람마다 역사관이 다를 수 있다. 동시대에 살고 있는 우리들도 동시대에 일어난 사건에 대하여 일부만 보거나 들을 수밖에 없고 아주 제한된 범위 내에서만 경험할 수밖에 없다. 그래서 역사가들은 많은 사람들의 경험을 파편을 주워 맞추듯이 맞추어 역사를 서술하지만 그조차도 역사의 일부에 지나지 않고 역사 그 자체라 할 수 없다. 우리가 직간접적으로 경험한 역사도 역시 역사의 아주 작은 파편에 지나지 않고 우리가 역사를 바라보는 시각도 다양한 역사관 중 하나에 지나지 않을 뿐이다. 그래서 우리는 역사 앞에서 겸허해질 수밖에 없다. 지나온 역사를 돌이켜보면서 오늘을 살아가는 작으나마 교훈이 되는 지식과 지혜를 얻는 데 도움이 될 수 있었으면 하는 바람으로 이 책을 출간한다.

　　『역사와 현실』이라는 책을 출간할 수 있도록 도와준 매일신문 출판부에 먼저 감사한다. 이 책이 출판되기까지 곁에서 같이 마음 써준 아내와 가족에게 고마움을 표하고 며칠에 걸쳐 맞춤법을 교정해준 딸에게 감사한다. 추천사를 써주신 최철원 영남경제신문 대구대표님, 김용락 시인님에게 감사드리고, 감상평을 써주신 민주당 김두관 전 국회의

원님, 국민의힘 홍석준 전 국회의원님, 심후섭 전 대구문인협회장님, 김형기 경북대학교 명예교수님, 조원경 하양무학로교회 목사님, 박재일 영남일보 논설실장님에게 감사함을 표한다. 그 밖에 책 출간과 관련하여 조언과 도움을 아낌없이 주신 여러 인연들에 대하여 그 성함은 일일이 나열할 수 없으나 이 자리를 빌어서 그 은혜에 두 손 모아 깊은 감사를 드린다.

2024년 5월

변호사 율천 박헌경 배상

추천사

김용락

〈시인, 전 한국국제문화교류진흥원 원장〉

책 『역사와 현실』의 저자 박헌경 변호사는 법률가이다. 그런데 글을 쓰는 법률가이다. 내 기억에 법률가로서 의미 있는 글을 쓴 사람은 『전태일 평전』을 쓴 조영래 변호사나 『그리고 아무 말도 하지 않았다』라는 에세이로 한 시절 낙양의 지가를 올린 서울대 법대 출신의 문학가 전혜린 선생이 생각난다. 또 인류의 고전 『파우스트』를 쓴 괴테와 소설 『성城』을 쓴 프란츠 카프카 역시 법률가 출신이다. 이들은 모두 글을 통해 자신을 완성하고 인류고전의 지혜를 후대에게 남겼다.

동양에서는 글 쓰는 행위를 도道를 닦는 수행의 의미로 받아들였다. 인간은 어떤 본성을 타고 태어나는데 그 본성을 찾아내고 가꾸는 행위를 문장을 통해 완성하는 행위로 비유했다.

박헌경 변호사의 글에서 인생을 탐구하는 에세이든 정치·사회에 대한 정책적 제안이든 간에 다 합리적 이성과 높은 품격을 느꼈다. 그는 중용지도의 미덕과 인간에 대한 따뜻한 애정을 갖고 있는 사람인데 이번 책에서 그러한 그의 인간됨의 향기를 고스란히 맛볼 수 있다. '꽃의 향기는 백리를 가고 사람의 향기는 만리를 간다'고 했던가.

추천사

최철원

〈수필가, 영남경제신문 대구 대표〉

저자 박헌경은 변호사고 나는 신문사에서 칼럼을 쓴다. 나는 박헌경 변호사를 부를 때 줄여서 박변이라 부른다. 나는 박변이 좋다. 나는 박변이 나를 좋아하는지에 관해서는 그다지 관심을 가지지 않는다. 단지 내겐 박변이 초등학교 시절 같은 솥밥을 먹고 지낸 동문이라는 것이 중요하고 가끔씩 만나 밥을 잘 산다는 것이 중요하다. 나는 선배로 박변에게 지켜야 될 것이 많은데 오히려 박변이 나보다 더 잘 지키는 예의가 바른 사람이어서 때론 내가 미안할 때가 많다.

그런데 알고 보니 그는 예의만 바른 사람이 아니다. 부지런하기가 견줄 것이 없다. 변호사 업무만으로도 바쁠 텐데 자기 수양을 위한 노력은 끊임이 없다. 책을 많이 읽어 독서광이라 해도 그 말이 무색하진 않을 성싶다. 남들이 다하는 골프는 마다하고 걷기 운동을 계속 한다. 걸으면서 쓰고 싶은 것에 대하여 생각을 많이 정리한다며, "좋은 글이란 문장과 상황에서 찾아지는 게 아니라 준비하고 사색하는 양에 의해 써지는 것"이라고 말한다. 나도 가까이서 지켜보며 어느 날부턴가 부지런함도 배우고 독서습관도 익혔다. 그래서 박변은 나의 도반이다.

박변은 글도 잘 쓴다. 많은 독서량과 해박한 지식이 바탕 된 그의 글은 언어가 리듬을 타고 놀 듯 부드럽지만 어떤 대목에서는 자기 주장이 강하며 확실하다. 마치 노련한 뱃사공이 풍랑과 싸우며 노를 저어서 앞으로 나아갈 때 밀고 당기는 강약 조정을 잘하듯 그렇게 글을 써 내려간다.

어느 날 내게 추천사를 부탁했을 때 난감했다. 그 난감함은 두려움이고 발가벗고 내 자신을 보이는 것 같았다. 그러고 보니 박변과 논설의 논제를 두고 대화를 할 때도 그는 당당한 글을 좋아했고 나는 궁상맞은 글을 선호했다. 그래서인지 박변의 글은 당당하고 그만의 고유한 체취와 인향人香이 묻어 있다.

책 『역사와 현실』은 그 바쁜 일상에도 틈틈이 짬을 내어 신문에 기고한 글을 한 곳에 묶어 세상으로 내보내는 것이다. 성실과 당당함이 녹아있는 책 한 페이지씩 넘길 때마다 사람 냄새가 묻어 있고 그래서 이 책이 더욱 빛난다.

| 차 례 |

Part 1. **정 치**

Part 4. **사 회**

정 치

왕도정치의 실현과 시대정신

사마광의 『자치통감資治通鑑』, 진덕수의 『대학연의大學衍義』, 오긍의 『정관정요貞觀政要』는 동아시아 역사에 있어서 제왕학帝王學의 교과서로 불린다. 제왕학은 성학聖學이라고 불리었는데 제왕학의 교과서들을 관통하는 핵심은 바로 왕도정치王道政治다. 조선시대 임금은 세자 때부터 제왕학의 교과서들을 공부하였고 군주가 되어서도 경연經筵 등을 통하여 공부하여 수십 년간 군주의 통치술을 익혔다. 그런데 작금의 우리나라 정치 지도자들은 대다수 조선시대 제왕학의 교과서가 무엇인지 알지 못할 뿐만아니라 자신이 왜 정치를 해야 하는지 절실한 물음도 없이 정치에 뛰어드는 경우가 많다. 그런 관계로 자신의 이익이나 진영 논리에 매몰되어 목적을 위해 수단과 방법을 가리지 않고 기술과 정치공학이 기승을 부리고 있는 것이다.

왕도정치의 핵심은 덕치에 있고 덕으로 다스릴 때만이 진정한 왕도를 이룰 수 있다고 한다. 왕도정치를 구현하기 위한 군주의 통치술은 어떠해야 하는가의 물음에 대하여 짧고 명료하게 정의한 글이 있다. 이 것은 군주 통치시대의 군주에게만 해당되는 내용이 아니라 현대 민주주의 정치지도자들도 참된 리더가 되기 위하여 항상 마음에 새기고 이를 실현하기 위하여 노력해야 할 내용이라고 생각된다.

'군주는 관대하고 예의바르며 백성을 어루만져야 한다. 인재를 제대로 등용하고 인사를 잘 해야 하며, 신하들이 목숨을 걸고 직언할 수 있도록 제도를 마련해 주어야 한다. 충효를 앞장서서 실천하고 언제나 중용의 길을 걸어야 한다. 항상 경계하고 절제하며 문무를 겸전해야 한다.'

이를 현대 민주주의 정치지도자들에게 적용하면 '참된 리더는 관대하고 예의바르며 나라와 국민을 사랑하는 충심이 있어야 한다. 인재를 제대로 등용하고 인사를 잘 해야 하며, 참모들이 목숨을 걸고 직언할 수 있도록 제도를 마련해 주어야 한다. 자신과 진영의 이익보다는 국가와 국민의 이익을 위하여 행동하고 극단의 이념에 치우치지 않고 언제나 중도와 중용의 길을 걸어야 한다. 항상 경계하고 절제하며 문무를 겸전해야 한다'라고 할 수 있다.

이 글을 읽고 나서 조선의 임금 중 떠오르는 분이 누가 있을까? 아마도 세종대왕이나 정조대왕을 떠올릴 분이 많을 것이다. 동아시아의 군주를 통틀어 왕도정치를 가장 잘 구현한 군주는 세종대왕이라고 생각된다. 제왕학의 교과서 중 성군 세종을 만드는데 가장 영향을 많이 준 책은 『대학연의』라고 본다. 『대학연의』는 장차 임금이 될 세자 양녕에게는 반드시 읽어야 할 필독서였지만 세자가 되기 전 충녕대군은 공개적으로 읽어볼 수 없는 금서禁書였다.

세종이 『대학연의』를 정식으로 공부하게 된 것은 임금으로 즉위한

1418년 첫 경연에서였다.

"임금의 학문은 마음을 바르게 하는 것이 근본이 되옵나니 마음이 바른 연후에야 백관이 바르게 되고 백관이 바른 연후에야 만민이 바르게 되옵는데 마음을 바르게 하는 요지는 오로지 이 책에 있습니다."

경연동지사 이지강이 세종에게 『대학연의』를 경연의 교재로 선택한 이유를 설명하면서 한 말이다. 세종이 경연에서 『대학연의』를 독파하는데 약 4개월이 걸렸고 양녕대군은 세자 시절 약 6년에 걸쳐 읽었다고 한다.

맹자는 백성의 마음을 얻는 인仁의 정치를 구현하는 것이 왕도정치라 하였다. 군주의 어진 마음이 구체적 정치 현실로 표현될 때 바람직한 정치가 이루어진다고 하면서 그 실천방법으로 '항산恒産이 없으면 항심恒心이 없다'고 하였다. 왕도정치의 실현을 위해서는 경제적 안정을 통한 민생의 확립이 무엇보다 중요하다고 본 것이다. 즉 국민의 먹고사는 문제를 해결하는 것을 선결과제로 파악한 것이다. 먹고사는 문제를 해결하는 첩경은 일자리 창출이다. 사람들은 일이 있을 때 행복하고 마음의 안정을 얻는다. 일자리를 잃을 때 사람들의 마음은 흔들리고 안정을 찾지 못한다. 그래서 맹자는 '항산이 없으면 항심이 없다'고 한 것이다. 경제적 안정을 통한 민생의 확립 위에 인간다운 삶의 길을 제시하고 인도하는 것이 왕도정치라고 보았다.

왕도정치에 대비되는 것이 패도霸道정치인데 패도는 힘에 의한 통치를 주장한다. 패도의 힘은 현대정치에 있어서 세勢 즉 진영의 힘을 말한다. 소수의견을 존중하지 않고 무시하며 다수결 원칙에 따라 힘을 남용한다. 세勢 즉 패거리 조직으로 선거하는 패도정치는 진영 논리에 빠져 국민을 갈라치기 하고 분열시키고 갈등을 조장한다. 이에 반하여 왕도의 인仁은 국민의 마음을 얻는 시대정신을 뜻한다. 인仁 즉 시대정신에 부응하는 비전과 공약으로 선거하는 왕도정치만이 국민을 통합하고 단결시켜 새 시대를 만들어 나갈 수 있다. 이 시대가 요구하는 정신이 무엇인지 가슴깊이 돌아보고 항상 중용의 입장에서 자신의 정치철학과 역사담론을 펼쳐나가며 시대정신과 국가경영의 핵심의제를 논하고 전개해 나갈 때 바람직한 정치는 스스로 실현될 것이다.

〈2022년 4월 21일 법률신문〉

자유와 평등의 나라로
대한민국은 태어났다

'젊어서 공산주의에 심취하지 못하면 가슴이 없는 사람이고 나이 들어서도 공산주의에 빠져 있으면 머리가 없는 사람이다'라는 말은 좌우대립이 극심했던 해방 이후 한때 사람들 입에 많이 오르내렸다. 경제적 평등이라는 유토피아적 이상을 외치는 공산주의는 사회를 개혁하고자 하는 많은 진보적 젊은이들의 가슴을 뛰게 만들었다. 소수의 양반 지주들이 토지를 모두 차지하고 대다수 농민들은 50%의 소작료를 지주에게 바치고 입에 겨우 풀칠을 해야했던 일제 치하의 젊은 지식인들에게 공산주의는 매력적인 대안이었다. 그들은 민족의 독립만이 아니라 양반과 쌍놈이라는 봉건적 신분질서를 타파하고 경제적 평등을 추구하여 가난한 농민도 잘사는 나라를 건설하기 위해 공산주의자가 되었다. 그 당시 독립운동가들의 상당수가 공산주의자들이었다. 체계적으로 공산주의 교육을 받지 않았던 박정희 전 대통령조차도 남로당에 가입하여 공산주의자가 되었고 김종필 전 총리는 골수 공산주의자 박상희의 딸 박영옥과 결혼하였다.

그러나 공산주의라는 유토피아적 이상을 달성하기 위해서는 그 전제로 사람들이 근본적으로 이타적인 인간이어야 한다. 인간의 본성은 이타적인 면도 있겠지만 기본적으로 이기적이다. 이러한 이기적인 인간들을 능력에 따라 일하고 필요에 따라 공평하게 나누어 갖게 하기 위해서는 국가가 엄청난 권력을 가지고 강력하게 개입을 하여 가진 자들로부터 재산을 뺏어 없는 자들에게 나누어 주어야 한다. 또한 기본적으로 이기적인 동물인 인간을 공산주의식 인간으로 개조하기 위해서는 철저한 사상교육을 실시하고 끊임없이 세뇌시켜 국가가 원하는 이타적 인간으로 바꾸어야 한다. 따라서 공산주의를 실현하기 위해서는 필연적으로 인간의 기본적 자유를 억압하고 철저히 통제할 수밖에 없고 전체주의적 일당독재 체제로 갈 수 밖에 없는 것이다.

　　이러한 공산주의의 기본적 속성을 일찍이 간파한 사람이 있으니 다름 아닌 우남 이승만 박사다. 미국 하와이에 살고 있던 이승만은 1923년 '태평양'이라는 잡지 3월호에 발표한 '공산당의 당부당當不當'이라는 기고문에서 그 당시 세계의 대다수 지식인들이 열광하던 공산주의에 대하여 공산주의는 '평등'이라는 한 가지만 빼고 모두 인간의 자유를 박멸하는 최악의 독재체제라고 말하였다. 1923년이면 레닌이 볼셰비키 혁명을 일으켜 소비에트 연방을 창립한 지 얼마 되지 않았고 볼셰비키의 적군과 왕당파 백군이 치열하게 내전을 벌이던 시대였다. 레닌이 사망한 후 스탈린이 트로츠키파를 숙청하고 집권하여 전체주의 공산독재로 수많은 사람들을 살육하기 전인데도 이승만은 공산주의의 민낯을 이미 꿰뚫어 본 것이다. 1945년 조지 오웰이 전체주의 공산독재를 비판한 소설 『동물농장』을 발표하기 훨씬 전이다. 해방과 함께 국내에 들어온 이승만은 공산주의에 반대하여 38선 남쪽에 자유민주주의와 자본주의 시장경제질서를 기본으로 하는 나라를 세웠다. 대한민국은 자유의 나라로 태어난 것이다.

그러나 대한민국은 자유의 나라로만 태어난 것이 아니었다. 대한민국은 자유만큼이나 중요한 평등의 나라로 태어났다. 1925년 조봉암은 박헌영, 김단야 등과 함께 비밀리에 조선공산당을 조직하였다. 조봉암은 1932년 일본에 체포되어 징역 7년을 선고받고 신의주 감옥에서 복역 중 고문과 혹독한 추위에 시달려 손가락 마디 7개가 동상으로 잘려나가기까지 하였다. 해방 후 조봉암은 여운형의 좌우합작노선을 지지하였으나 이를 사사건건 방해하는 조선공산당을 탈당하고 대한민국으로 전향하여 이승만의 남한 단정에 참여하였다. 초대 농림부 장관으로서 이승만 대통령의 명을 받아 농지개혁법을 입안하여 시행되게 하였다. 농지개혁으로 대한민국은 가난하였지만 그 당시 세계에서 가장 평등한 나라 중 하나가 되었다. 이렇게 자유와 평등의 나라로 태어난 대한민국은 박정희 전 대통령의 경제개발정책과 맞물려 가난한 후진국에서 단기간에 G7과 어깨를 겨루는 선진국가가 될 수 있었다.

나라가 발전하기 위해서는 자유와 평등 어느 것도 소홀히 할 수 없는 둘 다 소중한 가치다. 지나치게 자유를 강조하면 평등이 무너져 부익부 빈익빈 현상이 심화되고 정의와 공정이 말살된다. 반면에 지나치게 평등만을 강조하면 자유가 무너지고 기본적 인권이 유린되어 전체주의 독재국가가 탄생한다. 새가 두 날개로 날아가듯이 국가는 자유와 평등이라는 튼튼한 두 날개로 균형을 잡아나갈 때 건전하게 발전해갈 수 있다. 대한민국이 태어난 지 70여 년이 되는 지금 대한민국의 정체성이 무엇인지 다시금 돌아볼 때다.

〈2024년 3월 7일 영남일보〉

군주는 배, 백성은 물이다
- 민심이 천심

'군주는 배, 백성은 물이다.'

『정관정요貞觀政要』에 나오는 말이다. 『정관정요』는 당 태종과 위징, 방현령 등 현명한 군신君臣 사이에 주고받은 정치에 관한 문답을 편찬한 책이다. 그 책에서 위징은 당 태종에게 "〈군주는 배요. 백성은 물이다. 물은 능히 배를 실어 띄울 수가 있지만 한편 배를 전복시킬 수도 있는 것이다〉라는 옛말이 있습니다. 폐하께서는 진실로 백성이야말로 두려운 존재라고 생각하고 계십니다"라고 말하였다. '군주는 배요. 백성은 물'이므로 민주주의 국가에서 국민은 선거를 통해 정치지도자를 선출하지만 잘못된 지도자를 교체시키거나 탄핵으로 끌어내릴 수도 있는 것이다.

기원전 146년 로마가 카르타고와의 120년에 걸친 세 차례의 포에니 전쟁에서 최종 승리하면서 얻은 막대한 전리품과 엄청난 토지 그리고 수많은 노예들을 원로원의 소수 귀족층이 모두 차지하였다. 전쟁에 참전하여 로마의 승리를 이끈 평민들은 전리품 배분에서 소외되고 오랜 전쟁으로 인해 자신들의 토지마저 잃으면서 전쟁 전보다도 훨씬 힘들고 비참한 삶을 살아야 했다. 원로원 귀족들은 노예를 기반으로 한 대농장제도인 라티푼디움의 발달로 부는 더욱 늘어만 갔고 그 권한이 점점 더 강화되어 원로원으로 권력이 집중되었다.

로마는 원로원의 기득권을 지키려는 원로원파와 이를 개혁하려는 평민파로 나누어졌다. 평민파의 대표인 그라쿠스 형제는 호민관이 되어 귀족들의 토지 소유를 제한하고 자작농을 육성하려는 농지개혁법을 통과시켜 시행하려 하였다. 그러나 로마의 군권을 모두 장악하고 있던 원로원파는 평민파들을 무력으로 몰살시키고 그라쿠스 형제의 개혁을 힘으로 막았다.

그로부터 백년 후 원로원은 갈리아를 정복하고 개선하는 평민파 장군 카이사르에게 루비콘강을 건너기 전에 무장을 해제하고 단신으로 로마로 들어오라는 명령을 내렸다. 원로원의 명을 따르면 카이사르는 로마로 돌아가 죽임을 당할 것이고 원로원의 명을 거역하면 로마의 역적이 되는 갈림길에 서게 되었다. 많은 고민 끝에 카이사르는 '주사위는 던져졌다'는 유명한 말을 남기고 군대를 이끌고 루비콘강을 건너 로마로 진군하였다. 카이사르가 로마의 역적이 되는 순간이다. 원로원파를 무찌르고 로마의 종신 독재관이 된 카이사르는 로마 시민을 위한 개혁적 정책을 시행하다가 공화주의자 부루투스의 칼에 찔려 죽었다. 그러나 그의 계승자 아우구스투스 황제에 의하여 팍스로마나의 기틀이 마련되었고 로마는 평화와 번영을 누리게 되었다.

1597년 일본 수군을 무찌르고 남해의 제해권을 장악한 이순신에게 선조의 어명이 떨어졌다. 칠천량 앞바다에 왜군이 집결하여 있으니 조선 수군을 총동원하여 칠천량으로 배를 이끌고 나아가 왜군을 섬멸하라는 것이었다. 그러나 그 어명은 거짓 정보를 퍼뜨려 이순신의 조선 수군을 몰살시키려는 일본의 계략에 선조가 말려든 것이었다. 이순신이 선조의 어명을 거역하면 역적이 되는 것이고 선조의 어명을 따르면 조선 수군이 몰살당하고 조선과 조선 백성의 안위가 위태로워지는 갈림길에 서게 되었다. 많은 고민 끝에 이순신은 선조의 어명을 거역하고 칠천량으로 나아가지 않았다. 이순신이 역적이 되는 순간이다. 역적 이순신은 선조가 보낸 선전관에 의해 오랏줄에 묶여 한양으로 압송되어 죽음의 위기를 맞이하게 된다. 이순신을 대신하여 삼도수군통제사가 된 원균도 출정명령을 거부하였으나 도원수 권율에게 곤장을 맞은 후 거북선을 비롯한 100여 척의 배와 조선 수군을 이끌고 칠천량으로 나아갔다가 매복한 일본군에 대패하여 조선 수군은 산산조각이 났다.

역사에 가정은 없지만 선조의 어명을 거역한 이순신이 자신이 거느린 100여 척의 배와 수군을 이끌고 서해를 거슬러 올라가 한강나루에 상륙한 후 한양으로 진군하여 백성의 신망을 잃은 선조의 조선 조정을 뒤집어엎었다면 그 후 조선의 역사는 어떻게 되었을까. 맹자는 '군주가 포학하여 백성의 신망을 잃었을 때는 새로 천명을 받은 사람이 포학한 군주를 타도하는 것은 허락된다'고 하여 역성혁명을 정당시하였다.

군주는 배요, 백성은 물이다. 민주주의 국가에서 모든 권력은 국민으로부터 나온다. 국민은 선거를 통하여 국민의 신망을 잃은 잘못된 지도자를 교체시킬 수 있고 탄핵으로 끌어내릴 수도 있다. 나라를 일으켜 세우기는 참으로 힘들고 어려운 일이지만 나라가 망하는 것은 한순간이다. 해방 후 70여 년 만에 선진화되고 민주화된 대한민국이 자유와 평등의 균형 위에서 새롭게 글로벌 리더국가로 재도약하기 위하여 우리는 정치지도자들이 바람직한 정치를 펼쳐나가도록 항상 감시하고 관심을 가지고 지켜보아야 할 것이다. 민심이 곧 천심이다.

〈2022년 7월 13일 매일신문〉

당나라 측천무후의 리더십과
핼러윈 참사

중국 역사상 3대 악녀로 불리는 여태후, 측천무후 및 서태후는 모두 황후들로서 황제의 권력을 마음대로 좌지우지한 인물들이다. 여태후는 한나라 고조 유방의 처로서 유방이 죽자 유방의 애첩이었던 후궁 척부인의 손과 발을 자르고 그녀를 돼지우리에 집어던져 잔인하게 죽인 것으로 유명하다. 측천무후는 당나라 태종과 고종의 후궁으로서 고종의 정부인인 왕황후와 고종의 애첩 소숙비 사이에 일어난 암투를 이용하여 왕황후와 소숙비를 모두 잔인하게 죽여 제거하고 황후가 되었다. 서태후는 청나라 말기 함풍제의 세 번째 황후로서 자신의 수렴청정을 반대하는 대신들을 무자비하게 학살하고, 아들의 처, 조카 동치제까지도 암살하는 등 절대 권력을 휘둘렀다.

세 황후 중 측천무후는 스스로 황제로까지 즉위하여 통치한 중국 역사상 유일한 여황제이다. 그녀는 공포정치를 했다는 비난으로 악녀로 불리지만 동시에 민생을 잘 보살펴 나라를 훌륭히 다스린 황제라는 칭송도 같이 받고 있다. 송나라 이후 주자학에 빠진 유학자들에 의해서 부정적인 평가를 많이 받았으나 쑨원의 신해혁명 이후 그녀에 대한 평가가 조금씩 달라졌다. 그녀는 30살에 황후가 된 후 중국 역대 최고령의 나이인 67세에 국호를 당에서 주周로 고치고 황제로 즉위하였고, 80세에 죽을 때까지 약 50년간 중국을 통치하여 중국의 전성기를 만들었다. 이 때를 춘추전국 시대 주나라와 비교하여 무후가 다스린 주周라 하여 무주武周시대라 한다.

측천무후는 공포정치를 통하여 황제의 지위까지 올랐지만 정치가로서는 매우 유능한 면모를 보여주었다. 과거제도를 제도적으로 정착시켜 나라에 필요한 많은 인재들을 배출, 적재적소에 등용시켰다. 실력있는 대신 적인걸, 장간지 등을 중용하여 당 태종의 '정관貞觀의 치治'에 버금가는 당 전성기를 만들었고 백성들의 생활은 풍족하였다. 통치기간 둔전과 염전을 만들어 농업 생산력이 발달하면서 수공업과 상업도 동시에 번성하였고 문화는 흥성하였다. 과부의 재혼을 가능하게 하는 등 여성의 지위를 높이기 위해서도 노력하였고 신하들의 올바른 간언을 받아들였다. 그녀의 치세 50년 동안 민란이나 봉기가 일어난 적이 거의 없을 정도였다. 그래서 이러한 그녀의 치세를 높이 평가하여 '무주武周의 치治'라 부르기도 하는 것이다.

유약한 당 고종은 오래도록 건강상태가 좋지 않았는데 660년부터 중풍으로 건강이 악화되자 측천무후가 정무처리를 돕기 시작했고 이해에 백제가 당의 침략으로 멸망하였다. 그녀는 665년부터 고종을 대신하여 고구려 원정계획을 수립하였고 연개소문의 맏아들 남생이 당에 투항하자 이적을 중심으로 한 대규모 군대를 보내 668년 고구려마저 멸망시켰다. 이렇게 측천무후는 백제와 고구려를 멸망시킨 우리의 적이지만 당나라를 부흥시키고 당의 국력을 충실히 한 중국의 훌륭한 리더이다. 그녀가 권력을 잡지 않았다면 고구려의 멸망은 없었을 지도 모른다. 그녀는 죽기 전에 "나의 묘비에 한 글자도 새기지 말라"는 유언을 남겼고 후세에 그녀의 묘비는 '무자비無字碑'라 불린다.

측천무후에 비견되는 우리나라의 인물은 박정희 전 대통령이다. 박정희는 군사쿠데타로 정권을 잡았고 유신독재라는 공포정치를 펼쳤지만 정치가로서는 매우 유능한 인물이었다. 지도자로서의 통찰력이 있었고 인재를 적재적소에 중용하였다. 국민들을 보릿고개의 절대빈곤에서 해방시켰고 공업과 상업이 비약적으로 발달하기 시작하였으며 북한과의 체제 경쟁에서 승리하였다. 박정희 전 대통령은 민주화 운동가나 주체사상세력에 의해 독재자라는 부정적인 평가만 받고 있지만 중국의 덩샤오핑 정권 시절 덩샤오핑을 비롯한 중국 정치가들과 학생들은 박정희의 리더십을 본받기 위하여 공부하였다. 박정희는 쿠데타 후 "내 무덤에 침을 뱉어라"는 말을 남겼다는 일화가 전해진다.

최근 이태원 핼러윈 참사로 많은 젊은이들이 희생당하였다. 참사의 책임자들을 처벌하기 위하여 특별수사본부는 용산경찰서장, 용산구청장 등을 과실치사상죄 등으로 입건하여 재판에 넘겼다. 윤석열 대통령은 경찰의 부실 대응이 참사의 원인이라고 경찰을 강도 높게 비판하였다. 그러나 인재를 적재적소에 등용하지 못하고 기강을 바로 세우지 못한 대통령이 참사의 최종 책임자라 할 것이다. 국가 최고 지도자의 리더십은 그만큼 중요한 것이다.

〈2022년 11월 15일 영남일보〉

최고 지도자의 역할
– 선조와 율곡 및 충무공과의 관계

　조선 오백년 역사에서 가장 뛰어난 천재 지식인과 천재 전략가가 같은 시대에 같은 문중에서 태어나 같은 임금을 모시고 살았다. 『성학집요』와 『격몽요결』, 『율곡문답』을 저술한 구도장원공九度壯元公 율곡 이이와 임진왜란의 국난을 막아낸 충무공 이순신이 그들이다. 율곡과 충무공은 황해도 개풍군 덕수리를 본향으로 하는 같은 덕수 이씨로 약 20촌 정도의 먼 친척뻘이다. 덕수 이씨는 현재 총 인구수가 58,000명 정도 되는 이씨 중에는 흔하지 않은 가문이다. 율곡이 이조판서로 관리들의 인사를 담당하고 있을 때 같은 덕수 이씨 문중의 하급군관이던 이순신을 만나보고 싶어 했으나 이순신은 율곡이 이조판서의 직에 있는 동안에는 만나볼 수 없다고 단호하게 거절한 일화는 유명하다.

　율곡과 이순신은 같은 선조 때 출사하여 벼슬을 하였지만 선조와는 애증의 관계로 얽혀있다. 선조는 영리하였으나 상당히 이기적이었다. 율곡은 선조의 성격을 다음과 같이 평하였다. '총명한 자질을 갖고 있지만 도량이 넓지 못해 남이 자신의 단점을 지적하면 자신을 알아주지 못한다며 받아들이지 않고, 자신이 잘한다고 생각하는데 더 잘하라고 충고하면 거꾸로 방향을 선회해 버리는 객기를 부리며, 유능한 사람을 전적으로 믿지 못하고 잘못된 사람도 과감하게 청산하지 못한다'고 지적했다.

율곡은 이기적이고 변덕이 심한 선조가 현명한 임금이 되기를 바라는 우국충정에서 선조를 위해 『성학집요』를 지어 바쳤고 『율곡문답』을 통하여 훌륭한 정책을 제안하였다. 율곡은 그 당시 개혁을 추진해야 할 주체인 사림세력이 동인, 서인으로 갈라진 정치 현실을 타개하기 위하여 정치의 중심에 있는 임금이 확고하지 않고서는 개혁이 이루어질 수 없음을 절감하면서 선조에게 성학집요를 지어 바친 것이다. 선조는 성학집요를 높이 평가하면서도 그 내용들을 본받아 제대로 실천하려는 의지가 박약하였다.

1587년 북병사 이일은 녹둔도 전투 패전의 책임을 이순신에게 덮어씌우고 이순신을 사형에 처하여야 한다는 장계를 선조에게 올렸다. 그러나 선조는 '한 번의 실수로 사형은 과다하다'며 이순신의 목숨을 살려주고 백의종군하게 하였다. 임진왜란이 일어나기 바로 1년 전인 1591년에 선조는 종6품 정읍현감이었던 이순신을 단숨에 7계급을 뛰어넘어 진급시켜 정3품 전라좌수사에 임명하였다. 부제학이던 학봉 김성일 등 많은 신하들이 선조의 결정을 부당하다고 반대하였으나 선조는 요지부동 이순신을 신임하였다.

1592년 임진왜란이 터졌으나 이순신이 이끄는 수군은 연전연승하며 남해 해상권을 장악하여 일본의 보급로를 끊고 곡창지대인 전라도를 적의 침략으로부터 지켜냈다. 이러한 공으로 선조는 1593년 이순신을 삼도수군통제사에 임명하였다. 1597년 적의 간계에 말린 선조는 이순신에게 칠천량으로 출전하라는 명령을 내린다. 그러나 어명을 거부한 이순신은 한성으로 압송되어 투옥되었다. 그때 우의정 정탁의 상소로 이순신은 또다시 사형을 면하고 백의종군하게 된다. 유능한 신하를 전적으로 신뢰하지 못한 선조의 변덕 탓이다.

율곡과 같은 뛰어난 경세가와 이순신과 같은 천재 전략가를 신하로 두고서도 조선이 부국강병하지 못하고 임진왜란과 같은 국가적 대참사를 당하게 된 이유는 무엇일까. 선조 치세는 부와 권력을 독점하여 왔던 기득권 훈구파가 쇠퇴하기 시작하고 개혁세력인 사림파가 조정에 자리를 잡아갈 때다. 임금이 올바른 판단력과 통찰력, 직언과 참언을 구별할 줄 아는 혜안과 넓은 도량이 있었다면 그 시대는 조선의 국운이 상승할 수 있는 중흥의 시대였다. 그러나 선조는 사림세력이 동인, 서인으로 분열되어 서로 적대시하고 모함하여 인재가 죽어나가는 것을 보고도 막지 않고 이를 오히려 조장하였다. 오랫동안 계속되어온 평화와 안락에 젖은 채 왜적의 침략에 대비하여 국방력을 강화하지 않았다.

현재 대한민국의 정치 현실은 어떠한가. 국민을 통합하지 못하고 분열되게 하였으며 종전 선언만 외치는 사이 북한은 사실상의 핵 보유국이 되었고 극초음속 미사일을 개발하여 발사하였다. 러시아의 우크라이나 침공으로 전세계적으로 에너지난과 식량난이 가중되고 있고 코로나 재난지원금 과다 지급 등으로 인한 인플레이션과 고금리가 예상되는 가운데 중국 경제의 침체는 세계 경제에 어두운 그림자를 드리우고 있다.

이러한 국제정세의 위기 속에서 국가 최고지도자 대통령의 역할이 대한민국의 앞날에 어느 때보다 중요해지고 있다. 대통령이 올바른 판단력과 통찰력을 가지고 훌륭한 인재를 적재적소에 등용하며 직언과 참언을 구별할 줄 아는 혜안과 넓은 도량을 가지고, 극도로 분열되어 있는 국론을 통합해 갈 수 있을 때 대한민국은 새로운 중흥의 시대를 맞이할 수 있을 것이나 아부하고 아첨하는 예스맨에 둘러쌓여 있을 때 대한민국은 또다시 심각한 어려움에 봉착할 것이다.

〈2022년 9월 19일 매일신문〉

『목민심서』, 책문 그리고 『율곡문답』

　다산 정약용의 역저 『목민심서』는 19세기 조선의 부패한 지방관리인 목민관의 폐해를 없애고 지방행정을 쇄신하기 위하여 조선과 중국의 여러 책에서 자료를 수집하여 목민관의 마음가짐과 농민경제의 정상화 문제에 대하여 다룬 책이다. 베트남의 국부國父로 추앙받는 호찌민은 평소 정치를 하면서 곁에 다산 정약용의 『목민심서』를 두고 읽고 또 읽으면서 마음가짐을 가다듬었다고 한다. 국회의원이나 지방자치단체장 선거에 출마하려는 선량들도 다산 정약용의 『목민심서』를 한번이라도 정독하고 평소에 이를 곁에 두고 목민관으로서의 마음가짐을 가다듬었으면 하는 바람이다.

　조선시대의 대과 급제자들은 대과의 마지막 단계 시험인 전시殿試에서 임금이 내리는 시대의 현안에 대한 물음에 조선 당대 최고의 엘리트 지식인으로서 자신이 평소 갈고 닦은 학문과 역량을 총망라하여 답을 제시하여야 했다. 이것을 책문策問이라고 한다. 곧 책문은 당대 조선의 현실에 가장 시급히 해결해야 할 현안에 대하여 대과의 급제자들이 자신의 역사의식과 정치철학 등을 바탕으로 해법을 제시한 것이다.

당대 사회의 모순과 부조리는 대체로 부와 이익의 편중, 기득권의 공고한 보수화에서 비롯되는 것이므로 조선의 젊은 엘리트 지식인들은 이러한 기득권을 타파하고 개혁하기 위하여 시대적 담론을 제시해야 했었다. 대표적인 책문으로는 법의 폐단을 고치는 방법을 묻는 세종의 물음에 '역사의 사례에서 배워야 한다'는 성삼문의 책문과 '언로를 열어 직언을 들어야 한다'는 신숙주의 책문이 있고, 옛날의 이상 정치를 이루려면 오늘날 무엇에 힘써야 하는가에 대하여 묻는 중종의 물음에 '참된 마음에서 나와야만 행정이 실효를 거두고 기강이 떳떳하게 선다'는 조광조의 책문 등이 있다.

광해군 때에는 '지금 가장 시급한 나랏일은 무엇인가'라는 임금의 물음에 '나라의 병은 왕, 바로 당신에게 있습니다'라고 답한 임숙영의 책문이 있는데 임숙영은 죽음을 무릅쓰고 그와 같은 책문을 올렸고 이에 광해군은 자신의 실정을 극렬하게 비판한 임숙영에 진노하여 임숙영을 대과 급제자의 이름에서 삭제하라는 삭과파동까지 일어났었다.

촛불혁명으로 박근혜 전 대통령이 탄핵으로 물러나 구속까지 되고 보수당은 국민의 지지에서 멀어져 지리멸렬해갔는데 과연 박근혜 전 대통령 재임 시 임숙영같이 죽음을 무릅쓰고 간언을 한 관료들이 있었는가 싶다. 자신을 비판하는 사람을 곁에 두지 않고 국민의 요구를 귀담아 듣지 않았던 박근혜 전 대통령의 불통도 문제였지만 처절한 자기반성은 별로 없고 시대의 모순과 부조리를 개혁하기 위하여 몸으로 부딪쳐 고뇌하는 모습도 별로 보이지 않은 보수당의 모습이 더 안타까웠다.

책문의 형식을 빌어 조선의 현실을 개혁하고 바로 잡기 위하여 율곡 이이가 정치·경제·안보 등 다방면에 걸쳐 17가지 시대의 현안에 대한 물음에 대하여 스스로 고뇌 속에서 답을 제시한 담론이 『율곡문답』이다. 율곡 이이의 『율곡문답』은 임진왜란이 일어나기 전인 16세기에 쓰인 글이지만 지금의 우리 현실에도 유용하게 적용될 수 있고 그 개혁적 정신에 대하여는 배울 점이 너무 많다. 율곡 이이는 퇴계 이황에게 보낸 편지에서 "한밤중에도 생각만 하면 저도 모르게 벌떡 일어나 앉습니다"하고 고질병이 깊어질 대로 깊어진 조선의 현실에 대하여 고뇌하는 마음을 담아 적어 보내었다. 이러한 마음가짐의 율곡 선생이었기에 그는 관직에 초연하였고 자신의 개혁이 받아들여질 수 없을 때에는 관직을 버리고 떠나는데 망설임이 없었다.

국가사회의 문제점과 부조리를 개혁하고 보다 나은 공동체 사회를 만들기 위하여 목민관이라는 공직에 진출하려는 후보자들은 율곡의 이러한 공평무사한 마음가짐을 배우고 닮으며 시대적 현안에 대한 처절한 고민과 함께 시대가 당면한 문제에 대하여 답하려고 노력할 때 국민의 마음을 얻을 수 있을 것이다.

〈2018년 5월 14일 경북일보〉

직언直言과 참언讒言

　　직언直言이란 옳고 그른 것에 대하여 자신이 생각하는 바를 기탄없이 말하는 것을 뜻하고 참언讒言이란 거짓으로 꾸며서 남을 헐뜯어 윗사람에게 고하여 바치는 것을 뜻한다. 윗사람이 되어 아랫사람의 말이 직언인지 참언인지 정확히 구별해내는 것은 참으로 어려운 일일 수 있다. 아랫사람의 올바른 직언이 현명한 윗사람에게 받아들여질 때 인재가 모여들어 나라나 조직이 크게 발전할 수 있다. 그러나 윗사람이 직언과 참언을 구별해내지 못하고 아부하는 사람들에게 둘러싸여 뜻있는 사람들이 세상을 등질 때 나라나 조직은 쇠퇴할 수밖에 없다.

　　중국 역사상 가장 훌륭한 치세 중 하나로 꼽히는 당 태종의 치세를 정관의 치貞觀의 治라 부른다. 당 태종과 신하들 사이에 주고받은 문답을 정리한 『정관정요貞觀政要』에서 당 태종은 신하들의 직언이 없음을 힐책하며 다음과 같이 말하였다.

　　"천자天子의 조칙에 옳지 않은 점이 있으면 누구나 강력하게 자기의 견해를 주장하여 철저하게 논의하지 않으면 안 된다. 그런데 근자에는 다만 천자의 분부에 무조건 순종하여 천자의 비위를 맞추는데 급급한 느낌이다. 그저 '지당하옵니다'만 연발하여 적당히 결재하여 통과시킬 뿐 단 한 마디도 간諫하는 자가 없다."

이에 대신 방현령 등은 머리를 조아리며 깊이 그 태만을 사죄하였다. 중국 역사상 또 하나의 위대한 치세로 불리는 당 현종 초기를 개원의 치開元의 治라 부른다. 훌륭하고 강직한 재상宰相이었던 한휴는 당 현종의 잘못에 대하여 기탄없이 직언하였고 현종도 귀를 기울였다. 한휴가 재상에서 물러난 뒤 한 신하가 현종에게 "한휴가 재상이 된 뒤 폐하가 더 야위셨습니다"라고 말하였다. 이에 현종은 "정말 그렇다"고 하면서 "그러나 내가 야윈 만큼 백성은 살쪘을 것이다"라고 말하였다. 나라나 조직이나 잘되고 발전하기 위해서는 자신의 직을 걸고 직언하는 아랫사람이 필요한 것이고 윗사람은 직언과 참언을 가려 받아들일 수 있는 혜안과 도량이 있어야 한다.

조선의 태종은 조선 개국 후 정도전에 밀려 울분을 되씹고 있을 때 조준으로부터 『대학연의大學衍義』를 몰래 선물로 받았다. 태종은 나중에 직언과 참언의 차이를 구별하는 문제의 중요성을 『대학연의』에서 배웠다고 말하였다. 태종은 신하들과 신문고 문제를 논하다가 남을 모함하는 참언과 직언을 구별하는 일이 어렵다는 신하들의 이야기를 듣고 다음과 같이 말한다.

"모함하는 참언과 직언을 정확히 가려내기가 가장 어렵다. 만약 임금이 신하들의 직언을 모함하는 말로 받아들인다면 큰 실수다. 『대학연의』에서도 군주가 늘 경계해야 할 가장 중요한 것 중 하나가 남을 모함하는 참소나 참언이라고 했다."

직언은 매우 위험한 일이다. 직언은 자리를 걸고 말해야할 뿐 아니라 때로는 직언으로 목숨을 잃을 수도 있다. 주역에서는 직언을 '호랑이 꼬리를 밟는 일'에 비유하고 있다. 그만큼 직언은 위험한 일이기도 한 것이다. 박근혜 정부 시절 유승민 전 원내대표는 직언을 하였다가 지금도 배신자라는 프레임에 갇혀 운신의 폭이 좁아졌다. 그래서 권력이나 힘을 가진 사람의 주위에는 직언하는 사람보다 좋은 말로 아부하는 사람이 훨씬 많은 것이다. 우리 정치의 큰 문제점은 직언하는 정치인이나 공직자가 거의 없다는 점이다. 설사 직언하는 사람이 있다 하더라도 이들을 배신자라고 공격한다. 박근혜 전 대통령이나 문재인 전 대통령은 국민과 소통하지 않고 직언을 멀리하고 예스맨으로 둘러쌓여 제왕적 권력을 누리면서 독선적으로 통치한 공통점이 있다.

직언은 직언할 만큼 현명해야 하고 사심이 없어야 한다. 도덕적으로 먼저 자신이 깨끗해야 하고 순수해야 하며 용기가 필요하다. 자기 분수를 모르고 함부로 떠들다가는 크게 다칠 수 있다. 남을 잘못 비판하였다가는 그 화살이 자기에게로 날아올 수도 있다. 윗사람은 직언과 참언을 구별할 줄 아는 혜안이 있어야 하고 직언을 받아들일 만큼 도량이 넓어야 한다. 사람은 자신을 알아주고 받아주는 사람이 있을 때 혼신의 힘을 바치게 마련이다. 올바른 직언이 현명한 사람에게 받아들여질 때 나라나 조직이 크게 발전하게 되는 이유다. 이에 반하여 어리석은 자를 현명한 사람이라고 천거하고 현명한 자를 소인이라고 내치며 지도자가 독선적이고 무능하기까지 할 때 나라나 조직이나 위망에 빠질 수밖에 없다.

〈2022년 5월 26일 법률신문〉

극단주의 심화와
민주주의 위기의 극복

극단주의는 이념이나 행동의 경향이 극단적으로 치우친 상태 또는 사회의 평균적 통념에서 심하게 먼 상태를 말한다. 극단주의자들은 특정 사상이나 인물에 사로잡혀 이를 맹목적으로 추종한다. 집단 내부의 모든 구성원들이 획일화된 사고와 가치관을 공유하고 그렇게 되도록 강요하며 극단적 진영 논리를 내세워 비합리적 행동으로 치닫는다. 진영 논리에 매몰되어 자신이 지지하는 편의 잘못은 관대하게 넘어가거나 눈을 감고 반대편에 대해서는 작은 흠이라도 비난하는 이율배반적이고 내로남불의 전형적 모습을 보인다.

코로나를 전후하여 우리나라뿐만 아니라 전 세계적으로 극단주의가 확산, 심화되고 있다. 정치인들은 이를 이용하여 국민을 좌와 우로 갈라치기 하고 분열과 반목을 조장한다. 서로 상대 진영을 '죽일놈'으로 취급하고 혐오하며 자신과 생각이 다른 반대 세력을 경쟁자로 보지 않고 제거해야 할 적으로 간주한다. 상대 진영과의 대화와 타협을 주장하는 사람이 있으면 이를 배신자로 몰아가며 심지어 문자폭탄을 퍼붓고 상대 진영으로 가라고 협박한다. 상대 진영을 공격하기 위해서는 수단과 방법을 가리지 않으며 자신들의 결속을 유지하기 위해서는 내부적으로 일사분란함을 요구하며 비판을 용납하지 않는다. 이들은 입으로는 민주주의나 자유민주주의 수호를 외치지만 가장 반민주적 행태를 보인다.

민주주의는 정치적 다원주의 하에서 다양성을 받아들이고 다른 성향의 진영과 공존을 추구하는 열린 사회에서만 꽃피울수 있는 것이다. 다수결은 민주주의의 중요한 원칙이기는 하지만 소수파의 의견과 권리 존중이 전제되어야 성립할 수 있다. 오늘날 우리 사회는 인종적으로나 문화적으로 훨씬 다양해지고 있고 다양한 생각과 성향, 가치를 추구하는 다원적 사회가 되었다. 이러한 다양한 생각과 관심이 정치적으로 고르게 반영되는 것이 민주주의를 위하여 바람직한 현상이다. 그런데도 극단주의자들은 아군 아니면 적이라는 이분법적인 진영 논리로 선택을 강요하고 대화와 타협을 통하여 문제를 해결하고자 하는 합리적이고 중도적인 사람들은 설 땅이 없게 만든다.

반지성적 배타주의가 넘쳐나고 포퓰리즘적 선동정치와 중우정치가 판을 칠 때 민주주의는 몰락의 위기에 빠진다. 극단주의자들은 민주주의 제도 하에서 민주주의의 보호를 받아 성장하면서 민주주의의 결점을 이용하여 민주주의를 파괴한다. 특히 국제적 안보위기나 높은 인플레이션, 경제적 침체나 불황을 틈타 세를 확장하여 선거를 통하여 의회를 장악한다. 이들은 소수파의 의견을 무시하고 다수결 원칙에 의한 입법으로 행정, 입법, 사법을 모두 장악하고 전체주의 독재정치로 나아간다. 현 대한민국은 극단주의자들이 발호할 수 있는 좋은 토양이다. 따라서 이러한 전체주의 독재의 출현을 막고 민주주의를 지키기 위하여 우리는 제왕적 대통령의 권한을 분산시키고 견제와 균형을 통한 실질적 법치주의를 강화시키고 지방자치단체의 권한을 대폭 강화하며 국회를 양원제로 하는 등 헌법개정이 필요하다.

그 이전에 민주주의 보호를 위하여 1개의 정당이 전체 의회 의석수의 60~70% 이상을 차지하는 현상은 막아야 한다. 현재와 같은 양당구도 하에서는 1개의 정당이 국회 과반 의석수를 차지하게 되는 것은 쉬운 일이고 그들 마음대로 정책을 결정할 수 있게 된다. 이에 반하여 원내 정당이 4~5개가 되면 특정 정당 한 곳이 쉽게 과반 의석을 차지하기 어렵게 되고 정책을 단독으로 결정할 수 없기 때문에 극단적인 대립을 지양하고 정당끼리 서로 논의하고 타협하여 합의에 따른 정책을 결정하게 되므로 민주주의 실현에 바람직한 결과를 가져온다. 따라서 거대양당 구도의 정치 현실을 타파하고 민주주의 파괴를 막기 위하여 거대양당 이외에 의회 의석수 30% 정도를 차지할 수 있는 합리적이고 지성적인 새로운 정당의 출현이 요청된다.

특히 영남이나 호남과 같이 1개의 정당이 80%의 지지율을 받는 현상은 민주주의 발전을 위하여 아주 그릇된 모습이다. 영호남 지역에서도 민주주의를 위하여 합리적이고 시대정신을 구현할 수 있는 새로운 중도우파나 중도좌파 정당이 출현되었으면 하는 바람이다. 국민 정치성향으로도 중도가 40~50%를 차지하고 이들은 합리적이고 지성적이며 열린 마음으로 다양성을 받아들인다. 국회의원이나 광역시도의원 선거에서 중대선거구제를 채택하게 되면 사표방지 심리가 줄어들어 중도층의 지지를 받는 중도정당의 출현이 가능할 수 있을 것이나 거대양당이 쉽게 받아들이려 하지 않을 것이다. 소선거구제 하에서도 속도는 느리더라도 꾸준히 진정성과 방향성을 가지고 노력한다면 열린 사회를 지향하고 지성적이며 합리적인 중도정당이 대한민국에서 언젠가 뿌리를 내릴 수도 있을 것이다.

〈2023년 8월 31일 매일신문〉

선출된 독재

　대한민국이 자유민주주의 국가인지 사회민주주의 국가인지에 대하여 좌우 진영의 해석에 따라 서로 의견이 다르지만 정치적으로는 자유민주주의 국가인 것은 사실이다. 자유민주주의는 자유주의와 민주주의의 결합이다. 대한민국 헌법에는 '자유민주주의'라고 정확히 명시한 표현은 없으나 대신 '자유민주적 기본질서'라는 표현이 있다.

　1987년 6월 민주항쟁 이후 우리나라는 정치적으로 자유민주화되었다. 그래서 6월 민주항쟁 이후 태어난 우리나라의 젊은 세대는 권위주의 통치 내지는 군사독재를 경험하지 못했다. 더욱이 젊은 세대는 한국전쟁을 겪어보지도 못하였고 북한에 살아보지도 않았기 때문에 공산일당독재 내지는 수령 유일 체제의 엄혹함도 잘 알지 못한다. 태어날 때부터 자유민주의 공기를 마시며 살아왔기 때문에 자유민주주의는 공기처럼 당연히 주어지는 것이라고 생각할 수도 있다. 그러나 자유민주주의는 쿠데타나 혁명 등 폭력에 의하여 무너질 수 있을 뿐 아니라 선거에 의해 정당하게 선출된 권력에 의하여도 얼마든지 무너지고 인간의 존엄성과 기본적 인권이 말살될 수 있다. 특히 현대에 와서는 주로 선거에 의해 정당하게 선출된 지도자에 의해 자유민주주의가 무너지고 있는 것이 현실이다.

민주주의의 기반이 아무리 튼튼하다고 할지라도 자유민주주의는 선출된 정치권력에 의하여 붕괴될 수 있다. 그 대표적인 예가 독일 바이마르 공화국에서 국민 다수의 지지를 받고 총리로 선출된 히틀러이다. 선거에 의해 정당하게 총리로 선출된 히틀러는 1933년 독일 의사당 화재를 통해 순식간에 민주주의를 파괴해버리고 총통이 되면서 2차 세계대전을 일으켰다. 베네수엘라의 우고 차베스도 마찬가지로 선출된 독재자다. 이밖에도 선출된 지도자에 의하여 민주주의가 붕괴된 예는 페루, 헝가리, 폴란드, 러시아, 튀르키예, 세르비아 등 여러 나라에서 볼 수 있다. 선출된 독재자는 국민의 기본권을 제한하고 의회를 무력화시키며 사법부를 장악하고 언론을 통제하며 일당독재 내지는 일인독재로 국가권력을 사유화한다.

그렇다면 우리는 어떻게 선출된 독재로부터 대한민국의 자유민주적 기본질서를 보호하고 우리의 다음 세대에도 이를 누리며 살 수 있도록 할 수가 있을까. 고대 그리스 민주정에서는 독재자가 될 위험한 인물의 이름을 도편에 기입하는 비밀투표를 하여 10년간 국외로 추방하는 도편추방제를 도입하여 민주정을 보호하려 하였다. 그러나 이 제도는 후에 유력한 정치가의 추방을 위한 정쟁의 도구로 변질되어 결국 폐지되었다.

자유민주주의는 헌법적 가치와 자유 및 평등에 대한 확고한 믿음, 탄탄한 중산층, 높은 수준의 교육과 부, 견제와 균형이 잘 갖추어진 민주적 시스템 아래에서 잘 보존될 수 있다. 우리나라는 박정희 전 대통령의 근대화 정책에 의하여 절대적 빈곤을 타파하고 부를 축적시킴으로써 중산층을 두껍게 형성시킬 수 있었고 높은 교육열에 의한 시민의식의 향상이 민주화를 가능하게 하였다. 광주민주화운동과 6월 항쟁을 거치면서 대한민국은 30여 년간 자유민주주의가 안착되어 왔다. 그러나 대한민국 정부 수립 후 70여 년이 지나면서 부의 대물림에 의한 빈부 격차의 심화, 이로 인한 중산층의 붕괴, 좌우 이념의 극단적 대립 등으로 인하여 자유민주주의의 위기가 오고 있다.

선출된 독재자는 선동가 내지는 포퓰리스트인 경우가 많다. 소득의 불평등이 심해져서 빈부의 격차가 심해지면 그들은 상대적으로 가난한 국민들을 선동하여 그들의 절대적 지지를 업고 보다 많이 가진 엘리트 집단을 부패한 집단으로 공격한다. 그리고 기존 정당 체계의 가치를 부정하면서 기존 통치 시스템은 진정한 민주주의가 아니라고 강조하며 엘리트 집단을 처단하여 권력을 국민에게 되돌려주겠다고 선언한다. 이런 과정을 통해 자유민주주의는 붕괴되고 독재 내지는 전체주의가 탄생하게 된다.

따라서 자유민주주의를 지키기 위해서는 사유재산 보호와 시장경제를 골간으로 한 경제질서를 원칙으로 하되 소득의 공정한 분배를 통하여 국민 다수가 빈곤 계층으로 떨어지는 것을 막고 중산층을 튼튼히 함으로써 국가 사회 전체가 침몰되는 것을 막아야 한다. 다시 말하면 정치적으로 자유민주주의를 지키기 위해서는 경제적 민주화가 필요한 것이고 이런 의미에서 자유민주주의와 사회민주주의는 대립하는 것이 아니라 조화되고 보충되는 것이라 할 수 있다. 대한민국은 탄생 때부터 자유만 강조되거나 평등만 강조된 나라가 아니다. 자유와 평등의 균형

위에서 인간의 존엄성에 대한 확고한 믿음을 가질 때 자유민주주의가 선출된 독재자에 의해 무너지는 것을 미연에 방지할 수 있을 것이다.

〈2020년 8월 31일 대구일보〉

대한민국 건국의 아버지들

　영국의 식민지였던 미국은 1776년 7월 4일 독립을 선언하였고 영국과의 독립전쟁에서 승리한 후 1787년 미합중국 헌법이 발포되고 1789년 초대 대통령 조지 워싱턴의 지도 아래 미합중국 연방정부를 수립하였다. 미국은 초대부터 4대까지 4명의 대통령과 대통령은 되지 못하였지만 미국 건국 과정에서 중요한 역할을 한 벤저민 프랭클린, 알렉산더 해밀턴, 존 핸콕 등을 미국 건국의 아버지들이라고 부른다. 미국은 1776년 7월 4일 독립선언이 채택된 날을 독립기념일로 기념하고 있다. 1789년 미합중국 연방정부가 수립되었지만 미국이 이날을 건국 기념일로 따로 기념하고 있지 않다.

　우리나라의 독립선언일은 1919년 3월 1일이다. 민족대표 33인을 비롯하여 전국 각지에서 맨주먹으로 대한독립 만세를 외친 날이다. 미국은 독립선언을 한 후 영국과의 독립전쟁에서 승리하였으나 우리나라의 독립선언은 일제의 총칼 앞에 무참히 짓밟히고 말았다. 그러나 3.1

운동의 영향으로 1919년 중국 상해에서 대한민국 임시정부가 수립되었다. 그 후 많은 선각자들이 우리나라의 독립을 위해 싸웠으나 우리나라는 자력으로 독립하지 못하였고 1945년 8월 15일 일본이 태평양전쟁에서 패망함으로써 해방을 맞았다. 해방 후 미군과 소련군이 진주하여 좌우 대립이 극심하다가 1948년 8월 15일 38선 이남에 대한민국 정부가 수립되고 38선 이북에는 조선민주주의인민공화국 정부가 수립되어 분단의 시대를 맞이하게 되었다.

대한민국의 건국일이 언제인가에 대하여 좌우 진영 사이에 견해 차이가 심하다. 보수진영에서는 주권과 영토, 국민을 온전히 가지게 된 1948년 8월 15일이 건국일이라고 주장하고 진보 진영에서는 1919년 3월 1일 독립선언을 한 날이 건국일이라고 주장한다. 그러나 건국의 개념은 하나의 사건이 아닌 일련의 과정으로 보아야 할 것이다. 대한민국 건국은 하루아침에 이루어지지 않았다. 대한민국 건국은 1919년 3월 1일 독립선언으로 시작하여 1948년 8월 15일 대한민국 정부 수립이라는 과정 속에서 이루어진 것이다. 그래서 1919년 3월 1일은 독립선언일인 삼일절, 1945년 8월 15일은 일제에서 해방된 광복절, 1948년 8월 15일은 정부 수립일로 기념하고 있는 것이다. 대한민국 건국일이 언제인지에 대한 소모적인 정쟁은 국민 분열만 조장하게 될 뿐이다.

그보다 대한민국 건국의 아버지들이 누구인가 질문해보는 것이 의미가 있을 것이다. 개인적으로 대한민국 건국의 아버지들은 이승만 전 대통령, 김구 전 임시정부 주석, 조봉암 전 농림부 장관, 김성수 전 한민당 당수, 김병로 초대 대법원장 등이라 할 수 있을 것 같다. 이승만은 임시정부와 대한민국 초대 대통령을 지냈으며 자유민주국가 대한민국

정부 수립을 주도하였다. 김구는 임시정부 주석으로 일제 강점기 대한민국 임시정부를 이끌었고 자신은 참여하지 않았으나 임시정부의 요인들인 이시영이 대한민국 부통령으로, 신익희가 국회의장으로, 이범석이 국무총리로, 지청천이 무임소 장관으로 대한민국 정부 수립에 적극 참여하였다.

조선공산당 출신인 조봉암은 북한으로 넘어가지 않고 전향하여 대한민국 정부 수립에 참여하였고 무소속으로 초대 국회의원에 당선되어 국회 부의장과 농림부 장관을 지냈으며 농지개혁을 주도하였다. 제2대, 제3대 대통령 선거에서 이승만을 위협하는 인물이 되었으나 나중에 이승만에 의하여 사법 살인을 당하는 비극적 최후를 마쳤다. 김성수는 지주와 자본가들을 대변하는 정당인 한민당(현 민주당의 전신)의 당수로서 처음에는 임시정부를 봉대하였다. 농지개혁을 반대하는 한민당원들을 설득하여 농지개혁법이 국회를 통과할 수 있도록 중요한 역할을 하였고 야당으로서 이승만의 독재에 대적하였다. 마지막으로 김병로는 일제 강점기 독립운동가를 변론하는 인권변호사로 활동하였고 대한민국 초대 대법원장으로 사법부 독립의 초석을 놓았으며 법전편찬위원장으로서 대한민국 민법, 민사소송법, 형법과 형사소송법, 상법 등을 초안하여 대한민국 현대법률의 기틀을 마련하였다.

〈2023년 8월 21일 영남일보〉

이주노동자에게
영주권이나 시민권을 주어
저출산 대책으로 삼아야 한다

　지난 제20대 대통령 선거에 출마한 심상정 정의당 후보는 2022년 1월 25일 노동비자 입국자(이주노동자)의 안정적 체류를 보장하기 위하여 일정한 법적 요건만 갖춘다면 기술 숙련도, 전문성 여부와 같은 조건을 따지지 않고 그들에게 영주권을 부여하겠다는 공약을 발표했다. 정의당이 노동운동에서 소외된 이주노동자의 권익을 보호하기 위하여 시대적 요청에 부응하는 새로운 정책을 공약으로 내놓은 것이다. OECD 회원국 중 최악의 저출산 국가인 우리나라에서 급격한 생산 가능 인구(25~65세)의 감소는 국가경제에 엄청난 재앙을 몰고 올 수 있다. 우리는 더 이상 이주노동자가 우리나라 노동자들의 일자리를 빼앗는다는 등 구차한 변명으로 이주노동자의 안정적 체류를 막아서는 안 될 것이다.

　정의당은 미국처럼 이주노동자의 자녀가 대한민국 영토 내에서 태어난 경우 우리 시민권을 주는 방안도 당내에서 논의하고 있다고 한다.

우리나라의 인구가 급격하게 줄어들고 있는 현실에서 단지 단일민족 순혈주의식 혈연만을 주장할 것이 아니다. 외국인이라도 한국에서 태어난 경우에는 시민권이나 한국국적을 부여하는 것이 우리나라의 심각한 저출산에 대한 대책이 될 수 있다. 국적취득에 있어서 부모의 혈연에 따라 국적을 부여하는 속인주의가 아니라 미국처럼 자국 영토 내에서 태어난 경우에는 국적이나 시민권을 주는 속지주의를 채택해야 한다는 것이다. 현재 우리나라에 체류하는 이주민이 200만 명에 달한다. 이주노동자에 대한 따뜻한 관심은 우리나라의 저출산 대책에 대한 신선한 접근이 될 수 있다.

일본은 세계 최초의 저출산, 고령화 사회를 겪으면서 이에 제대로 대처하지 못하고 잃어버린 10년을 넘어 잃어버린 30년의 터널을 빠져나오지 못하고 있다. 일본은 저출산, 고령화로 인한 구조적 장기불황을 겪으면서도 단일민족이라는 철저한 혈연주의를 고수하여 이주노동자의 입국과 귀화를 제한하는 쇄국정책을 일관되게 펼쳐왔다. 메이지유신 당시 개방정책으로 아시아를 넘어 세계로 진출했던 일본이 이제는 조선의 대원군처럼 국수주의적 쇄국정책을 펴고 있는 것이다. 세계 최고의 저출산 고령화 사회임에도 불구하고 이러한 쇄국정책을 편 결과 일본은 지금 서서히 무너져 침몰하고 있다. 일본은 국민 1인당 소비 구매력에 있어서 이미 우리나라에 뒤지고 있고 1인당 국민소득에서도 곧 우리나라에 역전당할 위기에 있다. 선진국에서 중진국으로 밀려나 G7의 자리를 우리나라에 양보해야 할 정도로 일본의 경제력과 국력은 심각하게 쇠퇴하고 있는 것이다. 국민총생산 GDP에서도 그리 멀지 않은 미래에 우리나라에 따라잡힐 것이라는 경고까지 나오고 있다.

저출산 고령화로 인한 일본의 구조적 장기침체와 국가적 침몰이 단지 일본만의 문제인 것인가? 지금 일본의 모습은 10여 년 후 바로 우리나라의 모습이다. 우리나라 정부가 수없는 저출산 대책을 내놓고 있으나 출산율은 갈수록 떨어지기만 하고 있다. 세계 최악의 저출산 국가인 우리나라가 저출산 고령화에 대한 대책을 제대로 마련하지 못한다면 일본의 전철을 밟아 국가경제가 밑에서부터 무너져 내릴 것이다. 백약이 무효인 우리나라의 저출산 대책을 감안할 때 이에 제대로 대응하지 못할 경우 우리나라도 머지않은 미래에 일본을 이어 선진국에서 다시 중진국으로 후퇴할 것이 분명해 보인다.

설사 우리나라가 기적적으로 저출산 대책에 성공하여 출산율이 2022년 현재 0.81명에서 획기적으로 2명이나 3명으로 늘어난다 가정하더라도 신생아들이 자라서 노동할 수 있는 생산 가능 인구가 되려면 족히 30년은 걸린다. 따라서 저출산 대책으로 출산율이 성공적으로 늘어난다고 하더라도 최소한 30년 동안은 노동할 수 있는 생산 가능 인구가 급속도로 줄어들어서 우리나라의 경제는 그 기간 동안 회복할 수 없을 정도로 무너지고 말 것이다. 생산 가능 인구의 급격한 감소는 생산한 물품에 대한 소비 구매력을 현저하게 떨어뜨려 우리나라의 산업 기반과 산업생태계를 전반적으로 붕괴시킬 수도 있다. 그런데 우리나라의 출산율이 늘어날 기미는 전혀 보이지 않고 갈수록 줄어들기만 하고 있다.

따라서 이제는 이주노동자나 외국인에게 영주권이나 시민권을 주어 국내에 체류할 수 있도록 하는 정책은 생산 가능 인구가 급격하게 줄어들고 있는 우리나라 현실에서 더 이상 선택이 아니라 빠른 시일 내 입법화하여 반드시 실천해야 할 필수적인 정책일 수밖에 없다. 우리나라는 폐쇄적이고 국수적인 단일민족국가 개념을 떠나 세계를 향한 개방적인 다민족국가를 지향해 나아가야 한다. 미국이나 유럽 선진국들은 이미 이민정책을 통하여 다민족국가를 지향함으로써 저출산 고령화 사회에 대처하고 생산 가능 인구를 늘려 국가경제의 구조적 장기불황과 침체를 막고 있다.

　이민으로 인하여 문제가 생길 수 있으나 이러한 문제는 이주노동자나 국내 체류 외국인에게 더 많은 교육기회를 제공하고 처우를 개선하여 그들이 우리나라에서 차별받지 않고 우리 국민과 같은 환경에서 살아갈 수 있도록 입법과 정책으로 지원할 때 해결될 수 있을 것이다.

〈2022년 10월 23일 매일신문〉

영화 '건국전쟁'과 대한민국

영화 '건국전쟁'을 얼마 전 관람하였다. 영화 '건국전쟁'은 대한민국 초대 대통령 이승만 박사에 대하여 잘못 알려지고 지나치게 폄화된 부분에 대하여 바로잡자는 취지로 제작된 다큐 영화다. 이승만 전 대통령은 외교를 통한 독립운동, 대한민국 건국, 전 국민에 대한 의무교육, 농지개혁, 반공포로 석방, 한미동맹 결성 등 긍정적인 부분이 많음에도 불구하고 4.19혁명으로 물러나게 됨으로써 과오가 지나치게 부풀려지고 악마화된 측면이 있다. 물론 이승만 전 대통령이 일제 청산을 위한 반민특위 조사 방해, 한국전쟁 중 보도연맹 등 민간인 학살, 장기집권을 위한 발췌 개헌, 사사오입 개헌, 농지개혁 설계자이자 자신의 최대 정적인 조봉암에 대한 사법살인 등 과오도 많다.

이승만 전 대통령의 공과가 분명하므로 국부로 추앙한다거나 영웅시할 수는 없는 것이지만 이승만 전 대통령이 대한민국 건국 대통령이라는 것은 부인할 수 없는 사실이다. 특히 해방 후 70여 년이 흐른 지금 대한민국은 G7에 필적할 만큼 선진화되고 민주화된 반면 북한은 지구상에서 가장 낙오된 후진국 중 하나로 김씨 3부자 세습통치에 의하여 전제화되었다. 2,500만 북한 동포들은 인간으로서의 기본적 인권마저도 억압받고 살고 있는 현실에 비추어 이 전 대통령의 공과는 새롭게 조명될 필요가 있다. 해방 후 미소 양 강대국의 한반도 분할정책으로 통일된 국가는 세우지 못하였지만 휴전선 남쪽만이라도 북한정권의 압제에서 벗어나 자유민주체제에서 인간으로서의 기본적 인권을 누리며 살게 된 것에는 이승만 전 대통령의 공이 크고 그 의미가 갈수록 중요해진다고 할 수 밖에 없다.

무소속 윤미향 의원이 2024년 1월 30일 국회에서 주최한 공개토론회에서 '통일전쟁으로 평화가 만들어진다면 수용해야', '북한의 전쟁은 정의의 전쟁', '북이 전쟁으로라도 통일을 결심한 이상 우리는 그 방향에 맞추어야'라고 하는 대한민국에 적대적 발언이 나왔다. 이러한 발언은 북한 김정은이 "남북관계는 통일을 지향하는 동족관계가 아니라 적대적 교전국 관계"로 재규정하고 "유사시 핵을 동원하여 남조선 전 영토를 평정하겠다"라고 말한 가운데 나왔다. 이날 행사에 참석한 상당수가 대한민국과 한미동맹체제에 불만을 드러냈다. "북은 완전 자주국방이고, 교육·의료·주거는 남쪽은 경쟁, 북은 무상"이라며 "친일 청산은 남쪽은 완전히 실패, 북쪽은 성공했다. 어디가 제대로 사는 것이냐"고 말하는 등 백주대낮에 그것도 대한민국 국회에서 대한민국을 부정하고 북한을 찬양하는 발언들이 버젓이 나온 것이다.

한편 북한 당국이 범민련 북측본부, 6.15공동선언실천 북측위원회 등을 정리한다고 발표하자 범민련 남측본부, 6.15공동선언실천 남측위원회도 자진 해산 절차에 들어갔다. 대한민국 법원이 세 차례에 걸쳐 이적단체 판결을 하였으나 해산하지 않았던 범민련이 김정은 한마디에 스스로 해산절차에 들어간 것이다. 범민련 등은 북한의 지령을 받는 반국가단체로 평화를 가장하여 국가보안법 폐지, 주한미군 철수를 외쳐왔다. 고 문익환 목사는 반국가단체인 범민련 남측본부 해산을 주창하였다가 남쪽의 적대세력들이 문 목사를 안기부 프락치로 몰아갔고 이런 과정에서 큰 충격을 받고 1994년 사망하였다.

한국전쟁이 휴전한 지 70년이 지났고 남북한의 체제 경쟁에서 자유민주국가 대한민국이 승리하였다는 것이 역사적으로 입증되었으며 북한 김정은조차도 이를 인정하고 있음에도 불구하고 아직도 북한 전체주의 독재를 찬양하고 대한민국을 전복시키려는 반국가세력이 우리 내부에서 버젓이 활동하고 있다. 소련을 해방군이라 부르고, '대한민국은 태어나지 말았어야 할 나라'라고 주장하며 이승만 전 대통령과 맥아더 장군은 북의 적화통일을 막은 원흉으로 취급한다. 이들은 민족주체, 평화통일이라는 가면을 쓰고 자유민주국가 대한민국의 보호를 받으면서 북한의 대남 적화통일노선을 추종하고 있다.

국제정세의 혼란과 북한의 위협이 노골화되고 있는 지금 자유와 민주주의 체제의 존속을 도모하고 국민들의 기본적 인권을 지속적으로 보장하며 대한민국을 지키기 위하여 이들에 대한 대비책을 마련할 필요가 있다. 한반도의 유일한 합법정부는 대한민국이고 북한은 사실상의 정부일 뿐 국가로 인정할 수 없다. 자라나는 청소년들에게 민주주의와 기본적 인권에 대한 올바른 가치관을 심어주고 대한민국에 대한 긍정적 역사관을 가지도록 교육해야 할 때다.

〈2024년 2월 22일 매일신문〉

죽산 조봉암과 박정희 전 대통령

해방 후 대한민국 70여 년 역사에 있어서 대한민국의 성장과 발전에 가장 큰 족적을 남겼고 대한민국이 선진국으로 발돋움하는데 있어서 가장 중요한 토대를 마련한 단 두 사람을 꼽으라면 개인적으로 죽산竹山 조봉암과 박정희 전 대통령을 꼽겠다. 두 사람은 대한민국으로 전향한 공산주의자라는 공통점을 가지면서 농지개혁과 경제개발 5개년 계획이라는 좌파적 정책을 실시하여 자본주의 시장경제국가 대한민국이 세계 최빈국에서 G7에 버금가는 선진국가로 우뚝 설 수 있도록 그 기반을 만들었다. 두 사람은 대한민국 발전에 가장 혁혁한 공을 남겼으면서도 전통 보수야당인 민주당에 의하여 철저히 배척당하고 평가절하되었다. 대한민국 역사의 아이러니가 아닐 수 없다.

조봉암은 3.1운동에 참여하여 1년간 투옥되었다가 석방된 후 상하이 임시정부에서 김구 휘하 경무국 소속으로 활동하였다. 그 후 일본으로 건너가 공산주의 사상에 심취하게 되었고 1925년 조선공산당을 창당하였다가 일본 경찰에 체포되어 신의주 감옥에서 7년간 복역하였다. 광복 후 비타협적이고 교조적인 조선공산당을 탈당한 후 대한민국으로 전향한 조봉암은 1948년 남한 단독선거에 참여하여 무소속으로 제헌 국회의원에 당선되어 대한민국 국회 부의장과 초대 농림부 장관을 지냈다.

농림부 장관으로 재임 중 농지개혁법을 입안하여 1949년 공포, 시행하게 됨으로써 머슴을 제외한 가난한 대다수 소작농민들을 농지를 소유한 자작농으로 바꾸었다. 또한 농촌에서 생산한 쌀과 보리 등의 곡식 일부 중 잉여생산량을 정부에서 매입하는 양곡매입법의 제정을 추진하였다. 이는 시장경제원리에 어긋난다는 한민당(현 민주당의 전신)의 반대에도 불구하고 국회에 상정시켜 1948년 8월 국회에서 통과되었다. 이후 양곡수매법은 장면 총리의 민주당 정부가 들어서면서 무효화되었으나 뒷날 박정희 정부의 추곡수매법으로 부활하게 되었다. 이밖에도 조봉암은 국민의료보장제도를 주장하였고, 농민의 조직화와 농민 이익단체 결성을 위한 농업협동조합 추진 운동을 시작했으며 농촌계몽을 위한 농민신문 발행을 추진하였다. 조봉암이 주장한 국민의료보장제도는 박정희 정부에서 의료보험제도로 실행되었고 현재의 국민건강보험제도로 정착되었다.

한국전쟁이 터지자 대통령 이승만은 수도 서울을 먼저 탈출하였고 국회의장 신익희조차도 자신의 가족들을 데리고 먼저 서울에서 도망하였으나 국회부의장 조봉암은 이들과 달리 끝까지 서울에 남아 다른 국회의원들의 피난 비용을 마련해주고 북한 인민군에게 넘어가서는 안 되는 공문서들을 불태우고 정리한 후 새벽차를 타고 남쪽으로 내려갔다. 이 과정에서 조봉암은 정작 자신의 아내에게는 연락하지 못하여 함께 피난하지 못했고 조봉암의 아내는 한국전쟁 와중에 행방불명되었다.

조봉암은 1952년 치러진 제2대 대통령 선거에 무소속으로 출마하였고 1956년에 치러진 제3대 대통령 선거에 다시 무소속으로 출마하여 무려 30%의 지지율을 기록하는 등 선전하였다. 이에 이승만의 최대 정적으로 떠오른 조봉암에 대하여 이승만 세력은 위협을 느끼고 조봉암에게 부당한 간첩 혐의를 뒤집어 씌워 사형선고를 내려 사법살인을 저질렀다. 조봉암은 1959년 7월 31일 서대문형무소 사형장에서 형장의 이슬로 삶을 마치게 되었다. 대법원은 2011년 1월 20일 재심을 통해 조봉암에게 무죄를 선고하였다.

박정희 전 대통령은 만주군관학교와 일본 육사를 졸업한 그 당시 최고 엘리트 청년 중 한사람이었다. 박정희의 친형 박상희는 박헌영이 만든 공산계열 남조선노동당(이하 남로당) 간부로 활동하면서 1946년 10월 미군정의 실정에 반발하여 일어난 대구폭동을 주도하였다가 군경토벌대에 피살되었다. 친형 박상희의 영향으로 남로당에 가입하게 된 박정희는 육군 내 남로당 책임자였다. 그 후 남로당에 의하여 주도된 제주 4.3사건과 여순반란사건이 일어나자 군부 내 공산주의자를 색출하기 위한 숙군운동이 일어났고 박정희는 남로당 군책으로 검거되어 무기징역형을 선고받았다. 그러나 박정희의 능력을 아까워한 백선엽 장군 등의 설득으로 박정희는 대한민국으로 전향하게 되었다.

민주당 정부의 실정과 무능으로 1961년 5.16 군사쿠데타가 일어나 박정희는 국가재건최고회의 의장이 되었다. 군사정권은 박정희가 남로당 출신이라는 것을 불식시키기 위하여 혁명 제1공약으로 반공을 국시로 내걸었다. 1963년 공화당의 박정희 후보와 민정당의 윤보선 후보가 대통령 선거에서 맞붙었다. 이 선거에서 윤보선 선거캠프에서는 박정희의 남로당 가입 전력을 들고 나와 '박정희는 빨갱이다'라고 공격하여 박정희는 고전을 면치 못하였다.

윤보선의 박정희에 대한 색깔론은 대성공을 거두어 서울에서는 윤보선이 박정희를 두 배 이상 앞섰다. 그러나 경상도와 전라도의 농민들은 99칸짜리 양반 지주집안 출신인 윤보선이 아니라 농민 출신인 박정희를 압도적으로 지지하였고 박정희는 가까스로 대통령에 당선될 수 있었다. 조봉암을 지지하였던 농민들은 상당 부분 박정희를 지지하였다. 박정희는 당선되어 경제개발 5개년 계획과 수출 드라이브 정책 등으로 대한민국의 근대화에 박차를 가하였다.

공산주의에서 전향한 조봉암과 박정희는 김일성의 북한에 대항하여 자본주의 시장경제국가 대한민국이 역동적으로 성장할 수 있는 기반을 만들었다. 그러나 조봉암은 민주당에 의하여 빨갱이로 치부되어 평가절하되었다. 조봉암은 대한민국의 건국을 위하여 누구보다도 업적이 뛰어남에도 불구하고 건국훈장조차 받지 못하였다. 그리고 민주당은 박정희 전 대통령에 대하여도 경제발전과 대한민국 근대화의 공은 도외시하고 군사독재를 했다는 면만을 집중 부각시켜 평가절하하고 있다. 친일파와 지주 및 자본가 출신들이 주축이 되어 만든 민주당(한민당의 후신)이 박정희가 일본 육사를 졸업하였다는 면만을 내세워 박정희를 친일파 명부에 등재시키기까지 했다. 조봉암은 국립묘지에도 안장되지 못하였고 조봉암이 적대시하였던 북한이 오히려 북한의 혁명열사릉에 조봉암의 가묘를 마련하여 그의 업적을 기리고 있다.

박정희 전 대통령과
마하티르 말레이시아 총리

　제2차 세계대전 후 저개발 후진국 지도자들 중 자국의 빈곤을 타파하고 경제 성장과 근대화를 이끌며 경제번영을 가져온 아시아의 지도자로 우리나라의 박정희 전 대통령, 싱가포르의 리콴유 전 총리, 말레이시아의 마하티르 총리를 든다. 리콴유 전 총리와 마하티르 총리는 자국에서 근대화를 이끈 국부로 평가받지만 세 사람은 동시에 장기집권과 개발독재자라는 혹평도 받는다. 그러나 20세기 후반 아시아, 아프리카 등 거의 모든 저개발 후진국가에서 예외 없이 민주주의가 억압받고 쿠데타와 군사독재가 보편화된 상황에서 거의 대다수 독재자들이 부패와 족벌정치로 국가를 빈곤의 수렁에 빠지게 하였고 현재까지도 저개발 후진국으로 남아 있게 한 것과 비교해보면 비록 이들 세 사람이 개발독재를 하였으나 근대화를 통하여 국가의 자존심을 일으켜 세우고 국격을 높인 공이 과보다도 훨씬 크다고 하지 않을 수 없다.

　'말레이시아의 박정희'로 불리는 마하티르가 정계 은퇴 후 15년 만에 92세의 나이에도 불구하고 선거를 통하여 총리의 권좌에 다시 복귀하였다. 1981년 총리로 취임 후 2003년 스스로 총리에서 물러날 때까지 20여 년 동안 마하티르는 고무, 주석 등 원자재 수출국에 지나지 않았던 말레이시아를 전기제품, 철강, 자동차를 생산하는 공업국가로 탈바꿈시켰고 경제 성장을 통하여 민주국가의 기반인 중산층을 튼튼히 하였다. 특히 1997~1998년 아시아 외환위기 당시 우리나라의 김대중 정부와는 다르게 해외투기자본 배척, 자본통제와 같은 경제쇄국정책을 펼치며 IMF의 간섭을 물리치고 고정환율제 채택과 정부지출 증대를 통하여 말레이시아 경제를 물가폭등 없이 회복한 점이 국제적인 주목을 받았다.

우리나라에서 자신을 보수우파로 자처하는 사람들 중에는 박정희 전 대통령을 보수우파로 보는 경향이 많다. 일반적으로 보수우파는 자유와 인권, 성장, 시장경제, 공동체의 안녕 등에, 진보좌파는 평등, 분배와 복지, 경제에 대한 국가의 관여, 약자에 대한 배려, 환경 등에 보다 주안점을 둔다. 우리나라의 현실에서는 친미와 반미, 반공과 친북으로도 분류된다.

만주군 장교 출신인 박정희는 해방 후 국내로 돌아와서 미군정이 보여주었던 행위에 대하여 반감이 많았다. 박정희는 공산주의자였던 그의 친형 박상희를 존경하였으며 그에게 감화되어 박헌영의 남조선노동당에 가입하였고 국군 내 남로당 군책이 되었다. 그러나 여순반란사건을 계기로 김창룡에 의해 주도된 숙군과정에서 체포되어 군사법정에서 사형을 구형받았다. 박정희는 백선엽 장군 등의 설득에 의하여 공산주의에서 전향하여 석방이 되었으나 동지를 배신한 변절자라는 고통을 안고 살아야 했다.

한국전쟁의 와중에서 다시 군에 복귀한 박정희는 5.16 군사쿠데타를 통하여 집권하였지만 미국으로부터 반미주의자 및 공산주의자라는 의심을 강하게 받았다. 이에 박정희는 미국의 의심을 불식시키기 위하여 반공을 국시로 내걸었고 베트남 파병 등 친미 정책을 강화하게 되었다. 1963년 대통령 선거에서 보수우파인 민주당 윤보선 후보가 박정희의 남로당 전력을 들어 빨갱이로 몰면서 사상논쟁으로 곤혹을 치르게 되었으나 농민의 아들 박정희는 조봉암을 지지하였던 호남과 영남 농민들의 지지에 힘입어 15만 표 차이로 겨우 대통령에 당선될 수 있었다.

박정희는 수출 드라이브 정책과 철강 등 중화학공업 우선 정책으로 국가 근대화에 전념하였다. 자유와 인권을 제한하면서도 한일수교, 베트남 파병 등을 통하여 차관과 원조를 받아 경제를 이룩하게 할 자본을 형성시켜 경제 성장에 매진하였다. 그러나 박정희는 성장이라는 보수우파의 색채를 띠면서도 시장경제가 아닌 경제개발 5개년 계획에 입각한 계획경제, 농민과 농촌 개량을 위한 새마을운동, 외세에 의존하지 않으려는 자주국방, 서민들을 배려한 의료보험제도, 전 국토의 식목사업과 그린벨트 설치 등 환경정책을 추진하여 진보좌파 정책도 많이 도입하였다.

국가라는 새가 수평으로 균형 있게 잘 날아가기 위해서는 보수라는 오른쪽 날개와 진보라는 왼쪽 날개가 다 같이 튼튼하게 잘 발달되어 있어야 한다. 어느 한쪽만 비대하게 커지고 다른 한쪽은 지나치게 약화되었을 때 국가는 한쪽으로 추락할 수밖에 없다. 박정희는 보수우파가 아니라 보수와 진보를 아우르는 국가 근대화와 개혁의 지도자였다. 보수우파라는 사람들은 작금에 보수우파가 이렇게 약화된 이유가 무엇인지 철저하게 반성하고 새로운 시대정신을 깊이 있게 탐구함으로써 부국부민과 통일에 기여할 수 길을 찾아 진심으로 고민해야 할 것이다.

〈2018년 6월 4일 경북일보〉

김종필 전 총리의 어록
– 실업實業과 허업虛業

　운정 김종필 전 총리는 박정희 전 대통령과 함께 5.16 군사쿠데타를 주도하여 대한민국 근대화를 이끌었고, 문민정부의 탄생과 DJP연합으로 민주화와 평화적 정권 교체에 일조하였다. 영원한 2인자로 3김시대를 열었던 한국 현대정치사의 거목이자 풍운아였다.

　그는 서울대 사범대 3학년 재학 중 중퇴하고 육사에 8기생으로 입학하였다. 1949년 임관하여 육군 정보국 전투정보과 북한반장으로 재직하면서 그 당시 육군 정보국에서 민간인 신분으로 근무하고 있던 박정희를 알게 되었다. 그는 박정희의 친형이자 남로당 공산주의자였던 박상희의 딸인 박영옥과 결혼하였고 5.16 군사쿠데타 성공 직후 자신의 장인인 박상희의 공산주의 이력과 관련하여 야당으로부터 사상공세에 시달리기도 하였다.

　5.16 군사쿠데타의 주역이었던 박정희와 김종필은 야당인 민주당으로부터 빨갱이라는 사상공세에 똑같이 시달렸으면서도 이를 불식시

키기 위하여 군사쿠데타 후 반공을 국시로 내세워 세계에서 가장 후진국 중 하나였던 대한민국의 산업화와 근대화에 매진하였다. 5.16 군사쿠데타의 주역이었던 이들 두 사람이 탁월한 리더십과 결단성, 정치적 식견과 교양 등 여러 가지 면에서 당대의 최고 엘리트였다는 것이 대한민국의 발전과 성장에 있어서 큰 다행이었다고 할 수 있다.

박정희는 남조선로동당(남로당) 군책으로 숙군과정에서 체포되어 무기징역을 선고받았다가 전향하여 형집행정지로 풀려난 사람이고 김종필은 청년시절 사회주의에 관심이 많았고 공산주의자 박상희의 딸 박영옥과 결혼한 사람이다. '젊었을 때 공산주의자가 되지 않으면 가슴이 없는 인간이고, 나이가 들어서도 공산주의자이면 머리가 없는 사람이다'는 말이 인구에 회자되어 왔다. 수구보수정당이 선거 때마다 정책보다는 반공, 반북을 내세워 색깔 논쟁으로 특정인을 빨갱이로 몰아 선거에 이용했던 악습이 더 이상 반복되는 일이 있어서는 안될 것이다.

JP로 불리던 김종필은 많은 독서를 하였고 유명한 어록도 많이 남겼다. 그는 '내가 기업하는 사람인 실업實業인으로 갔으면 돈 꽤나 모았을 텐데 정치가는 허업虛業인이다. 경제하는 사람은 움직이는 대로 과실을 따먹지만 정치하는 사람은 국민이 과실을 따먹게 하고 자신은 따먹지 않기 때문에 이름은 날지 모르나 속은 텅텅 비었다'고 하였다. 그리고 '정치하는 사람들은 국민을 호랑이로 알면 된다. 아무리 맹수라도 잘 해주면 고마움을 알 것으로 생각하지만 호랑이는 그런 것을 하나도 느끼지 못한다'라는 말도 남겼다. 국민을 무서워해야 한다는 것이다.

6.13 전국동시지방선거에서 자유한국당이 참패하면서 SNS상에는 선거 패배 5공신록이 떠돌았다. 1등 공신은 박근혜 전 대통령과 최순실 그리고 십상시, 2등 공신은 국정농단 동조자인 친박 8적, 3등 공

신은 홍준표 전 대표 등 친홍, 4등 공신은 김무성 등 바른정당 복당파, 5등 공신은 '할 말도 못하는 거세된 정치인'인 자유한국당 현역의원 전원이라고 한다. 국민을 무서워하지 않고 국민과 소통하지 않았으며 탄핵 이후에도 처절한 자기반성을 하지 못한 결과다.

조르주 퐁피두는 '정치가는 국가를 위해 봉사하는 사람이고 정치배는 자신을 위해 국가가 봉사하도록 만드는 사람'이라고 했다. 진영 구분 없이 정치를 하려는 사람들은 정치는 허업이고 정치하는 사람들은 국민을 호랑이로 알아야 한다는 JP의 말의 의미를 되새기고 자신이 왜 정치를 하려고 하는 것인지 가슴에 손을 얹고 진정으로 생각해보아야 할 것이다.

〈2018년 6월 25일 경북일보〉

나폴레옹 법전과 헌법개정

　세계 3대 법전은 함무라비 법전, 로마법대전 그리고 나폴레옹 법전을 말한다. 나폴레옹 법전은 프랑스 민법전이라고도 하는데 1804년 나폴레옹 1세 황제 때 제정·공포되었다. 나폴레옹 법전은 근대시민법의 기본원리인 소유권의 절대성, 계약자유의 원칙, 과실책임주의 등을 채택하여 그 후 제정된 각국 민법전의 모범이 되었다. 나폴레옹 법전은 나폴레옹이 프랑스 대혁명의 사상과 정신을 민법전에 담아 완성한 결과물이다.

　나폴레옹이 육군 포병장교로 재임하던 1789년 바스티유 감옥 습격과 함께 프랑스 대혁명이 일어났다. 나폴레옹도 군인으로 프랑스 혁명에 참가하여 공화주의자인 자코뱅파를 지지하는 소책자를 썼다가 체포되었다. 프랑스 대혁명은 시민과 농민 등이 주축이 된 민중들에 의하여 부르봉왕조의 절대왕정이 지배하던 구체제(앙시앵 레짐)를 무너뜨린 자유주의 혁명이다. 그 당시 프랑스는 계몽사상가인 장 자크 루소와 볼

테르 등의 사회계약설이 많은 지식인에게 영향을 주었고 민중들이 공감하였다. 계몽사상가들은 절대왕정의 모순된 사회제도를 맹비난하면서 합리적인 사회제도의 출현을 주창하였다. 자유, 평등, 박애를 모토로 한 프랑스 대혁명은 이러한 계몽사상가들의 영향을 받은 프랑스 민중의 사회개혁 의지의 분출로 일어난 것이다.

프랑스 대혁명은 혁명의 소문을 들은 피지배 민족의 자유와 독립 쟁취의식을 고취하여 여러 민족을 거느린 주변 강대국들을 불안하게 하였다. 오스트리아, 프로이센 등 주변 절대왕정 국가들은 프랑스의 혁명사상이 자국의 민중들과 피지배 민족에게 전파되는 것을 두려워하고 이를 막기 위해 프랑스를 공격하였다. 그러나 프랑스 대혁명으로 들어선 공화정 정부는 무능했다. 온건 지롱드파와 급진 자코뱅파 등이 대립하며 정국은 혼란하였다. 오스트리아와 전쟁을 벌였지만 혁명의 여파로 군대 및 지휘명령이 제대로 없어 프랑스군은 각지에서 패전을 거듭하였다.

이런 와중에 나폴레옹이 이끈 프랑스군이 남들은 감히 생각지 못했던 눈 덮인 알프스산을 넘어 이탈리아에 주둔한 오스트리아군의 허를 찔러 격파하였다. 나폴레옹은 카르타고의 한니발이 알프스산을 넘어 로마를 침공한 것처럼 불가능을 가능하게 함으로써 프랑스 국민의 영웅이 되었다. 이를 계기로 나폴레옹은 연전연승하며 황제의 자리에까지 오르게 된다. 나폴레옹이 이끄는 프랑스군의 승리는 절대왕정 아래 신음하던 유럽의 민중과 피지배 민족에게 혁명의 사상을 전파하였다. 워털루 전투에서 패배하여 나폴레옹은 대서양의 외딴 섬으로 유배되어 죽었지만 그가 남긴 나폴레옹 법전은 새로운 근대유럽의 형성과 탄생에 지대한 영향을 주었다.

촛불혁명으로 들어선 것이 문재인 정부다. 촛불혁명은 제왕적 대통령제로 인하여 대통령에게 권력이 집중됨으로써 생긴 권력농단과 적폐를 청산하기 위하여 일어난 것이다. 문재인 정부는 집권 1년 반 동안 적폐청산을 위하여 노력해왔다. 그러나 적폐청산은 제왕적 대통령제의 폐단에 의하여 생긴 잘못된 결과를 처벌하는데 집중하였다. 폐단을 근본적으로 고치려면 결과보다는 그 원인을 제거하여야 한다. 제왕적 대통령제의 문제로 생긴 폐단을 청산하려면 그 원인인 제왕적 대통령제를 헌법개정을 통하여 바꾸어야 한다. 대통령으로의 권력의 집중현상을 막아야 그로인한 폐단을 근본적으로 바로잡을 수 있는 것이다.

문재인 대통령은 제왕적 대통령제의 청산을 위한 헌법개정을 약속하였었다. 그러나 문재인 대통령은 당선 후 헌법개정안을 내놓았으나 촛불혁명의 시대 정신인 제왕적 대통령제의 청산은 빼고 헌법개정안을 국회에 제출하였다. 국회도 헌법개정을 위하여 노력한다고 하였으나 요원한 일이 되고 있다. 제왕적 대통령제의 병폐가 해결되지 못하고 있음으로써 청와대의 이상적 비대화와 권력의 집중으로 인한 여러 문제가 발생하고 있다. 청와대 행정관들의 비리와 김태우 수사관의 민간사찰 폭로는 제왕적 대통령제로 인하여 생긴 폐단의 일례다.

청와대가 제왕적 대통령제를 바꾸는 헌법개정은 외면하고 '문재인 대통령은 유전자적으로 선하다'고 외치는 것은 어불성설이다. 지금이라도 촛불혁명의 정신을 완성시키려 한다면 제왕적 대통령제의 청산을 담은 헌법개정을 해야한다. 나폴레옹은 히틀러처럼 전 유럽을 전쟁의 끔찍한 참화 속으로 몰아넣었다. 그래도 나폴레옹이 히틀러와 달리 존중받는 이유는 프랑스 대혁명의 정신을 나폴레옹 법전에 담아 혁명의 정신을 전 유럽에 전파시켰기 때문이다. 촛불혁명으로 문재인 정부가 들어섰으나 국가경제도 국민의 살림살이도 나아진 것이 없다. 고달프고 어렵기만 하다. 청와대가 '우리는 선하다'는 아집을 버리고 몸을 낮추어 겸허한 자세로 국민과 소통해야 할 때다. 문재인 대통령이 제왕적 대통령제의 폐단을 헌법개정을 통하여 고치고 제7공화국의 문을 활짝 열어주었으면 좋겠다. 그것이 촛불혁명의 완성이다.

〈2018년 12월 23일 경북일보〉

일본의 삿초동맹과 아베 총리

　근대 일본의 시작은 메이지 유신이라 할 수 있다. 1868년 메이지 유신은 에도 막번체제를 무너뜨리고 왕정복고를 통한 중앙 통일권력 확립으로 일본 근대국가를 수립한 정치·사회적 대변혁 과정을 일컫는다. 메이지 유신을 일으킨 중심세력은 사쓰마번과 조슈번의 하급무사들이었다. 사쓰마번은 규슈섬 서남단 가고시마현 일대를 영지로 삼은 번이었고 조슈번은 혼슈섬 서쪽 끝 야마구치현 일대를 영지로 삼은 번이다. 번藩은 도쿠가와 막부幕府 체제 하의 지방정권으로서 다이묘大名들의 영지를 말한다. 에도 막부시절 200여 개의 번이 있었다.

　16세기 말 전국시대를 통일한 도요토미 히데요시가 임진왜란을 일으켜 조선을 침범하였을 때 사쓰마번과 조슈번이 앞장을 섰다. 에도 막부체제의 창시자 도쿠가와 이에야스는 임진왜란에 직접 참전하지 않았다. 도요토미 히데요시가 죽은 후 도쿠가와 이에야스의 동군과 반대파 도요토미가의 서군이 맞붙은 세키가하라 전투에서 사쓰마번과 조슈번은 서군으로 참가했다가 패전하였다. 이에 따라 도쿠가와 막부체제 260여 년간 사쓰마번과 조슈번은 중심세력으로 등용되지 못하였고 차별을 받았다.

그러나 사쓰마번과 조슈번은 19세기 서세동점 시점에 교육을 통한 인재 양성과 혁신정치를 통하여 막부체제에 맞설 수 있는 힘을 길렀다. 이렇게 힘을 기른 사쓰마번과 조슈번은 막부 타도를 위한 정치·군사 동맹인 삿초동맹을 결성하여 막부체제를 무찌르고 메이지 유신 시대를 개창하였다. 사쓰마번은 문무겸전을 모토로 하는 전인교육을 하급무사에게도 실시함으로써 인재를 양성했다. 사쓰마번은 메이지 유신의 최고 수훈자인 사이고 다카모리와 오쿠보 도시미치의 고향이다. 또 러일전쟁 때 만주군 총사령관으로 봉천 회전에서 러시아군을 대파한 오야마 이와오, 동해해전에서 러시아의 발틱함대를 궤멸시킨 도고 헤이하치로의 출신지이기도 하다. 고이즈미 준이치로 전 총리의 부친 고향도 사쓰마번이다.

조슈번의 요시다 쇼인은 쇼카손주쿠松下村塾라는 사숙私塾에서 교육을 통해 제자들을 길러냈다. 쇼인은 '천하는 천황이 지배하고 그 아래 만민은 평등하다'는 일군만민一君萬民론을 주창하였다. 도쿠가와 막부가 미국 등과 불평등조약을 체결하게 되자 '구미열강과의 조약은 지키되 그 불평등 조약으로 인한 국부와 토지의 손실은 조선 및 만주로의 영토 확장으로 만회한다'는 정한론征韓論을 내세웠다. 그리고 불평등 조약을 체결한 책임을 물어 막부 고관의 암살을 기획하다 발각되어 30세의 나이에 참수되었다. 존왕양이와 정한론을 주창하며 천황을 국가통합의 중심으로 내세워야 한다고 주장한 요시다 쇼인은 근대 일본의 우익 국수주의 사상의 핵심이다.

비록 우리에게는 일제 침략의 사상적 원흉이지만 쇼인이 뛰어난 점은 교육에 있어서 신분에 차별을 두지 않았다는 점이다. 그리고 학문이라는 것은 출세를 위한 것이 아니라 시대를 알고 나라를 위해 도움이 되는 힘을 기르는 것이라고 했다. 쇼인의 국수주의 사상은 그의 사후 제자들에 의해 현실화되었다. 메이지 유신의 3걸 중 한명인 기도 다카요시, 조선 침략의 주범인 이토 히로부미, 군부 실력자로 총리에 오른 야마가타 아리토모, 조선 총독부 초대 총독 데라우찌 마사타케, 2대 총독 하세가와 요시미치 등이 조슈번 출신으로 쇼인의 후학이다. 아베 총리의 외조부이자 태평양 전쟁 A급 전범인 기시 노부스케도 조슈번 출신이다.

조슈번이 있던 야마구치현은 아베 총리의 지역구가 있는 곳이다. 아베 총리는 외조부인 기시 노부스케와 더불어 가장 존경하는 인물로 요시다 쇼인을 추종한다. 아베총리가 헌법 개정을 통해 전쟁이 가능한 일본을 만들려 하고 한국에 대하여는 특유의 경시하는 태도를 보이는 것은 쇼인을 추종하는 그의 사고에서 비롯된 것이다. 아베 총리는 사쓰마번이 있었던 가고시마현을 방문하여 신 삿초동맹을 운운하기도 하였다. 삿초동맹은 메이지 유신을 통해 일본의 부국강병을 가져왔지만 우리에게는 정한론이 떠올려지는 대목이다. 아베 총리는 또 한 번의 삿초동맹과 혁신으로 부강한 일본을 만들기 위해 노력하고 있고 아베노믹스라 불리는 정책 시행으로 일자리 창출, 일본의 국제적 위상 회복, 장기불황 탈출, 중산층의 저변 확대 등을 위해 분투하고 있다.

아베의 여러 정책들은 일본 국민의 지지로 이어져 아베 총리가 장기 연임을 거듭하고 있지만 이를 보는 우리로서는 생각이 많아질 수 밖에 없다. 임진왜란과 일제 병탄은 일본의 침략에서 온 것이지만 우리가 스스로 지킬 수 있는 힘을 기르지 못하고 내부로부터 분열되었기 때문이기도 하다. 우리의 제1야당은 국가의 중요한 정책에 대하여 국민의 지지를 받는 효과적인 대안을 제시하지 못하고 반대를 위한 반대를 일삼고 있고 여당은 현실과 괴리된 이념주의적이고 이상주의 정책으로 경제와 민생이 어려워지고 있다. 아베의 정책을 뛰어넘어 우리나라가 자유와 인권 그리고 평등의 균형 속에서 부국부민의 통일강국이 될 수 있는 날은 언제 올 수 있을 것인가.

〈2018년 12월 3일 경북일보〉

정치가와 정치꾼

　우리는 정치인과 정치가, 정치꾼을 구별해서 사용하지 않고 그 의미를 혼용해 사용하고 있는 것이 일반적이다. 정치인은 통상 정당 활동이 가능한 정무직 공무원과 정당 활동을 하는 정당인을 말한다. 참여민주주의의 확대로 정치 시사토론에 참여하는 패널이나 정치칼럼 투고 등을 하는 사람들도 정치인으로 분류된다. 정치가는 영어로 Statesman이고 정치꾼은 Politico라 한다. 정치가는 당리당략에 얽매이지 않고 국가의 장래를 생각하는 경세가를 말하고, 정치꾼은 국가보다 자신과 당파의 이익에 집착하는 사람을 뜻한다.

　영국 경제학자 콜린 클라크는 "정치꾼은 다음 선거를 생각하고 정치가는 다음 세대를 생각한다"고 말했다. 정치꾼도 입으로는 늘 국민을 앞세우지만 그들이 말하는 국민은 대한민국 국민 모두를 의미하는 것이 아니라 자신의 정치적 기반이 될 수 있는 사람만이 국민이다. 따라서 정치꾼은 진영 논리에 빠져 국민을 편 가르기 하고 국론을 분열시킨다.

지금은 러시아의 우크라이나 침공과 러시아 가스공급 문제로 곤욕을 치루고 있지만 독일의 게르하르트 슈뢰더 전 총리는 1998년 총선에서 좌파인 사회민주당 총리 후보로 나서서 '새로운 중도', '좌파 속의 우파' 등을 외치며 우파인 기독민주당 헬무트 콜 총리를 꺾고 총리가 되었다. 그는 당리당략에만 얽매이지 않고 독일의 장래와 다음 세대를 먼저 생각한 진정한 정치가였다. 이주노동자들에게 독일 국적을 취득할 수 있도록 배려하여 생산 가능 인구의 감소를 막고 양질의 일자리를 창출함과 동시에 실업률을 줄이기 위하여 많은 노력을 하였다.

　　그가 임기 말에 추진한 '아젠다 2010'은 복지 및 규제의 감축과 정비를 골자로 한 것으로 이는 그의 정치적 기반이던 사민당 지지층의 반발을 불러 일으켜 결국 2005년 총선에서 패하게 되었다. 제1당이 된 기민당의 앙겔라 메르켈이 연정 협상을 주도하면서 제2당이 된 슈뢰더의 사민당이 참여하는 대연정을 구성하게 되었고 메르켈이 연립정부의 총리직을 이어받았다. 슈뢰더의 정책은 메르켈 총리에 의하여 계승되었고 이후 독일 경제에 활력을 불어넣어 '유럽의 병자'로 불리던 독일이 유럽연합의 리더가 될 수 있게 하였다.

　　박정희 정부 시절 건설된 경부고속도로는 국토의 대동맥이라 불리며 한국 고도 경제 성장의 대표적 상징물이다. 경부고속도로 건설에 대하여는 당시 야당뿐만 아니라 조선, 동아 등 보수언론도 시기상조를 들어 반대하였고 싱크탱크라 할 경제기획원조차 고속도로를 건설할 자금을 차라리 다른 산업에 투자하는 게 훨씬 이득이라고 하면서 반발하였다. 그 당시 일본 최초의 고속도로가 겨우 그 5년 전에 완공된 것과 비교하면 경부고속도로 반대론도 상당한 일리가 있는 것이었다. 이러한 반대와 반발에도 불구하고 박정희 전 대통령은 국가의 장래를 위하여 고속도로 건설을 강행함으로써 고속버스 탄생과 함께 전국을 반나절 생활권으로 만들어 우리나라 경제발전의 밑거름이 되게 하였다. 뿐만 아니라 박정희 전 대통령은 한국전쟁으로 황폐화된 국토의 산하에 식목을 장려하여 벌거숭이 산을 울창한 산림으로 만들어 국토에 생기를 불어넣었다. 박정희 전 대통령은 당리당략에만 얽매이지 않고 대한민국의 장래와 다음 세대를 먼저 생각한 올바른 지도자였다.

노무현 정부 시절 한미 FTA체결은 우리나라가 선진통상국가로 거듭나기 위한 중요한 전환점이자 선진국을 향한 새로운 도전이었다. 그러나 당시 노무현 정부의 지지기반이었던 진보진영은 캐나다와 멕시코의 빈곤층 증가 및 부의 양극화가 1994년 체결된 북미자유무역협정(NAFTA) 탓이라고 하면서 결사 반대하였다. 노무현 전 대통령은 지지세력으로부터 돌팔매를 맞고 지지율이 급락하였으나 오직 국익과 국가의 장래만 생각하면서 협상을 타결시켜 우리나라의 선진국 도약 발판을 마련하였다.

우리나라는 현재 공식적으로 선진국으로 진입하였으나 저출산·고령화로 인한 구조적 저성장의 문제, 청년 일자리의 부족, 빈부의 격차, 주택 문제, 북한의 핵미사일 위협 등 많은 난관이 앞에 가로놓여 있다. 게다가 코로나19로 인한 경기침체와 코로나 기간 막대한 재난지원금 살포로 인한 인플레이션과 이에 따른 금리인상의 압박, 러시아의 우크라이나 침공으로 인한 세계적인 에너지난과 식량난, 중국의 경제 성장률 침체는 강 건너 남의 나랏일이 아니라 우리나라 경제에도 직접적으로 영향을 미치고 있다. 이러한 국가적 위난의 시기에 당파나 진영의 이익에만 집착하고 국민을 둘로 갈라치기 하는 정치꾼이 아니라 국론을 통합하고 국가의 장래와 다음 세대를 먼저 생각하는 정치가가 많아질수록 국가와 국민에게 참으로 복된 일이 아닐 수 없다.

실질적 법치주의의 실현과 권력 집중 방지

법치주의란 인치人治가 아닌 법치法治, 즉 사람이 아닌 법이 지배하는 국가원리를 말한다. 즉, 법이 국가권력을 통제하고 국가권력의 자의적인 지배를 배격하는 헌법원리를 뜻한다. 법치주의에는 형식적 법치주의와 실질적 법치주의가 있다. 형식적 법치주의는 의회가 적법한 절차를 거쳐 법을 제정하기만 하면 그 법의 목적이나 내용의 실질적 정당성 여부는 문제가 되지 않는다. 형식적 법치주의는 독재권력을 정당화하여 주며 권력자의 통치권을 강화시켜 주는 수단으로 악용된다.

제1차 세계대전 후 들어선 독일의 바이마르 공화국 당시 선거를 통해 집권한 히틀러는 국민 다수의 절대적 지지를 등에 업고 다수결 원칙이라는 의회의 합법적 절차를 거쳐 의회를 장악하였다. 입법을 통하여 자신의 독재권력을 정당화하고 강화시켜 민주주의를 무너뜨리고 무소불이의 독재자가 되었다. 이것은 형식적 법치주의의 대표적 사례다. 최근에는 베네수엘라의 우고 차베스 전 대통령, 튀르키예의 에르도안 대통령, 헝가리의 오르반 총리, 벨라루스의 루카셴코 대통령 등이 선거를 통하여 독재자가 되었다. 러시아의 푸틴 대통령도 형식적 법치주의를 통해 권력을 장악한 현대판 짜르 독재권력이라 할 수 있다. 이들은 법의 지배가 아닌 법에 의한 지배를 통하여 법을 통치자의 의사를 실현하는 단순한 수단 내지 도구로 전락시켰다.

실질적 법치주의는 법에 의한 지배(Rule by law)가 아닌 법의 지배(Rule of law)를 말한다. 법의 지배는 최고권력자도 법 위에 서지 못한다는 점에서 법을 도구로 사용하는 법에 의한 지배와는 구별되는 것이다. 실질적 법치주의는 개인의 자유와 권리를 탄압하는 법률적 불법을 허용하지 않으며 최고권력자에 의한 자의적 지배를 배격한다. 법의 지배를 무시하고 다수결 원칙을 남용하여 법에 의한 지배로 포장한 민주주의는 민주주의를 가장한 독재라고 할 것이다.

실질적 법치주의 즉 법의 지배는 선거를 통해 권력을 장악한 독재 권력자의 법에 의한 지배를 통하여 언제든 무너질 수 있다. 미국과 유럽의 선진 민주국가에서도 민주적 선거를 통하여 다수 국민의 절대적 지지를 얻어 집권한 권력자에 의하여 민주주의가 무너질 수 있다는 '민주주의 위기론'이 대두되고 있다. 민주주의는 법에 의한 지배가 아닌 법의 지배를 통하여 이루어지는 것이므로 법치주의가 무너지면 민주주의도 무너진다. 법치주의와 민주주의는 상호 보완관계인 것이다. 따라서 법치주의와 민주주의는 그것을 지키고 옹호하려는 권력자의 인식과 의지가 중요하고 그러한 권력자를 뽑기 위한 국민의 집단적 지성과 혜안이 중요하다. 그 나라의 민주주의 수준은 그 나라 국민의 교육과 의식의 수준에 달렸다는 말은 괜히 나온 말이 아니다. 현란한 권력자의 말에 현혹되어 그를 맹목적으로 지지하고 충성하는 중우정치와 극단적 진영 논리에 의하여 법치주의와 민주주의는 무너지는 것이다.

고대 그리스 아테네에서는 민주정을 유지하기 위하여 독재자가 될 위험성이 있는 인물의 이름을 도자기 파편 조각에 적어 10년간 국외로 추방하는 도편추방제를 실시하였다. 민회에서 민주적 선거를 통하여 집권한 독재자가 민주주의를 무너뜨리지 못하도록 하기 위한 제도적 방편이었다. 도편추방제는 본래의 목적이 이와 같이 독재자의 등장을 막기 위한 것이었지만 페르시아 전쟁을 전후하여 정적을 제거하기 위한 수단으로 변질되었다. 살라미스 해전으로 페르시아와의 전쟁을 승리로 이끈 국민영웅 데미스토클레스와 '역사는 영원히 되풀이 된다'는 유명한 말을 남겼고 펠로폰네소스 전쟁사를 저술한 투키디데스가 도편추방에 의해 국외로 추방된 것이 그 중요한 사례다. 도편추방제는 페리클레스가 죽고 난 후 중우정치가 만연해지고 펠로폰네소스 전쟁이 벌어지면서 아테네 역사에서 사라졌다.

고대 로마에서는 최고권력자 한 사람에게 권력이 집중되는 것을 막기 위하여 두 명의 권력자가 공동 통치하는 과두정을 채택하였다. 로마 공화정의 최고 통치자는 집정관이며 민회에서 매년 임기 1년의 집정관 2명을 선출하였다. 2명의 집정관은 한 달씩 교대로 집무하며 상호간의 합의 하에 업무를 보았다. 권력의 집중을 방지하고 상호 견제와 균형을 유지하기 위한 것이다. 집정관이 임기를 마치면 전직 집정관이 되어 속주 총독으로 나갈 수 있었다. 비상시에는 한 사람의 독재관에게 전권을 위임하였으나 독재관의 임기가 6개월을 넘지 못하게 하였다.

조선에서도 공동 통치를 한 적이 있었다. 세종대왕 초기 태종과 세종의 공동 통치가 있었고 세종대왕 후반기 세종과 그의 아들 문종의 공동 통치가 있었다. 세종대왕 초기 조선의 대마도 정벌을 단행한 사람은 군권을 쥐고 있던 태종의 작품이었고, 세종대왕 후반기 찬란한 문치시대를 이룬 데에는 문종의 역할이 컸다. 권한은 나누고 분산시킬수록 좋은 정치가 된다는 것을 여실히 보여주는 것이다.

근대 자유주의 국가에 있어서는 국가권력의 남용과 자의적인 행사를 방지하기 위하여 삼권분립의 정신이 대두되었다. 삼권분립은 존 로크, 몽테스키외 등에 의해 주창된 것으로 국민의 자유와 권리를 보호하고자 하는 자유주의적 원리이다. 국가권력의 작용을 입법, 행정, 사법으로 나누고 이를 각각 별개의 독립된 기관에 분담시켜 상호간에 견제와 균형을 유지하게 함으로써 국가권력의 집중과 남용을 방지하려고 한 것이다. 삼권분립의 원리는 미국의 독립전쟁과 프랑스 대혁명을 통하여 근대자유주의 국가의 근본적인 헌법원리로 채택되었고 오늘날에 있어서도 보편적인 국가원리로 되어있다. 현대에 와서는 복잡한 사회문제의 신속한 해결과 복지행정의 강력한 추진을 위하여 국가권력의 통합과 강화가 요청되고 있으므로 삼권분립이 더 이상 필요하지 않다는 주장도 나오고 있다. 그러나 복지라는 것도 개인의 기본적 자유와 권리를 경제적 자유 및 사회적 권리의 보장으로까지 확장하자는 것이므로 법치주의 원리를 버려서는 안 되고 삼권분립은 여전히 유효한 것이다.

근대 자유주의 국가 중 스위스는 윤번제 대통령 제도를 채택하여 오고 있다. 연방의회가 선임한 4년 임기의 7명의 각료가 연방각의를 구성하며 연방의회는 7명의 각료 중 1명을 매년 윤번제로 대통령으로 선출한다. 그러나 대통령은 연방각의를 주재하고 대외적으로 국가를 대표하는 상징적 국가원수에 불과하고 정부의 최고 행정권한은 7인제 연방각의가 행사한다. 이러한 윤번제 대통령제도는 대통령의 권한을 축소시켜 연방정부에 의한 지방정부의 독자성 침해를 막고 특정 지역 및 진영의 이익이 고착화되는 것을 방지하며 서로 다른 집단 간의 이해관계를 조정하기 위한 것이다.

1987년 6월 민주항쟁으로 군사정권이 종식되고 제6공화국 헌법이 선포되었다. 6공화국 헌법은 5년 단임의 대통령 직선제로 국민의 기본권 보장이 강화되었고 삼권분립으로 5공화국 헌법보다 대통령의 권한을 약화시켰다. 그러나 노태우 정부에서 윤석열 정부에 이르기까지 6공화국의 역대 정부는 헌법이 보장하고 있는 총리의 국무위원 및 행정각부의 장 임명제청권과 행정각부 통할권을 형해화시켜 실질적으로 행사하지 못하게 하였다. 총리의 임명제청권과 각부 통할권은 헌법이 총리에게 대통령의 권한 행사에 대한 견제적 기능을 할 수 있도록 부여한 헌법적 권한이다. 그런데 6공화국의 역대 대통령들은 이러한 총리의 견제적 기능을 마비시키고 총리직을 의전용 내지는 민심수습용으로 사용함으로써 헌법적 가치를 짓밟았다. 대통령 1인에게 권한이 집중되도록 함으로써 역대 대통령들은 제왕적 대통령으로 군림하였다.

다만 노무현 대통령 시절 이해찬 총리는 헌법 규정에 따라 행정 각부 통할권을 실질적으로 행사하여 헌법이 보장한 '책임총리'로서의 역할을 일정 부분 수행하였다. 이는 노무현 전 대통령이 헌법의 수호자로서 대통령의 책무인 행정부 내의 권한 분산이라는 헌법적 가치를 실천에 옮긴 것이다. 그밖에 노무현 정부는 법무부 장관이 검사의 보직을 제청할 때 검찰총장의 의견을 듣도록 하는 규정을 신설하였고, 대법원에 대법관제청 자문위원회를 둔다는 내규를 신설하기도 하였다. 나아가 제1야당 대표에게 국민통합을 위하여 대연정 거국내각을 제안하기도 하였다.

노무현의 친구 문재인 전 대통령은 야당 대표 시절 제왕적 대통령제에 대하여 가장 비판적이었다. 자신이 대통령이 되면 제왕적 대통령제를 없애고 대통령의 권한을 분산시키는 개헌을 하겠다고 공언하였다. 그 후 박근혜 전 대통령의 국정농단 사건으로 대통령이 될 수 있었던 문재인 전 대통령은 권한 분산이라는 헌법상 보장된 책임총리제를 이행하지 않았고 제왕적 대통령제를 없애기 위한 개헌을 하려고 노력하지도 않았다. 재임기간 권한을 청와대로 집중시켜 전 정권 인사들을 적폐청산이라는 이름으로 감옥에 보내고 행정 각부의 장과 대법원장에 대한 인사권을 통하여 6공화국 역대 정부 중 가장 제왕적 대통령이 되었다. 노무현의 정신인 권력 분산이라는 헌법적 가치는 외면되었으며 국민들은 보수와 진보로 분열되었고 세대 갈등, 이념 갈등으로 몸살을 앓았다. 총선을 통하여 국회의원 300석 중 172석을 민주당이 차지하자 소수당을 무시하고 다수결 원칙을 남용하였다.

새로운 대한민국의 성공과 재도약을 위하여 윤석열 대통령은 국민 분열을 수습하고 국민을 하나로 통합하여야 할 시대적 소명이 있었다. 나아가 권력 분산이라는 헌법적 가치를 수호해야 할 막중한 책무가 있었다. 더 이상 적폐청산이라는 보복정치로 국민적 에너지를 낭비하지 않기를 소망했다. 권한이 대통령 한사람에게 집중된 제왕적 대통령제의 폐단을 막기 위하여 윤석열 대통령이 스스로 권한행사를 자제하고 절제하여 권력을 분산시킴으로써 견제와 균형이라는 헌법적 가치를 실현하고 법치주의와 민주주의의 수호자가 되어주기를 간절히 바랐다. 그러나 윤석열 대통령도 제왕적 대통령의 유혹을 이기지 못하고 전임 6공화국 역대 대통령들과 마찬가지로 권력을 집중하고 전략과 실용이 아닌 이념 갈등으로 국민 분열을 초래하고 있다. 한국 정치의 비극이 아닐 수 없다.

위성정당 방지를 위하여
– 유력 신당에 정당투표하자

　　홍준표 대구시장은 얼마 전 TV홍카콜라에서 '나라가 힘들고 어려울 때 가장 그리워지는 인물이 있다면 JP 김종필 전 총재'라고 말하였다. 김종필 전 총재는 '이쪽저쪽 치우치지 않고 상대방의 입장에서 자기를 양보하며 합리적인 정치를 이끌어 간 분'이라고 하였다. '여야가 타협이 안되고 극단적인 대립을 할 때 김종필 전 총재 같은 분이 있었다면 접점을 찾아 중재라도 하였을 것인데 그런 큰 인물이 없으니 나라가 더 어려워지고 있다'고도 하였다. 대화와 타협의 정치가 실종되고 극단주의 정치로 대립하고 분열되어 있는 현 대한민국 정치 현실에서 홍시장의 말은 가슴에 와닿는 이야기라 할 것이다.

　　정치인에 대한 환멸과 혐오감이 크고 정치에 대하여도 냉소적인 사람이 많은 우리나라와는 달리 독일에서는 정치인에 대하여 존경하고 감사하는 마음이 크다. 김황식 전 총리의 『독일의 총리들』이라는 책에 의하면 2003년 독일 국민들을 상대로 '가장 위대한 독일인 100인'을 선정하는 여론조사에서 2차 대전 종전 후 2003년까지 역대 독일 총리 7명 중 6명이나 여기에 선정되어 있다고 한다. 1위가 콘라트 아데나워 총리, 3위가 빌리 브란트 총리, 13위가 헬무트 콜 총리, 21위가 헬무트 슈미트 총리였다. 참고로 1871년 독일을 통일한 비스마르크 총리가 9위, 종교개혁가 마르틴 루터가 2위, 공산당 선언의 카를 마르크스가 5위, 대문호 괴테가 7위에 올라 있다.

독일 총리들이 국민의 존경을 받는 이유는 정파 간의 대립과 갈등이 아닌 대화와 타협으로 협치하고, 자신의 정치적 이익이나 자기 진영의 이해보다는 시대정신에 맞는 소신과 비전을 가지고 국가 발전에 이바지하였기 때문이다. 자기 진영의 이익이나 이번 선거의 승리보다는 독일의 이익과 미래를 위하여 자기 진영의 정파적 이익을 희생할 줄 알았다. 거대 정당이 제3당과 연립정부를 구성하는 소연정을 넘어서 거대 양당이 공동정부를 구성하는 대연정을 실현함으로써 국가의 위기를 극복하고 독일을 유럽의 리더로 만들었다.

거대 양당의 극단적인 대립과 분열만 난무한 우리나라 정치 현실에서 거대 양당을 대화와 타협의 장으로 이끌어내고 다양한 민의를 균형 있게 반영하기 위하여 의석수 30석이 넘는 유력한 제3, 제4당의 출현이 요구된다. 이러한 유력 소수당의 출현을 위하여 2020년 제21대 총선에서 준연동형 비례대표제가 도입되었다. 정당 득표율에 따라 각 당 의석수를 정한 뒤 지역구 당선자 수가 그에 미치지 못하면 비례대표 의석을 통해 총 의석수를 보장해주는 방식이다. 다만 비례대표 47석 전체가 아닌 30석에 캡을 씌워 연동률 50%를 적용하고, 나머지 비례대표 의석은 정당 득표율에 따라 배분하는 방식이다.

그러나 21대 총선에서 거대 양당은 각자 위성정당을 만들어 선거

후 위성정당과 합당하는 꼼수로 비례대표 의석 대부분을 차지함으로써 준연동형 비례대표제의 도입취지를 퇴색시켰다. 민주당 이탄희 의원은 22대 총선을 앞두고 준연동형 비례대표제의 취지를 되살리기 위하여 위성정당 방지법을 발의하고 자신은 불출마를 선언하였다. 이에 대하여 민주당 이재명 대표는 "선거에서 멋지게 지면 무슨 소용이냐"고 말함으로써 준연동 비례대표제를 그대로 유지하고 위성정당도 만들 생각이다. 이는 자신과 자기 정파의 이익만을 위해 선거제도의 발전을 퇴행시키는 아주 잘못된 생각이다. 이번 선거에서 패배할 각오를 하고 통큰 정치로 자신을 희생하려고 할 때 22대 총선뿐만 아니라 다음 대선에서도 크게 승리할 수 있는 길이 열릴 수 있을 것이다.

22대 총선을 앞두고 신당이 우후죽순처럼 창당되고 있다. 이러한 신당들은 대부분 분명한 자기 색깔과 노선을 가진 정책정당이 아니라 선거를 앞두고 급조된 정당이다. 대다수 총선이 끝나면 없어지거나 거대 양당에 흡수될 것으로 예상된다. 양 진영 간 극단적 대립을 끝내고 대화와 타협의 정치를 조성하기 위하여 의석수 30석 이상의 유력 신당이 국회에 입성할 수 있도록 국민이 이번 총선에서 나서야 할 것이다. 이를 위해 거대 양당의 위성정당을 표방하는 신당에 정당투표를 해서는 안 된다. 대신 최소한 3년 후인 다음 대통령선거까지는 거대 양당과 결코 합당하지 않을 것을 선언하는 정책 신당에 투표하는 지성을 보여줄 때다. 이것이 대립과 혐오의 정치를 벗어나 정치를 선진화시키고 경제와 안보의 산적한 문제를 해결하는 첫걸음이 될 것이다.

〈2024년 1월 25일 매일신문〉

중도통합 및 연립정부 구성

　중도주의中道主義에 대한 사전적 의미는 우파와 좌파 혹은 보수와 진보의 어느 쪽에도 치우치지 않고 중립적인 정책을 실시하는 이념을 말한다. 그러나 정치이념으로서의 중도주의는 중립적이라거나 중간이 아니라 중심을 잡는 것이다. 중도는 기울어진 운동장을 바로 세워 균형을 잡는 것이다. 때로는 보수도 될 수 있고 진보도 될 수 있으며 좌파와 우파를 아울러 통합하는 것이다.

　중도주의는 속칭 철새라 불리는 기회주의와는 확연히 구별된다. 기회주의는 기울어진 운동장을 더욱더 기울어지게 하는 것으로서 현재 힘과 권력을 가진 쪽에 기생하여 자신의 이익을 취하는 것을 말한다. 이와 반대로 중도주의는 현재 힘과 권력을 잡은 기득권세력의 반대편에 서서 그들의 잘못된 정책을 비판하고 반대편 소수파를 도와 기울어진 운동장의 중심을 잡아주는 것이다. 중도주의는 양극단에 치우치지 않는 정의로운 양심세력이고 시대정신이며 힘차고 신선한 물줄기다.

중도주의는 철새 정치인이 아닐 뿐더러 진영 논리에 갇혀 현 기득권층의 변화와 개혁을 외면하는 어용지식인이나 예스맨 수구(守舊)정치인이 아니다.

문재인 정부는 적폐청산이라는 명목으로 우파를 궤멸시키고 파괴시켰다. 그리고 기득권 좌파 수구세력이 되어 변화를 외면하고 이념에 갇혀 국민을 분열시키고 갈라치기 하였다. 우파를 선의의 경쟁자로 보지 않고 적폐청산해야 할 적으로 보아 전멸시키려고 하였다. 좌파든 우파든 어떤 기득권 수구세력도 변화하지 않고 이념에 매몰되어 개혁을 외면할 때 썩어 부패한다는 것은 역사가 그 자체로 증명해주고 있다.

우리나라는 지역 갈등에 이어 세대 갈등, 젠더 갈등 등으로 대립되어 혼란하다. 이러한 갈등은 상대방을 인정하고 열린 마음으로 합리적 대화와 협상을 통하여 갈등을 수습하고 통합의 제3의 길을 열어 나갈때 해결될 수 있다. 이러한 통합을 통한 역사발전을 위해서는 대탕평할수 있는 중도주의적 주체가 필요하다. 세대 갈등에 있어서도 갈라진 세대 간의 균형을 잡고 세대를 아울러 통합할 중도적 세대의 역할이 필요해진다. 우리나라의 경우 4050세대는 진보적 성향이 강하고 7080세대는 보수적 성향이 강하다. 정치컨설팅 MIN의 박성민 대표는 이러한 양극단의 세대 갈등을 중도로 균형을 잡아줄 세대가 필요한데 이는 2030 MZ세대와 5060베이비붐 세대라고 하였다.

기존 중도층이라 할 수 있는 5060베이비붐 세대는 박정희 정부시절 태어나 자랐다. 이들은 한국전쟁의 폐허 위에 세계 최빈국이었던 대한민국이 경제개발 5개년 계획과 새마을운동 등을 통하여 보릿고개의 절대빈곤을 극복하고 한강의 기적을 이루면서 경제 성장을 직접 경험하고 지켜보았다. 그리고 동시에 김대중, 김영삼으로 상징되는 민주화의 열망 속에서 군사독재 타도를 외치며 젊은 시절 민주화가 이루어지는 과정도 몸소 겪었다. 박정희 전 대통령에 대한 향수를 간직함과 동시에 민주주의의 가치를 누구보다도 소중히 여기는 세대다. 한 해 태어난 숫자가 100만 명을 넘나들던 대한민국 황금기 세대로 현재 대한민국의 부와 권력의 상당수를 차지하고 있다. 이들은 대한민국이라는 조국에 대하여 따뜻한 애정을 가지고 있으며 선진화되고 민주화된 대한민국이 자주국방력을 갖추고 경제적으로 더욱 번영하기를 바라며 진영 논리를 떠나서 우리 국민이 하나로 통합되기를 원한다.

새로운 중도층이라 할 2030 MZ세대는 5060베이비붐 세대의 자식 세대다. 이들은 대한민국이 경제적으로 풍요로워지고 민주화되었을 때 태어나 자랐다. 진영 논리에 매몰되지 않고 개인주의적이며 능력주의를 선호하고 자신의 이익에 따라 민감하게 반응한다. 중국의 중화민족주의 고취 및 제국주의적 확장 정책에 비판적이며 북한 김씨왕조의 3대 유일 체제에 반대한다. 박근혜 전 대통령 탄핵의 주역이었으나 문재인 정부의 내로남불 및 부동산정책에 분노한다. 이들은 이념주의적이고 진영 논리에 매몰된 좌파정부가 재집권하는 것을 반대하는 동시에 재벌 등 기득권 세력을 수호하는데 급급하고 미국식 신자유주의 정책을 만능으로 여기며 국민과 소통하지 않는 박근혜식 우파정부가 들어서는 것도 반대한다.

이에 반하여 좌파성향이 강한 4050세대는 유신 독재 및 신군부 독재 시절에 태어나 자랐고 신군부 세력에 의하여 광주시민이 총칼로 진압되는 것을 어린 눈으로 보고 들었으며 전교조 좌파 교사에 의한 교육의 영향을 많이 받았다. 광주민주화운동을 탄압한 전두환 군사 독재정권에 대하여 저항하였고 항일 빨치산 활동을 한 김일성에 매료되어 북한의 주체사상에 경도되었다. 대한민국은 친일파들이 세운 나라로서 미제국주의의 신식민지 반봉건국가이며 대한민국의 우파 수구 기득권층은 노동자, 농민을 수탈하여 자기 배를 채운 적폐세력이라고 본다. 대한민국은 정당하지 못한 나라이며 정통성이 부족하므로 조국이라고 부를 수 없고 기득권 적폐세력을 타파하여 자주, 통일, 평화의 새로운 나라를 세우자는 주장에 동조한다. 이들은 한국전쟁에 UN군이라는 이름으로 참전하여 민족의 통일을 막은 미국에 대하여 적대적이며 반미 성향이 강하다. 북한 주민들의 삶을 수렁에 빠뜨린 북한 정권에 대하여는 우호적이고 중국 공산당에 대하여도 친밀감을 가진다.

우파성향이 강한 7080세대는 일제의 압제와 북한 인민군의 침략전쟁을 직접 겪었으며 절대빈곤의 보릿고개를 넘으며 배고픔의 쓰라린 아픔을 누구보다 뼈저리게 체험하였다. 한국전쟁을 통하여 북한 공산주의의 실상을 몸소 체험하였으며 남한의 농지개혁을 통하여 처음으로 농지를 소유하게 되어 자작농으로 힘들게 농사를 지으며 자식들을 공부시켰다. 이들은 반공정신이 투철하며 박정희 전 대통령의 산업화정책에 직접 참여하여 대한민국의 선진화에 큰 역할을 하였다. 대한민국이라는 조국에 진심으로 감사하며 유신 독재에도 불구하고 박정희 전 대통령을 존경한다. 따라서 이들은 국정을 농단당한 박근혜 전 대통령을 위하여 눈물을 흘리며 태극기를 손에 들고 박근혜 탄핵을 비판하고 석방을 외쳐왔다. 만에 하나 있을지 모르는 북한의 침략에 대항하기 위하여 한미동맹의 굳건한 존속을 바라며 반북 친미적이다.

대한민국은 이처럼 짧은 70여 년 동안 다른 나라가 겪을 수 없는 엄청난 변화와 굴곡을 통하여 빠르게 성장해왔다. 이에 따라 각 세대가 살아온 특징이 확연히 구분되며 지역 갈등보다 더한 세대 갈등, 이념 갈등, 젠더 갈등 등이 존재하는 것이다. 이러한 갈등을 조정하고 통합해야 할 정치인들은 선거에서 표를 얻기 위하여 진영 논리에 따라 갈등을 오히려 조장하며 국민을 갈라치기 하고 있다.

지난 20대 대선에서 정권교체 여론이 높아 우파 국민의힘의 윤석열 대통령이 당선되었다. 좌파성향이 강한 4050세대를 제외하고 전 세대에서 윤석열 대통령은 고루 지지를 받았다. 중도층인 2030세대와 5060세대가 그동안 분열의 정치, 내로남불 및 부동산정책 실패를 가져온 문재인 정부에 실망하여 정권이 교체되기를 원하였다. 진보로 기울어져 있던 운동장의 균형을 새롭게 중심을 잡아 문재인식 좌파정부가 재집권하는 것을 반대한 것이다.

국회에서 민주당 의석이 과반을 훨씬 넘고 있는 현실에서 국민의힘이 집권하였으나 민주당의 동의 없이는 입법을 통한 개혁을 밀고나가기 상당히 어렵다. 보복정치를 끝내고 세대 간의 갈등을 해소하며 국민통합을 이루어내기 위하여는 민주당과 국민의 힘이 협치하는 것이 중요하다. 안보나 경제의 위기상황에 따라서는 민주당과 국민의 힘이 공동 통치하는 대연정 내지는 거국내각을 구성할 필요성도 절실히 요구된다. 2차 세계대전 당시 처칠의 보수당과 애틀리의 노동당이 공동정부를 구성하여 공동 통치함으로써 영국은 국가적 위기를 슬기롭게 넘겼다. 제1당과 제2당의 대연정은 독일의 기민당과 사민당이 메르켈 정부 16년간 공동정부를 구성하여 공동 통치함으로써 '유럽의 병자'로 불렸던 독일을 유럽의 지도국가로 탈바꿈시키기도 하였다.

참여정부 시절 노무현 전 대통령은 제1야당인 한나라당에 대연정 내지 거국내각을 제안한 적이 있는데 박근혜 당시 한나라당 대표가 대통령제 국가에서는 대연정이 필요 없다고 거절한 적이 있다. 연립정부는 대통령제 하에서도 얼마든지 가능한 일이다. 김대중, 김종필의 DJP 연합은 대통령제 하에서 제1당인 민주당과 제3당인 자민련이 연립정부를 구성하여 공동 통치한 소연정이다. 국가 위기 상황이 온다면 대선에서 승리한 국민의힘과 2위의 지지율을 얻은 민주당이 연립정부를 구성하여 공동 통치할 필요가 있다. 총리를 야당에게 양보하고 대통령은 스스로 권한행사를 자제하고 절제하며 책임총리제 실시 및 장·차관 내각을 협의에 의하여 구성한다. 국가 비전과 정책을 협의에 의해 단일화시킨 다음 국정을 공동 운영하면 되는 일이다.

국민의힘과 민주당이 평소 협상과 타협으로 협치하고, 안보나 경제의 국가 위기 상황에서는 대연정, 공동정부 구성으로 양당이 공동 통치할 때 승자독식구조가 사라지고 적폐청산이라는 명목으로 저질러지는 보복정치를 막을 수 있으며 국민을 중도통합하여 탄력적인 개혁정치가 실현될 수 있을 것이다. 윤석열 정부가 들어선지 2년이 다 되어가고 있으나 개혁정치는 멀어지고 국론 분열만 심화되고 있다. 안보 및 경제가 위기상황인 이때 2024년 4월 총선이 끝난 후 총선 지지율과 의석수에 따라 소연정이나 민주당과의 대연정을 시도한다면 대한민국은 국민통합으로 세계 속의 선진강국으로 나아갈 수 있을 것이고 윤석열 정부는 늦게나마 성공한 정부로 역사에 남을 것이다.

소리 나지 않는 리더십과
관용의 정신

지인이 최근에 『삼국지 : 조조를 위한 변명』이라는 책의 탈고를 끝냈다. 그동안 난세의 간웅으로도 평가를 받아온 조조를 현시대에 새롭게 조명하여 조조의 리더십과 지혜를 본받자는 취지인 듯하다. 조조는 천하의 유능한 인재를 기용하여 십분 활용할 줄 아는 지혜를 가졌을 뿐만 아니라 전쟁 중에서도 책을 놓지 않는 지적 능력의 소유자였으며 당대의 대시인大詩人이기도 하였다. 그는 둔병을 설치하여 굶주리며 떠도는 가난한 백성들의 살림을 안정시켰으며, 한번 정한 법을 엄격히 시행하여 민심을 모으는데 성공하였다. 그러나 조조는 비록 난세였고 아버지의 원수를 갚는다는 명분이 있었지만 서주대학살이라는 상상을 초월하는 잔혹한 살육을 저질렀으며 자신이 살기 위해서는 상대방을 무자비하게 도륙하는 냉혈한이기도 했다.

박근혜 정부의 적폐청산이라는 명목으로 문재인 정부 출범 후 약 1년 반 동안 수사를 좀 한다는 검사들은 대다수 차출되어 연일 적폐청산 수사에 동원되고 있는 현 시점에 문재인 대통령은 또다시 당정청 전원회의에서 강력하고 지속적인 적폐청산 의지를 재천명하였다. 경제가 침체되고 고용불안으로 어려운 현 정국을 적폐청산 수사로 돌파하겠다는 생각인 것 같다. 그럼에도 불구하고 문재인 대통령 스타일은 『삼국지』의 유비를 닮았다고 하는 사람들이 있다. 난세에는 선이 근본이 되어야 하지만 악도 저지를 수 있는 잔혹한 리더십도 필요한 것인데 문재인 대통령처럼 너무 신사적으로 해서 통일도 민생도 어림없다는 것이다. 난세에는 조조처럼 잔혹한 리더십도 필요하다는 이야기인 것 같다. 그들의 말을 들으면 목적을 위해서는 수단과 방법을 가리지 않는 마키아벨리즘이 떠오른다.

지금이 난세인가에 대하여는 의견이 다를 수 있고 문재인 대통령이 유비와 닮았는가도 의견이 다를 수 있지만 어쨌든 두 사람이 진중하고 신사적이라는 면에서는 닮았다고 볼 수도 있을 것 같다. 조조는 중국에서조차 자신의 실력으로 시대를 선도한 풍운아라는 재평가를 받고 있으며 인재를 우선시하는 새로운 리더십으로 재조명받고 있다. 반면 촉한정통론에 입각하여 영웅으로 칭송받아온 유비는 현대에 와서는 오히려 우유부단하고 지략도 없는 어리석은 사람으로 치부되고 있다.

그러나 유비는 유방과 마찬가지로 자신의 그늘 아래 모든 뛰어난 인물들을 포용하고 끌어들일 수 있는 인간적 매력을 지닌 큰 그릇이다. 제갈공명도 방통도 관우·장비도 그리고 장자방이나 한신조차도 그 품안에 안을 수 있는 깊이를 알 수 없는 통이다. 그리고 소리 나지 않는 리더십과 관용의 정신, 신하와 백성의 소리에 귀를 기울일 줄 아는 겸허함, 백성을 위해 선공후사할 수 있는 마음가짐! 이런 장점 때문에 유비가 많은 후세 사람들로부터 사랑을 받아온 것이다. 다만 유비는 후계를 자신의 아들이자 어리석은 군주 유선에게 물려준 것이 패착 중에 패착이라 할 수 있다. 마치 로마의 철인 황제 마르쿠스 아우렐리우스가 자신의 어리석은 아들 콤모두스에게 제위를 물려주어 로마 멸망의 단초를 열었던 것처럼 말이다.

유비는 고작 척박한 익주 지방 1주만을 차지한 비교적 약소한 나라의 군주였지만 조조, 손권과 더불어 천하삼분지계를 이루었다. 반면에 조조는 한황실의 승상으로서 황실이 가지고 있던 땅과 인물, 군사 등 좋은 물적 조건을 물려받아 10개 주를 차지하였으나 오, 촉을 완전히 물리치지는 못하였다. 『삼국지』를 일본의 전국시대에 비교해보면 조조는 도요토미 히데요시를 닮아 보이고 유비는 도쿠가와 이에야스를 닮은 것 같아 보인다. 가슴 속에 천하대업의 꿈을 품고 어떤 혹독한 고통과 척박한 조건도 이겨내며, 날카로운 칼을 드러내지 않고 숨기며 겸손함과 부드러움으로 난세를 통과하고 때가 오기를 끝없이 기다리는 인내심을 가졌다는 점에서 유비와 도쿠가와 이에야스는 닮아 보인다. 그래서 『삼국지』의 주인공은 유비이고 일본의 대하소설 『대망』의 주인공은 도쿠가와 이에야스인지도 모른다.

유비가 신사적이라고 하지만 진짜 신사는 로마의 카이사르라고 할 수 있다. 민중파인 카이사르가 결전의 주사위를 던지며 루비콘강을 건너 원로원파를 제압하고 폼페이우스의 백만 대군을 무찌르고 승리하여 종신 독재관이 되었지만 반대파인 원로원 귀족들을 잔혹하게 처단하지 않고 모두 용서해주는 관용의 리더십을 보여주었다. 하지만 카이사르는 군사 호위도 없이 혼자 로마 시내를 걸어가다가 공화파 브루투스의 칼에 찔려죽고 말았다. 그러나 카이사르의 훌륭한 개혁정책들은 그의 후계자 아우구스투스가 제위에 있으면서 개혁이 있었는지 없었는지도 모를 정도로 소리 없이 조용히 모든 개혁을 이루어내어 팍스로마나의 기초를 만들었다.

경제가 침체되고 저출산·고령화로 구조적 장기불황까지 염려되는 현 시국에서 문재인 정부가 적폐청산만 외치기보다는 소리 나지 않는 리더십과 관용의 정신으로 정적까지도 포용할 수 있는 통 큰 정치를 하였으면 하는 바람이다.

〈2018년 9월 3일 경북일보〉

경 제

조조의 토지 겸병 금지와
주택제도 개혁

　　추석 연휴를 이용하여 늘샘 김상천의 최근 저서인 『삼국지, 조조를 위한 변명』을 읽었다. 조조는 그동안 난세의 간웅으로 평가를 받아왔으나 근래 새로운 리더십으로 재조명받고 있다. 조조는 천하의 유능한 인재를 도덕적 결점에도 불구하고 널리 등용하여 십분 활용하였다. 전쟁 중에도 손에서 책을 놓지 않는 지적 능력의 소유자였으며 당대의 대시인이기도 했다. 그는 둔전병을 설치하여 굶주리며 떠도는 가난한 백성들의 살림을 안정시켰다. 조조의 정책 중 가장 뛰어난 것은 호족들의 토지 겸병을 금지한 것이다. 후한 말기는 지방호족들의 토지 겸병이 극심하여 농민의 파산이 이어지고 계층 대립이 격화되었다. 토지는 농민들의 생존 근거였지만 몇 년 동안 흉년이 들거나 재해가 들면 농민들은 먹고 살기가 힘들어져 호족들에게 빚을 지게 되었다. 빚을 상환하지 못하게 되면 농토와 그들의 자식들을 호족들에게 팔고 농노가 되거나 유랑민으로 떠돌며 도적떼가 되어야 했다. 이에 조조는 호족들의 토지 겸병을 금하는 명령을 내린 것이다. 토지 겸병 금지는 위, 촉, 오 삼국 중 위가 위·진으로 통일을 이루게 한 가장 중요한 정책이었다.

현재 우리나라는 경제 성장과 팽창에 따라 부동산 투기로 돈 있는 사람들이 다주택, 대토지 소유로 부익부 빈익빈 현상이 점점 깊어가고 있다. 우리의 현실에서 조조의 토지 겸병 금지정책은 안정된 자작농 중산층의 확보로 민이 살찌고 국가 세수를 늘려 부민부국의 더불어 잘사는 공동체를 만들어 갈 수 있다는 점에서 배울 점이 많다. 동서고금을 통틀어 소수 기득권층의 대토지 소유가 늘어가고 대다수 국민은 가난한 극빈층으로 떨어졌을 때 국가는 농민 반란이나 혁명 또는 외침으로 무너져 멸망하였다. 따라서 소수 기득권층의 토지 겸병 또는 대토지 소유를 막고 토지와 주택제도 개혁으로 중산층을 두껍고 튼튼히 확보하는 것이 국가를 존립케 하는 가장 중요한 기반이다. 우리나라가 농지개혁을 실시한 지 70년이 되었다. 농민들이 대다수를 차지하던 1949년 당시는 농지가 가장 중요한 재산이었다. 이에 이승만 정부는 농민들이 농지를 소유하여 자경할 수 있도록 농지개혁을 실시하였다. 그 당시 소수 기득권층이었던 대지주로 구성된 한민당은 농지개혁이 자본주의 시장경제를 왜곡시킨다는 명분으로 반대하였다. 그러나 38선 이북에서는 북한 공산주의자들이 지주들의 모든 농지를 무상으로 몰수하고 지주들을 인민재판에 회부하였다. 몰수한 농지는 가난한 농민들에게 무상으로 분배하였다. 중국에서는 마오쩌둥의 공산당이 '농지를 농민에게 무상으로 분배한다'는 슬로건을 내걸어 농민들의 절대적 지지를 받았다. 미국의 지원을 받은 장제스의 국민당은 미국으로부터 받은 전투장비조차 공산당에 팔아넘길 정도로 부패하였다. 농민들의 절대적 지지를 받은 공산당은 부패한 국민당을 중국 본토에서 대만으로 몰아내고 1949년 중국을 공산화하는데 성공하였다.

　이러한 상황에서 한민당 당수 김성수는 농지개혁이 이루어지지 않을 경우 공산주의의 위협을 막을 수 없다고 지주들을 설득하여 조봉암이 입안한 농지개혁법은 유상몰수 유상분배의 형태로 1949년 국회를 통과하였다. 농지개혁법이 시행됨으로써 세계 최빈국 대한민국은 가장 평등한 국가 중 하나가 되었다. 농지개혁으로 이루어진 평등의 가치와 시장경제의 자율 속에서 박정희의 국가주도 경제개발정책은 한강의 기적을 이루어내는 밑거름이 되었다.

　농지개혁 후 70년이 되는 지금 국민들의 주거안정과 빈부의 격차 해소를 위하여 주거목적 외 주택에 대한 몰수와 실거주자에 대한 분배라는 주택개혁이 절실히 필요한 때다. 무상이든 주택 공시지가에 따른 유상몰수 유상분배이든 주택개혁은 대한민국이 또 한 번 건전하고 평등한 바탕 위에서 새롭게 도약하고 성장하기 위하여 반드시 해야할 일이다.

　주택개혁에 대하여 기득권층은 사유재산제도와 시장경제를 왜곡시킨다는 명분으로 또다시 반발할 것이다. 그러나 1949년 시장경제 체제 하의 우리의 할아버지 세대가 이루어 낸 개혁을 70년 만에 다시 우리들이 이루어 내야만 빈부격차를 막고 청년 세대에게 안정된 주거를 보장함으로써 저출산 문제 해결의 실마리를 찾을 수 있을 것이다. 이것이 50년마다 1번씩 희년의 율법을 지키도록 명한 여호와 곧 신의 섭리를 따르는 것이기도 하다.

〈2018년 10월 7일 경북일보〉

희년의 율법과 주택제도 개혁

노벨 경제학상 수상자인 조셉 스티글리츠는 『불평등의 대가』라는 그의 저서에서 "소득의 불평등은 시장경제의 역동성, 효율성, 생산성을 마비시킬 뿐 아니라 효율과 무관한 분배구조를 고착화함으로서 악순환의 고리를 형성해 사회 전체를 침몰시킨다"고 하였다.

주택이 부동산 투기의 대상이 되고 주택 등 부동산의 소유 정도가 부의 척도가 되고 있는 우리나라에서 고가 주택의 소유와 다주택 소유 유무가 부의 불평등의 근원이 되고 있다. 정부의 부동산 대책에도 아랑곳하지 않는 서울 강남의 고급주택은 말할 것도 없고 대구 수성구 범어동의 최고급 아파트조차 2018년 한 해만 가격이 7~8억 원이 올랐다. 근로소득자가 평생을 벌어 돈을 저축하고 모은다 하더라도 7~8억 원을 모은다는 것은 거의 불가능한 일인데 최고급 아파트는 단 1년 만에 가격이 7~8억 원이나 올랐으니 서민들의 상대적 허탈감과 비애가 클 수밖에 없다.

문재인 정부는 치솟는 주택 가격을 잡기 위하여 집권 16개월 동안 부동산 대책을 8번 내놓았다. 그러나 정부의 계속되는 부동산 대책을 비웃기라도 하듯이 주택 가격은 부동산과열지구를 중심으로 오히려 폭등하였다. 치솟는 주택 가격은 부의 불평등뿐만 아니라 청년 세대의 주거 불안정을 가져와 저출산의 주요한 원인이 되고 있기도 하다.

문재인 정부의 부동산 대책들은 주로 양도세, 종부세 등 과세 강화와 대출 억제에 주안점이 맞추어져 있다. 과세 강화와 대출 억제 정책은 단기적으로는 효과가 있을지 모르나 미국의 지속적인 금리인상과 맞물려 1,500조에 이르는 가계 부채의 뇌관이 터지는 경우 부동산 버블 붕괴로 인하여 경제에 대혼란을 가져올 수 있다. 특히 세계 제1위의 급격한 저출산 국가인 우리나라는 일본식 구조적 장기불황으로 경제의 활력과 역동성을 잃고 경제 침체의 늪에 빠져 헤어나지 못할 수도 있다. 문재인 정부와 민주당이 주택의 공급을 늘리려는 정책도 도심 재개발, 재건축의 문제와 택지 마련을 위한 그린벨트 해제 문제 등으로 쉽지만은 않은 형국이다.

구약성서에는 여호와의 가장 중요한 언약의 말씀인 '희년의 율법'이 있다. 희년은 말 그대로 기쁨의 해다. 안식년인 7년이 7번 반복되는 다음 해, 즉 50년마다 찾아오는 희년은 면제년이라고도 하는데 가난한 이스라엘 백성들이 그동안 졌던 채무를 희년에 다 탕감받도록 했기 때문이다. 채무 때문에 팔려갔던 노예들은 해방되어 자유민이 되었고 팔았던 토지도 모두 원 주인이 되찾을 수 있게 하였다. 그래서 누구든지 희년의 50년에는 평등하고 새롭고 희망찬 삶을 다시 시작할 수 있도록 하였다. 희년은 축제의 해이자 자유의 해였으며 기쁨의 해였던 것이다.

희년의 율법은 부의 불평등으로 생긴 빈부의 격차라는 불행한 상태에 깊이 빠져들지 않도록 보호해주고 개인의 기본적인 인권을 지킬 수 있도록 해주는 것이다. 모두가 자신의 재능과 능력에 따라 마음껏 일할 수 있도록 하고 나라의 경제는 공정하고 건전한 기반 위에 안정적으로 성장될 수 있도록 한다. 따라서 여호와는 이스라엘 백성들에게 희년의 율법을 지키도록 하였으며 이를 어길 경우 이스라엘은 저주를 받아 멸망할 것이고 백성들은 뿔뿔이 흩어져 지옥의 가시밭길을 걷게 될 것이라고 경고했다.

주택의 소유가 부의 불평등의 원인이 되고 있는 현재, 다주택자의 주거 목적 외의 주택을 몰수하여 실거주자에게 분배하는 주택 개혁과 1,500조에 이르는 가계 부채로 인하여 금리 인상 시 가계 파탄의 구렁텅이에 빠질 수 있는 서민들의 채무 탕감을 실시하여 다가올지 모르는 경제 위기에 대비해야 할 때이다. 과세 강화와 대출 억제의 땜질식 단기적 처방으로는 치솟는 부동산 가격을 잡기 어렵다. 주택 개혁과 채무 탕감은 대한민국이 건전하고 평등한 바탕 위에서 새롭게 도약하고 성장하기 위하여 반드시 해야할 일이다.

〈2018년 9월 17일 경북일보〉

한국전쟁과 농지개혁

　태평양전쟁을 일으킨 일본이 1945년 8월 15일 무조건 항복을 한 후 전후 수습이 제대로 되지 못한 상태로 철수함으로써 일본에 의하여 점령되었던 동아시아 각국에는 힘의 공백 상태가 생겼다. 이러한 힘의 공백 상태로 인하여 동아시아 각국에는 좌우의 대립이 격화되고 급기야 중국과 한국 그리고 베트남에서는 내전까지 발발하였다.

　일본의 패망 후 아시아의 대국인 중국에서는 장제스의 국민당이 중국을 통일할 것으로 예견되었다. 국민당은 황하강 이남의 중국 본토 대다수를 차지하고 있었고 미국의 지원을 받아 장비와 병력면에서 공산당보다 훨씬 우위를 점하고 있었기 때문이다. 그런데 만주지역과 황하강 이북에서 웅거하던 마오쩌둥의 공산당은 국민당과 내전을 치르기 전에 당의 슬로건으로 모든 농지는 농민에게 무상으로 분배하는 농지개혁을 실시할 것을 선포하였다. 이에 그 당시 중국인의 대다수를 차지하고 있던 농민들이 물심양면으로 인민해방군을 지원하고 협조하게 되었다. 공산주의 종주국 소련의 남하 만류에도 불구하고 인민해방군은 자신감을 가지고 양쯔강을 건너 남하하여 부패한 국민당 정부를 대만으로 몰아내고 1949년 마침내 중국대륙을 적화 통일 하는 데 성공하였다.

이 당시 한반도 북쪽에서는 소련의 지원을 받은 김일성의 공산당이 농지를 지주들로부터 무상몰수하고 농민들에게 무상으로 분배하는 농지개혁을 실시하였다. 이 과정에서 북한의 지주들과 그 가족들은 토지를 모두 몰수당하고 인민재판에 회부되어 숙청을 당하였다. 공산당에 토지를 빼앗긴 지주계층과 종교의 자유를 억압당한 기독교 세력 그리고 공산당의 질식할 듯한 압제를 거부한 지식인들이 대거 월남하였다.

이러한 국내외 상황 속에서 한반도 남쪽에서도 공산주의의 확산을 막고 국민의 대다수를 차지하는 농민의 지지를 얻기 위하여 농지개혁의 필요성이 절실히 요구되었다. 대한민국 초대 대통령 이승만은 전향한 공산주의자 조봉암을 초대 농림부 장관으로 임명하여 농지개혁을 단행하였다. 이에 주로 지주들로 구성된 한민당에서 농지개혁법에 결사반대하였으나 국제정세를 판단할 줄 아는 한민당 당수 김성수 등이 지주들을 설득하여 유상몰수 유상분배의 농지개혁법이 조금 수정된 상태로 1949년 통과되어 농민들은 꿈에도 그리던 농지의 소유주가 될 수 있었다.

그즈음 국군 제14연대 내 좌익세력이 일으킨 여순반란사건을 겪으면서 이승만 전 대통령은 김창용을 앞세워 군부 내 좌익세력을 색출하여 숙청하였고, 이로 인하여 1949년 7월까지 숙청된 군인이 약 5천 명 가까이 되었다. 이때 박정희도 남로당 군책으로 처형될 위기에 처하였으나 백선엽 장군 등의 권유로 군부 내 좌익분자 명단을 넘겨주고 전향하여 처형을 면하였다.

1949년 중국의 공산화에 자극을 받은 북한의 김일성과 박헌영 등 공산주의자들은 소련과 중공의 동의를 받아 1950년 6월 25일 38선을 넘어 남침을 감행하였다. 이승만 전 대통령은 남으로 후퇴하면서 전향한 공산주의자들과 민간인으로 구성된 보도 연맹원들을 북한과 내통할 수 있는 위험분자들로 여기고 모두 총살시켜 버렸다. 이때 무고한 민간인들까지 보도 연맹원이라는 이유로 억울하게 처형당하였다.

남침한 북한 인민군은 신속하게 서울을 정복하였으나 작전 토론에서 남로당 당수 박헌영이 김일성에게 며칠만 기다리면 남한 내 좌익세력과 농민들이 호응하여 폭동을 일으킬 것이므로 그때 한강을 건너 남하하면 손쉽게 부산까지 내려가 적화통일을 이룰 수 있을 것이라고 주장하였다. 이에 김일성과 인민군은 서울에서 며칠을 지체하게 되었다. 그러나 이승만의 군부 내 좌익세력과 보도 연맹원들에 대한 무자비한 숙청으로 인하여 박헌영이 원하던 남한 내 좌익폭동은 일어나지 않았다. 인민군이 며칠을 서울에서 지체하는 동안 국군은 전열을 정비할 시간을 벌었고 유엔군은 참전할 시간을 얻었다. 이 일로 인하여 박헌영은 한국전쟁 패전의 책임을 김일성 세력으로부터 추궁당하고 미국의 첩자로 몰려 수많은 남로당 당원들과 함께 숙청을 당하였다.

국군의 주력 구성원은 대한민국으로부터 농지를 분배받게 된 남한 농민들과 북에서 공산당에게 토지를 빼앗기고 공산당을 피하여 월남한 북한 출신들이었다. 대한민국이 북한 인민군의 침략으로부터 소생한 것은 미국을 비롯한 유엔군 참전의 공도 컸지만 농지를 분배받게 된 남한 농민들과 공산당에게 토지를 몰수당한 반공 월남인들이 대한민국을 지키기 위하여 수많은 피를 흘리지 않았다면 가능하지 않았다.

한국전쟁으로부터 10여 년 후 베트남 내전에서 세계 최강 미국이 2차 세계대전 때보다 더 많은 폭탄을 쏟아부었고 귀신 잡는 한국군이 용병으로 참전하였음에도 불구하고 호찌민의 북베트남 공산군이 농민들의 지지를 업고 부패한 남베트남 정부와 미국을 물리치고 베트남 적화통일을 완성한 것과 마오쩌둥의 인민군이 미국의 지원을 받은 국민당을 물리치고 중국을 공산화한 것과 비교해 보면 자명한 일이다.

〈2018년 7월 16일 경북일보〉

주택제도 개혁
- 농지개혁 70여 년을 맞이하여

윤석열 대통령은 취임식에서 자유와 인권을 향한 본인의 의지가 강하게 담겨 있는 취임사를 남겼다. 그런데 취임사에서 자유라는 단어는 35차례 반복한 반면 평등이라는 단어는 거의 사용하지 않았다. 문재인 정부 5년 동안 평등과 정의만 강조되고 자유의 가치가 홀대받은 현실이 민주주의의 위기를 불러왔다는 인식에서 자유를 훨씬 더 강조했다고 나름 판단된다. 그러나 평등이나 공정은 자유 못지않게 중요한 민주주의의 가치다. 자본주의 시장경제가 역동성을 가지고 성장하기 위해서도 평등과 공정의 가치는 중요하다.

주택이 주거의 안정을 위한 것만이 아니라 부동산 투기의 대상이 되고 주택의 소유 유무가 부의 불평등의 근원이 되고 있는 것이 우리의 현실이다. 싱가포르 리콴유 초대 총리는 "사회적, 정치적 안정을 위해서는 주택의 자가 소유가 필수적"이라 말했다. 싱가포르는 건국 초기부터 토지 국유화를 추진하여 보상에 의한 토지 수용으로 현재 토지 국유화율이 90%에 달한다. 싱가포르는 국민의 80%가 토지임대부 공공주택에 살고 있고 15% 정도가 정부의 규제를 받지 않는 민간주택에 살고 있다. 토지는 국민에게 99년간 임대하는데 주택 분양가에 토지 임대료가 포함되어 있어 사실상 자가 소유와 마찬가지다. 싱가포르는 국민 대다수가 자가 주택에 거주할 수 있게 됨으로써 주택정책에서 성공하였다.

우리나라는 1949년 당시 농림부 장관이었던 죽산 조봉암에 의하여 입안되어 공포된 농지개혁을 실시한 지 70여 년이 되었다. 조봉암의 농지개혁은 박정희 전 대통령의 경제개발정책과 함께 대한민국의 발전에 있어서 뚜렷한 족적을 남겼고 지대한 공헌을 하였다. 농지개혁으로 그 당시 대다수 찢어지게 가난한 소작농이었던 농민들이 자신의 농지를 가진 자작농이 될 수 있었다. 농지개혁으로 부의 불평등과 빈부의 격차가 완화됨으로써 우리나라 자본주의 시장경제가 역동성, 효율성, 생산성을 가지게 되었고 박정희 정부의 경제개발정책과 맞물려 우리나라가 70여 년 만에 세계 최빈국에서 G7을 따라가는 선진국이 되는데 견인차 역할을 하였다.

해방 후 신생국가 대한민국이 해결해야할 가장 큰 문제 중 하나가 농지개혁이었다면 그로부터 70여 년이 지난 지금 선진국 대한민국이 해결해야할 가장 큰 문제 중 하나는 주택 개혁이다. 최근 대구시는 도심 재개발, 재건축으로 아파트가 우후죽순처럼 들어서고 있어 주택 가격이 많이 떨어져 조만간 정상화될 것으로 보이고 있다. 대구시는 주택 공급을 늘리는 것이 집값 안정화에 가장 긴요한 정책 중 하나라는 대표적 예가 될 것 같다. 그런데 대구시가 현재 시행하고 있는 민간아파트 위주 주택 공급정책은 집 없는 서민과 청년들에게는 자가 소유가 먼 남의 일일 수 있다.

우리나라도 싱가포르처럼 공공아파트 공급비율을 대폭 늘릴 필요가 있다. 개인이 공공아파트를 분양받게 되면 정부가 아파트를 담보로 대출을 해주고 대출원리금을 장기 상환하게 하되 금리가 인상되더라도 실질금리가 1% 정도 유지되게 하여 개인이 대출원리금 상환 압박에서 벗어날 수 있게 해야 한다. 나아가 저소득층은 싱가포르처럼 주택 가격의 최대 40%까지 정부가 지원해줄 필요도 있다. 특히 국가나 지방자치단체 소유의 도심 가까운 유휴지를 대지로 개발하고 그 위에 토지임대부 공공아파트를 신축하여 신혼부부 등 청년 세대에게 공급한다. 토지는 99년간 장기 임대로 공공아파트가 자가 소유가 될 수 있도록 한다.

공공아파트 의무 거주기간이 끝나면 재판매 시장을 통해 시세차익을 남기고 매매할 수 있도록 해야 한다. 다만 평수에 따라 2천만 원 내지 4천만 원 정도의 부담금을 물게 한다. 민간아파트에 대하여는 정부가 개입하지 말고 철저하게 시장 자율에 맡겨 분양가 상한제 같은 규제를 없애야 한다. 다주택자에 대하여는 주택 1채와 별장 이외의 주택 소유에 대하여는 취득세와 보유세를 중과세하여 투기 목적의 주택을 소유하지 못하도록 해야 한다. 다주택자 규제를 회피하기 위한 법인 명의 주택 소유에 대하여도 똑같이 중과세를 해야 한다. 중국인의 국내 아파트 소유가 점점 늘어가는 현실에서 중국인의 주택 취득세 세율을 20% 이상 중과세할 필요도 있다.

농지개혁 70여 년을 맞이하여 부의 불평등과 빈부의 격차를 완화시키고 자본주의 시장경제를 역동성 있게 발전시키며 사회적, 정치적 안정을 가져오기 위하여 우리 국민 누구나 주택을 소유할 수 있도록 주택제도를 개혁해야 할 때다. 주택 자가 소유로 서민들과 청년들의 주거

안정이 보장될 때 우리나라의 고질적인 저출산·고령화 문제도 해결될 수 있는 단초가 열릴 것이다.

〈2022년 7월 4일 영남일보〉

국가주의와 시장경제

　국가주의의 사전적 의미는 국가를 인간 사회의 가장 우월적인 조직체로 생각하고 국가권력이 사회생활 전반에 걸쳐 통제력을 발휘하는 것을 인정하는 주의를 말한다. 국가주의의 반대는 자유지상주의, 아나키즘(무정부주의) 그리고 개인주의가 있다. 국가주의는 좋은 의미에서는 국가라는 공동체를 통하여 공공선을 추구하려는 사상으로서 공공선은 국가 구성원 개개인에게 그 혜택이 돌아가게 하는 것이다. 예를 들어 대한민국의 산업화와 민주주의의 발전은 대한민국이라는 국가 공동체의 발전이지만 그 혜택의 상당 부분이 국민 개개인에게도 돌아가게 되는 것이다.

　그러나 국가주의는 독재 또는 전체주의라는 극단적 사상으로 변질될 위험성을 내포하고 있다. 국가의 혜택이 다수의 국민이 아닌 특정한 소수에게 집중될 가능성이 많고 국가에 대한 충성심이 애국심이라는 미명 하에 권력자 개인에 대한 충성심으로 왜곡되기도 한다. 이러한 의미에서 국가의 역할을 가능한 한 최소화해서 개인 및 사회경제활동의 자유를 보장하는 자유주의는 국가주의와 대립한다. 근간에 발간된 베스트셀러 작품 중 하나였던 문유석 판사의 『개인주의자 선언』이라는 책도 국가주의에 대한 반성에서 나온 것으로 보인다.

그런데 우리나라에서는 자유민주주의를 수호한다는 우파 자유주의자들이 이승만, 박정희 전 대통령 등의 독재나 권위주의를 옹호하고 국가에 대한 맹목적 충성을 강조하여 자유주의 이념과는 모순된 국가주의 사고방식을 보이는 경우가 많다. 이는 북한 공산주의라는 전체주의 압제를 겪은 전쟁 세대들이 공산당의 압제를 다시는 되풀이해서 겪지 않고 자유를 누리기 위해서는 대한민국이라는 국가를 수호하여야만 한다고 생각하기 때문이고 따라서 반공이 곧 자유라는 생각을 가지고 있기 때문이라고 여겨진다.

스탈린, 마오쩌둥 및 김일성의 공산주의는 공산당이 국가의 절대권력을 장악하고 경제를 통제하며 자본가 계급을 억압하여 자본가와 지주의 소유인 생산수단과 토지를 인민에게 나누어주어 인민을 자본가 계급으로부터 해방시킨다는 것이다. 하지만 실제로는 자본가 계급으로부터 생산수단과 토지를 빼앗아 국가와 공산당의 국유로 전환하였을 뿐 인민은 해방된 것이 아니라 여전히 공산당이라는 국가주의의 통제 하에 장악되었을 뿐이다. 무정부주의자(아나키스트)들은 자본주의 사회에서 노동자들이 생산수단을 소유한 자본가 계급에게 복종해야 하는 것처럼 공산국가에서는 생산수단을 소유한 공산당에게 복종해야 하기 때문에 공산국가에서의 공산당은 노동자 계급의 대변인이 아니라 자본가 계급을 대체하는 '새로운 지배 계급'이라고 한다. 의미심장한 말이다. 공산당의 새로운 극단적 지배 체제에 대하여는 조지 오웰의 소설

『동물농장』에서 잘 설명되고 있다.

국가주의에는 국가사회주의가 있고 국가자본주의도 있다. 국가사회주의는 국가가 주가 되는 사회주의로서 독일의 나치즘도 국가 사회주의의 일종인데 독일의 국가사회주의에는 포퓰리즘적 복지정책이 많았다. 즉 노동자들에게 유급휴가를 주고 정부 지출을 통하여 부를 재분배하고 소비 촉진을 통하여 경제 성장을 견인하려 하였다. 이에 반하여 국가자본주의는 국가가 주가 되는 자본주의로서 자본주의적 계획경제 제도라고도 하는데 자본주의 체제 속에서 국가통제주의적인 대량의 국유화 정책을 말한다. 공산국가에서는 이를 신경제정책이라고 부르는데 덩샤오핑의 중국식 사회주의도 신경제정책으로서 국가자본주의와 같은 것이라 할 수 있다.

경제를 시장의 자율에 맡기느냐 아니면 국가가 주도할 것인가에 대하여는 사상과 이념에 따라 차이가 많다. 시장경제의 자율에 모든 것을 맡길 때 개인의 이기심을 통하여 경제 성장을 가져올 수 있으나 천민자본주의의 병폐로 소수에게 부와 자본이 집중되고 빈부의 격차로 불공정하고 부패한 사회를 가져오게 된다. 반면에 국가가 경제의 모든 분야에 관여하여 주도할 때 권력을 가진 새로운 특권 소수층에게 부와 자본이 집중되기 쉽다. 분배는 어느 정도 가능할 수 있겠으나 경제 성장은 어려워지고 대다수 평범한 국민의 삶의 질은 떨어지고 자유와 인간으로서의 기본적 인권이 억압받게 된다.

국가경제가 발전, 성장하기 위해서는 국가가 경제를 주도하기보다는 시장의 창의와 자율에 맡기고 규제를 완화하여 기업가 정신이 꽃필 수 있도록 하여야 한다. 다만 시장의 불공정하고 실패한 부문에 대하여는 국가가 간섭하여 사회적 약자를 도와줌으로써 시장경제 성장의 혜택이 국가 구성원 개개인에게 돌아갈 수 있도록 배려하는 것이 바람직하다 할 것이다.

〈2018년 7월 23일 경북일보〉

사회임금
-혈세 낭비를 감시하여 복지수준을 높이자

　'사회임금'이란 국민연금을 비롯한 공적연금, 실업급여, 기초생활보
장급여, 건강보험 서비스 등 개인이 국가나 지방자치단체로부터 받는
현금이나 서비스 복지혜택을 모두 돈으로 환산해 더한 수치다. 이에 반
하여 '시장임금'이란 개인이 공공기관이나 기업에 취직하여 받는 월급,
사업이나 장사를 하여 번 수입 등 개인이 시장에서 노력하여 벌어들이
는 돈을 말한다.

　사회임금은 국가나 지방자치단체가 각종 세금과 부가가치세, 사회
보험료 등을 명목으로 국민과 기업으로부터 거둔 돈을 현금이나 서비
스로 국민에게 돌려주는 것을 말한다. 사회임금은 가계의 가처분소득
에 정부나 지방자치단체의 복지가 어느 정도 기여하고 있는지를 보여
주는 척도가 된다. 국내총생산(GDP) 대비 공공복지 지출 비중과 함께
한 국가의 복지 수준을 보여주는 바로미터로 사용된다.

　사회임금의 부족은 국가나 사회적으로 구조적 문제를 야기한다. 생

활을 보장하는 유일한 수단인 시장임금을 둘러싼 사회구성원 간 경쟁이 치열해지기 때문이다. 경제가 불안하면 개인은 언제 직장에서 구조조정을 당할지 모르는 불안 속에 살게 되는데 사회임금마저 부족하면 최소한의 인간적인 삶을 보장해주는 사회적 안전망이 미비하여 더욱 불안에 시달리게 된다. 그래서 사람들은 시장임금에 매달리게 되고 구조조정을 당하지 않기 위하여 발버둥친다. 시장임금에 거의 의존해 살아야 하는 우리나라 국민에게 구조조정은 가계 파탄을 의미하고 생존마저 위협한다.

사회임금이 낮으면 시장임금을 벌기 위한 일자리를 둘러싸고 사회적 갈등이 심해지고 그 사회는 승자독식의 경쟁 지상주의로 내몰린다. 사회임금은 각자의 소득 수준과 상황에 맞게 세금과 사회보험료를 내고 기본적 필요에 따라 적합한 혜택을 받는 것이다. 국가공동체사회 안에서 낙오자를 줄이고 국민 모두가 최소한의 기본적 생활을 영위할 수 있도록 사회적 안전망을 구축해주는 것이다.

국가별 가계비 중 사회임금의 비중은 OECD 평균이 40% 정도인데 반하여 우리나라는 12% 정도에 불과하다. 사회임금의 비중이 OECD 평균의 1/3도 되지 않는다. 우리나라의 노인 빈곤율이 OECD국가 중 가장 높고 자살률이 최고로 높은 이유다. 우리가 2021년 공식적으로 선진국에 진입했다고 하지만 선진국이라고 하기에는 너무나 부끄러운 현실이다. 허리가 꾸부정한 여든 살 노인이 추운 겨울날 밤거리에 리어카를 끌고 골목길을 헤매며 폐지를 줍지 않으면 살아갈 수 없고, 소년소녀가장 가정 및 결손가정의 아이들이 좁은 단칸방에서 매 끼니를 라면으로 때워야 하는 것이 21세기 선진국 대한민국의 민낯이다.

스웨덴의 사회임금 비중은 52%나 된다. 가계비 중 사회임금의 비중이 12% 밖에 되지 않는 우리나라 국민은 생활비의 88%를 개인의 노력과 능력으로 벌어들이는 시장임금으로 지탱하며 살아야 한다. 이에 반하여 스웨덴은 생활비의 48%만 개인이 책임지면 된다. 우리나라 국민의 삶이 팍팍해질 수밖에 없고 개인이 시장에서 낙오하여 시장임금을 받지 못하면 삶이 매우 위험해지는 이유다. 우리나라 노동자들이 해고에 격렬히 저항하고 장시간의 노동과 투잡, 쓰리잡도 감수하는 이유도 사회임금이 낮아 일자리를 잃으면 가계 파탄으로 내몰리기 때문이다.

정부나 지방자치단체가 복지를 확대하여 사회임금 비중이 높아지면 시장임금의 차이로 생기는 소득격차를 완화할 수 있어 부의 양극화와 경제적 불평등을 줄일 수 있다. 구조조정을 당하거나 경제적 불안으로 사업이나 장사를 그만두게 되더라도 사회임금이라는 최소한의 소득이 있기 때문에 인간으로서의 기본적인 삶은 유지될 수 있다. 기업의 해고의 유연성을 높여주기 위해서도 사회임금을 늘릴 필요가 있다. 사회임금이 커지면 개인의 소비력과 구매력이 높아짐으로써 경제의 활성화에도 도움이 될 수 있다.

그런데 사회임금 즉 정부의 복지지출을 늘리려면 국가나 지방자치단체가 개인이나 기업으로부터 세금이나 사회보험료 등으로 거두어들이는 돈이 많아져야 한다. '증세 없는 복지는 허구다'라는 말은 유승민 전 새누리당 원내대표가 박근혜 정부시절 외친 말이다. 유승민 전 대표는 '증세 없는 복지는 허구'라는 바른말을 하였다가 박근혜 전 대통령에 의해 배신자로 낙인이 찍혀 현재까지도 정치적 운신의 폭이 좁다.

OECD 통계에 따르면 2019년 기준 조세에 대한 스웨덴의 국민 부담율은 시장임금의 40%대로 OECD국가 평균인 33.8%나 우리나라의 27.8%보다 많이 높다. 스웨덴의 소득세 최저세율은 32% 정도로 우리나라의 6.6%에 비하여 훨씬 높다. '요람에서 무덤까지' 국가가 모든 복지를 책임져 준다는 스웨덴에서 조세에 대한 국민 부담률은 다른 나라보다 훨씬 높은 것이다. 우리나라 진보 진영의 정치인들과 지식인들은 '북유럽식 무상 복지'를 최고의 이상으로 동경하고 있으나 그러한 복지를 위해서는 막대한 국민 세금이 투입되어야 한다는 것은 애써 외면하고 있다. 국민 세금의 대부분은 기업과 중산층의 시장임금에서 나온다.

스웨덴의 경우 개인이 52%의 사회임금을 국가로부터 받기 위해서는 자신이 노력해서 벌어들이는 시장임금의 최소한 40% 이상을 세금이나 사회보험료로 국가에 지불해야 한다. 국가로부터 지급받는 사회임금이나 복지 혜택이 그냥 주어지는 무상복지가 아니라는 것이다. 스웨덴 국민이 국가로부터 높은 수준의 사회임금이나 복지혜택을 받는 대신 개인이 일하여 벌어들이는 시장임금에서 세금이나 사회보험료 명목으로 상당한 수준의 돈을 국가에 지불하여야 하는 출혈을 감내해야하는 것이다. 뿐만 아니라 스웨덴 국민은 자신이 낸 세금으로 국가로부터 사회임금이라는 복지혜택을 되돌려 받는 것임에도 불구하고 국가가주는 무상 복지혜택이라는 이유로 제대로 주인 대접을 받지도 못하는경우가 있다.

스웨덴에서 4년을 살다온 박지우 작가는 『행복한 나라의 불행한 사람들』이라는 책에서 스웨덴식 무상의료의 허상을 여실히 보여주고 있다. 스웨덴은 국민의 막대한 세금이 건강보험에 투입됨에도 불구하고무상의료라는 이유로 아파도 병원 예약 후 짧으면 3일, 길면 한 달 후에나 의사를 만날 수 있다고 한다. 병원으로부터 원하는 치료를 받기위해서는 증상을 크게 부풀려야 하는 스웨덴의 잘못된 의료 현실을 지적하고 있다. 박지우 작가는 빛이 있으면 그늘도 있는 것이고 세금과 복지 혜택 수준을 무작정 올리는 것만이 능사가 아니라고 말한다.

부의 불평등을 완화하고 시장에서 낙오된 개인들에게 최소한의 인간적 삶을 보장해주는 사회 안정망으로서의 사회임금의 역할은 매우 중요하다. 가계비의 12% 정도에 불과한 우리나라의 사회임금 비중을 OECD 회원국 평균인 40%는 아니더라도 적어도 30% 이상은 되도록 꾸준히 사회임금 비중을 높이는 노력을 다해야 할 필요가 있는 것이다. 그렇게 하기 위해서는 국민들로부터 시장임금에서 상당한 수준의 세금을 거두어들여야 한다. 그러나 가파른 증세는 국민들의 반발과 저항을 불러일으킬 수 있다.

'증세 없는 복지는 허구'라고 외친 유승민 전 대표는 그 해결책으로 중부담-중복지를 우리나라가 지향해야 할 목표라고 주장하였다. 국민 부담과 복지 지출이 GDP에서 차지하는 비율을 기준으로 OECD 회원국 평균 정도 수준을 장기적 목표로 하자는 것이다. 국가 장래를 위하여 고민한 흔적이 역력하다. 이제 여야 정치인들은 진영 논리를 떠나서 가슴을 열고 허심탄회하게 세금과 복지 수준에 대하여 토론하고 지속 가능한 복지국가를 실현하기 위한 길이 무엇인지 합의를 통하여 도출해내야 할 책무가 있다. 그것이 저출산·고령화로 인하여 앞으로 50년간 기형적 인구구조라는 재앙이 시작된 대한민국과 미래세대에게 죄를 짓지 않는 일이라고 할 것이다.

그런데 세금과 복지에 대한 통계를 비교해보면 다음과 같은 의문이 떠오른다. 스웨덴의 경우 조세에 대한 국민 부담률은 시장임금의 40%대인 것에 반하여 가계비 중 사회임금이 차지하는 비중은 52%이다. 그런데 우리나라의 경우에는 조세에 대한 국민 부담률은 27.8%인데 비하여 가계비 중 사회임금의 비중은 12% 밖에 되지 않는다. 스웨덴은 국민이 지출하는 세금보다 더 높은 수준의 복지 혜택을 누리고 있는 것이다. 이와 반대로 우리나라는 국민이 지출하는 세금의 반도 되지 않는 복지 혜택을 국가로부터 받고 있는 셈이다. 그 이유가 무엇일까? 정확하게 그 이유를 알 수가 없으나 다른 사정이 없다면 정부가 국민의 세금으로 충당되는 정부 지출을 너무 방만하게 집행하고 혈세인 세금을 엄청나게 낭비하고 있는 것은 아닌가 하는 강한 의구심이 들지 않을 수 없다. 복지 혜택을 늘리기 위하여 국민에게 출혈을 요구하는 증세 이전에 정부의 지출 전반에 대하여 검토하고 회계 감사하여 쓸데없이 낭비되는 정부 지출을 줄이고 예산 낭비를 막아야 하는 것이 시급하다.

대통령 개헌안과 토지공개념

현행 제6공화국 헌법은 전두환 군사정권의 권위주의 통치를 끝내고 대통령 임기를 5년 단임제로 함으로써 평화적인 정권 교체를 정착시켰으며 민주화에 따른 국민의 기본권을 확대시켰다. 그러나 5년 단임제로 인하여 국정의 연속성이 떨어지고 중장기 국가전략사업계획의 수립과 실천이 어렵게 되는 등 문제가 크게 발생하였으며, 대통령의 권한이 너무 막대한 제왕적 대통령제로 인한 폐해가 심각하여 지방분권시대를 맞아 21세기 선진국가에 걸맞게 현행 헌법을 새롭게 수정할 필요성이 대두되어 왔다.

문재인 정부에서 대통령 개헌안이 발의되었으나 대통령 권한의 분배적 측면에서는 부족한 면이 많았다. 우리나라가 독재나 전체주의가 아닌 민주주의를 택하고 있는 이상 권한은 되도록 나누고 서로 견제할 수 있도록 하는 것이 바람직하다. 그런 면에서 개헌을 하려면 대통령에게 집중되어 있는 고위공직자에 대한 임면권을 좀 더 줄이고 총리는 대통령이 임명하는 대신 국회에서 간접선거로 선출하여 대통령은 외교와 국방을, 총리는 경제와 내치를 담당하게 함으로써 제왕적 대통령제의 폐해를 줄이고 총리가 실질적 권한을 행사하도록 할 필요성이 있다.

문재인 정부의 대통령 개헌안 중 눈에 띄는 것은 토지의 공개념을 개헌안에 명시하고 있는 것이다. 이에 대하여 보수진영에서는 개인의 사유재산권을 보장하는 자유민주주의와 시장경제를 포기하고 사회주의를 채택하고자 하는 것이라는 반대가 있다. 토지 공개념은 노태우 정부 때 부동산 가격이 너무 상승하여 토지로 인한 부의 불평등이 심해지자 이를 막기 위하여 처음 도입된 것으로 개발이익환수법, 택지소유상한법, 토지초과이득세 등이 있다.

바탕이 튼튼한 민주주의 국가의 형성과 부강하고 공정한 국가를 만들기 위해서는 건전한 시민의식을 가진 중산층이 두터워지고 국가공동체 저변에 뿌리를 내려야 한다. 부와 토지를 소수가 장악하고 대다수 국민은 가난한 국가는 결코 성장할 수 없고 쇠퇴와 패망의 길을 걷게 된다. 중산층이 많고 튼튼한 항아리형 분포의 소득 구조가 될 때 국가는 발전하고 성장하며 민주주의도 제대로 잘 작동할 수 있는 것이다.

조선 후기 농지는 소수의 양반 지주들에 의하여 장악되고 대다수 농민은 소작농으로 전락하여 수확량의 절반을 소작료로 내놓아야 하였다. 일제 강점기에는 소작료가 수확량의 80%를 넘는 경우까지 생겨나 국민의 대다수인 농민은 피죽으로 연명하는 상황이었다. 해방 후 이승만 전 대통령의 명을 받은 농림부 장관 조봉암 등의 노력에 의하여 1949년 6월 21일 농지개혁법이 제정되었다. 농지개혁으로 가구당 보유할 수 있는 농지가 제한되었고 초과 농지는 다른 농민에게 분배되었으며 소작농은 수확량의 30%를 5년간 내면 농지를 소유할 수 있게 되어 대다수 농민이 자작농이 될 수 있었다. 그 후 인구 증가로 늘어난 잉여 노동력이 박정희 정부 때의 경제발전의 초석이 된 산업역군으로 나서게 되면서 우리나라에 중산층이 크게 뿌리내리는 계기가 되었다. 이렇게 중산층이 두꺼워지면서 이들에 의한 민주화 요구와 민주항쟁은 유신 정권과 전두환 정권으로 이어지는 권위주의 통치를 청산하고 대한민국이 정권 교체가 가능한 민주국가가 되고 선진국의 문턱에 서는 것을 가능하게 하였다.

이러한 의미에서 토지가 소수의 부유층이나 정보를 가진 특정 세력의 전유물이 되어 부동산 가격을 올리고 빈부 격차를 키우는 바람직하지 않은 현상을 막고 건전한 시장경제를 보호하고 중산층을 살리기 위하여 토지에 대한 투기를 규제하기 위한 토지 공개념을 헌법에 명시하는 것에 대하여 머리를 맞대고 심각하게 논의를 해야 할 때가 되었다.

〈2018년 4월 2일 경북일보〉

소득주도성장론에 대한 소고

경제 성장의 주류이론은 이윤주도성장론이다. 이윤주도성장론은 기업의 투자가 늘어나 기업의 이익이 증대된다면 기업이 고용을 늘릴 것이고 고용의 증대로 인하여 가계소득도 늘어나 기업과 노동자의 소득이 다같이 증대될 수 있는 것이므로 법인세 인하, 정부의 기업 보조, 노동 유연화를 통한 성장을 주장한다. 그러나 우파 보수정부 하에서의 이윤주도성장론은 법인세 인하, 노동 유연화 등을 통하여 기업의 이익은 증가하였으나 기업이 투자를 늘리지 않고 기업 이익을 내부 유보시키고 고용도 증대시키지 않음으로써 빈부 격차를 심화시켰다.

이러한 이윤주도성장론의 반성에서 문재인 정부는 소득주도성장론을 채택하여 정부 주도의 일자리 창출, 생애맞춤형 소득지원 정책을 들고 나왔다. 정부 주도의 일자리 창출을 위하여 임기 5년간 공공부문 일자리 81만개를 만들고, 노동시간을 68시간에서 52시간으로 단축시키며, 정규직과 비정규직 사이의 임금주 차별을 해소하기 위하여 2022년까지 시간당 최저임금을 1만원으로 인상하며, 4차 산업혁명을 위한 규제완화정책을 제안하였다. 생애맞춤형 소득지원정책은 각종 소득보장제도를 통하여 사회임금을 지급함으로써 가계소득 및 소비를 증대시킨다는 것이다. 이를 위해 0~5세 대상 아동수당을 도입하고, 미취업청년들에게 청년구직촉진수당을 지급하며, 기초연금 급여수준과 장애인연금을 인상하는 것 등이다.

소득주도성장은 일자리 확대와 소득보장제도 확충을 통하여 가계소득을 증가시키고 늘어난 가계소득을 통하여 소비를 증가시키며 내수 확대로 경제 성장을 이끈다는 것으로 그 취지는 선하고 옳은 것이다. 특히 기업가의 소득은 일부만 소비에 사용되고 나머지 소득 대다수는 부동산 투자 등에 사용되어 투기 조장과 부의 대물림을 가져오는데 반하여 서민인 노동자의 소득은 대다수 소비에 사용되므로 노동자의 임금이 높아질수록 소비가 늘어나 내수 확대로 경제가 성장할 수 있다는 점에서 소득주도성장은 분배를 통한 아름다운 경제 성장이라고 할 수도 있는 것이다.

다만, 소득주도성장론자들은 다음과 같은 비판에 귀를 기울여 소득주도성장의 문제점을 돌아볼 필요가 있다. 첫째, 한국과 같은 수출 의존 국가에서 급격한 임금 인상은 수출 경쟁력을 약화시키고 기업의 수익성 악화로 투자가 위축되어 기업들로 하여금 일자리를 줄이는 부작용을 가져오고 특히 중소기업과 자영업자의 고용 비중이 높은 우리나라에서는 오히려 일자리를 줄일 수 있다. 둘째, 정부가 주도하는 성장을 위한 일자리 창출에 필요한 재정조달 문제다. 민간부문과 달리 공공부문 일자리는 해고 등 노동 유연성이 사실상 불가능하고 시간이 지날수록 호봉 승진 등으로 지불해야할 임금이 증가한다. 셋째, 공공부문 일자리 창출과 생애맞춤형 소득 지원은 세금으로 충당해야 하므로 납

세자인 국민의 과도한 세금 증대와 다음 세대에게 큰 부담을 줄 수 있다. 넷째, 최저임금이 오르면 더 숙련된 지식과 기술을 필요로 하는 일자리로 갈수록 연쇄 임금 인상이 불가피하여 기업에 부담을 가중시키고, 외국인 근로자들의 불법체류가 늘어나 비숙련 노동자들의 고용 불안이 심화될 수 있다는 점이다.

소득주도성장론은 국가가 개입하여 시장의 생산, 소비 자체에 영향을 가하는 국가주의 정책이다. 시장경제체제를 택하고 있는 우리나라에서 국가의 개입은 시장의 실패에 대하여 보완하고 소득분배를 개선하는 복지적 조치여야할 것이지 국가가 지나치게 시장에 개입하여 성장을 주도하는 것은 바람직하지 않다. 소득주도성장론은 대기업이 아니라 열악한 영세자영업자, 중소기업을 쥐어짠 돈으로 노동자의 임금을 높이는 결과를 가져옴으로써 갑이 아닌 을의 돈을 다른 을에게 이전시킬 뿐 가계의 소득증대나 소비지출 증대를 가져오는 것이 아닐 수 있다.

개혁은 공고화된 기득권에 대한 것이어야 한다. 현재의 기득권은 대기업 재벌, 정치인과 관료, 연봉 1억원 이상의 고소득 노동자의 이익을 수호하는 강력한 노조다. 대기업 갑질을 막고 중소기업이 대기업에 맞설 수 있는 역량을 키우도록 하여 중소기업을 통한 일자리 창출을 해야 한다. 공공부문에 대한 과도한 보상을 막고 공무원연금과 국민연금의 통합을 통하여 국민 대다수의 노후생활을 안정시킬 필요가 있다. 이중구조로 된 노동시장체계를 개선하여 비정규직과 청년 세대에게 소득이 이전될 수 있도록 해야하는 것이고, 4차산업혁명을 통한 민간일자리 동력을 창출하는 것이 바람직한 개혁이며 성장이다.

〈2018년 8월 27일 경북일보〉

재난지원금의 구축효과

　윤석열 정부가 대선기간 국민에게 발표한 선심성 공약을 이행하기 위하여 국채를 발행하여 자금을 조달할 경우 '구축효과'가 나타날 수 있다는 우려가 있다. 윤석열 대통령은 소상공인 손실보상 50조 추경, 병사 월급 200만원 즉시 지급 등 공약을 내걸어 당선되었다. 선심성 공약 이행을 위한 적자국채 발행이 늘면 시장금리가 오르고 소비·투자가 위축되는 구축효과가 나타날 수 있다. 구축효과는 정부가 경제주체에게 도움을 주기 위하여 지원을 늘렸는데 결과적으로 국민 경제에 효과가 없거나 오히려 부정적인 결과를 발생시키는 경제 메커니즘을 말한다.

　코로나로 인하여 어려움을 겪은 소상공인 등에게 보조금을 지급하는 것은 긴급 상황에서 어쩔 수 없는 일이지만 미국을 비롯한 세계 각국이 코로나19 기간 동안 국민들에게 지급했던 막대한 보조금이 통화의 양적 증가로 세계적인 인플레이션과 금리 인상을 촉발시켜 경제주체에 부메랑이 되어 돌아와 세계 경제의 발목을 잡고 있다. 우리나라도 코로나19 기간 여러 번에 걸친 전국민 재난지원금 지급으로 물가가 상승하고 인플레이션으로 금리 인상을 계속 단행해왔다. 경기침체 하에서 인플레이션까지 발생하면 이를 스태그플레이션이라고 하고 장기적인 경기불황의 늪에 빠질 수 있고 경제 위기를 가져올 수 있다. 러시아의 우크라이나 침공과 중국의 경제 성장 둔화는 세계 경제에 먹구름을 덮고 있다.

인플레이션을 막기 위해서는 어쩔 수 없이 금리 인상을 해야 하고 돈을 푸는 재정확대정책이 아닌 재정긴축정책을 채택해야 한다. 그런데도 윤석열 정부가 대선 공약을 지키기 위하여 소상공인 손실보상 50조 추경, 병사 월급 200만원 지급 등 재정확대정책을 펼칠 경우 인플레이션과 금리 인상에 기름을 붓는 격이 되고 국가경제에 찬물을 끼얹는 상황을 가져올 수 있다. 병사 월급 200만원을 지급하기 위해서는 매년 5조원의 예산이 더 필요한데 이는 올해 국방예산 54조 6천여 억원의 9.3%에 해당되는 돈이다. 게다가 병사 월급 인상 시 형평성을 맞추기 위하여 장교와 부사관 등 간부 급여 체계 조정도 불가피하여 더 많은 예산이 들어갈 것이 예상된다.

만약 선심성 공약을 지키기 위하여 재정확대정책으로 전국민에게 100만원의 현금 지급이라는 대규모 현금 살포로 5%의 물가상승이 발생하였다면 이는 실질소득 5%의 감소로 나타난다. 연봉 2,000만원을 받는 사람은 100만원, 연봉 4,000만원을 받는 사람은 200만원의 손해를 보는 실질소득 감소 현상이 나타나는 셈이다. 따라서 연봉 4,000만원을 받는 사람이 정부로부터 100만원의 현금 지급을 받을 경우 물가상승으로 인한 실질소득 200만원 감소로 오히려 100만원의 손해를 볼 수 있는 것이다. 그리고 한 번 오른 물가는 계속 유지되는 것이므로 인플레이션이 계속되는 동안 매년 100만원의 손해를 보게 되는 셈이다. 그래서 미국 연준이사회는 인플레이션을 막기 위하여 2022년 4~5차례의 금리 인상을 하였고 우리나라도 인플레이션 국면에서 금리 인상을 계속하고 있는 것이다.

선심성 공약을 이행하기 위해서는 국채를 발행할 수밖에 없는데 이러한 경우 국가의 재정건전성을 상당히 악화시켜 국가 재정에 큰 부담을 안겨준다. 문재인 정부 기간 막대한 전국민 재난지원금 살포로 우리나라 재정 적자 증가율은 매우 가파르게 올라가 재정건전성을 상당 부분 훼손시켰다. 따라서 세계적인 인플레이션과 금리인상 국면에서 윤석열 정부는 재정건전성을 해쳐가면서 인플레이션에 기름을 붓는 선심성 공약을 무작정 이행하려고 해서는 안 된다. 재정건전성을 유지하고 인플레이션을 막기 위하여 부득이 대선 기간 내걸었던 공약을 있는 그대로 지키지 못하게 된 것에 대하여 국민들에게 그 이유를 설명드리고 양해를 구하는 것이 바람직한 태도라 할 것이다.

소상공인 50조 손실보상에 대하여는 긴급히 현금 지원을 해야할 필요성이 있는 피해계층에 대하여는 선별 현금 지급을 해야하겠지만 어느 정도 지탱할 여력이 있는 소상공인에 대하여는 국채 발행을 통한 현금 지급보다는 채무 탕감을 해주는 것이 바람직하고 그것이 경제적 효과가 훨씬 크다. 특히 금리가 상승하고 있는 현재 어려운 소상공인에게 이자율이 높은 제2금융권 채무를 탕감해주는 것은 가계 부도를 미연에 방지하는 역할을 하고 장래 국가경제가 짊어져야 할 부담도 많이 줄어들 수 있게 할 것이다.

병사 월급 200만원 지급에 대하여도 병사들이 현재 받고 있는 월급에서 추가 인상되는 금액에 대하여는 적자 국채발행을 통한 현금 지급보다는 그 금액만큼 5년간 장기 복리 저축에 가입시켜 5년 후 목돈을 찾을 수 있게 하여 청년들에게 자립 기반을 마련해주는 것이 바람직하다. 우리 국민들 중 베이비붐 세대는 박정희 정부 시절 초등학교 입학 시 6년간 장기 복리 저축에 가입하여 졸업할 당시 목돈을 탔던 기억이 있을 것이다. 현금 지급으로 소비성 지출 확대라는 비생산적인 부문에서 저축을 통하여 정부 지출이 자본재 생산을 위한 투자라는 생산적인 부문으로 이전되게 함으로써 더 많은 자본재를 생산할 수 있고 더 많은 것을 만들게 할 수 있어 국가 경제를 성장시킬 수 있다. 이렇게 늘어난 생산으로 국민들은 더 많은 소비를 즐길 수 있게 될 것이고 그 소비지출은 또 다른 사람의 추가소득을 창출하게 될 것이다.

저출산 대책과
4차 산업혁명에 알맞은 인력 양성

우리나라의 출산율이 1명 이하로 떨어져 2022년 현재 출산율이 0.81명으로 한 해 태어나는 신생아수가 27만여 명에 지나지 않는다. 1971년도에 신생아수가 100만명을 넘은 것과 비교하면 약 1/4 수준이다. 2020년부터 우리나라 전체 인구수가 감소되기 시작하였고 생산가능 인구는 더 급격히 줄어들고 있어 우리나라의 앞날에 심각한 충격을 던져주고 있다. 출산율을 제고하기 위하여 매년 수십 조원을 쏟아붓고 수없는 정부 정책을 발표하고 있으나 출산율은 갈수록 떨어지고 있어 백약이 무효인 셈이다. 이에 따라 경제 성장은 둔화되고 군입대 자원도 갈수록 줄어들고 있다.

세계에서 출산율이 가장 낮은 국가인 우리나라는 일본이 겪고 있는 잃어버린 30년을 그대로 답습할 수 있고 수십 년 후에는 인구가 거의 소멸되어 장차 대한민국이 지구상에서 사라질 수도 있다. 우리나라의 출산율이 낮아진 이유는 경제 성장율 둔화, 청년을 위한 양질의 일자리 부족, 심각한 빈부 격차, 주택의 부족, 열악한 보육환경, 개인주의적 사고와 결혼 및 자녀에 대한 가치관 변화, 공교육의 부실화 등 총체적인 요인에 의하여 생긴 것이다. 따라서 이러한 원인을 잘 진단하여 이에 대하여 종합적인 처방과 대책을 마련함으로써 출산율을 높일 수 있을 것이다.

선진국 모임인 경제협력개발기구(OECD) 회원국이면서 출산율이 3.1명으로 34개 회원국 중 출산율 1위인 국가가 있다. 이스라엘이다. 이스라엘이 선진국이면서 출산율이 높은 것은 '생육하고 번성하라'는 성경의 가르침에 충실하기 때문이다. 이스라엘 정부는 부부가 한 해 최대 4회 인공수정을 할 수 있도록 지원하고, 아이 한 명을 낳으면 출산지원금 46만원과 매달 보조금 6만원을 지급한다. 3세부터 고등학교까지 무상교육을 제공하고 있다. 이러한 이스라엘의 출산율 제고를 위한 정책들은 우리도 참고할 만하다.

우리도 아이 한 명을 낳으면 출산지원금 1,000만원과 아이가 성장할 때까지 매달 보조금 50만원 상당을 지급하고, 3살부터 고등학교까지 무상교육을 제공하며 자립형 공립고를 만들어 여기에 많은 예산을 배정하여 공교육을 충실히 할 필요가 있다. 정부나 지방자치단체 소유의 유휴지에 아파트를 신축하여 자녀가 있는 신혼부부에게 건축원가에 제공하고 일정 기간이 지나면 아파트를 매도할 수 있게 한다. 재원은 매년 우리나라가 출산율 제고를 위해 방만하고 무익하게 사용하고 있는 수십 조원을 여기에 집중하면 된다. 또한 부부가 한 해 최대 4회 체외 인공수정이 가능하도록 지원할 필요가 있다.

그리고 출산율 제고를 위해서는 무엇보다 경제를 발전시키고 청년을 위한 양질의 일자리를 마련하고 빈부 격차 해소에 힘써야 할 것이다. 그렇게 하기 위해서는 교육을 통하여 인적자원에 투자함으로써 4차 산업혁명에 알맞은 산업인력을 양성하여 기업에 양질의 인력을 제공하고 청년들이 스타트업 신생기업을 창업할 수 있는 기업 환경을 조성해야할 것이다. 이렇게 함으로써 경제가 활성화되고 국내 경제가 성장하면 청년들을 위한 양질의 일자리가 창출되고 중산층이 두터워지면서 저소득층이 줄어들어 빈부의 격차가 개선될 수 있을 것이다. 기업들이 우후죽순으로 성장하여 많은 이익을 창출하게 되면 노동자에 대한 복지도 강화되고 보육환경이 개선됨으로써 청년 세대가 양육에 대한 부담을 덜게 되어 출산율을 제고할 수 있다.

국토가 좁고 지하자원도 내세울 만한 것이 없는 우리나라는 교육을 통하여 인적자원에 투자함으로써 경제를 발전시킬 수밖에 없을 것인데 어떻게 젊은이들을 교육시킬 수 있을 것인가? 우리나라는 징병제를 채택하고 있다. 현재 50만명의 병사 중 최소한 10만명에게 군 복무기간 중 IT기술, AI(인공지능), 메타박스, 빅데이터 등 4차 산업혁명에 따른 교육을 시켜보자. 그리고 이들이 장교나 부사관으로 몇 년 더 장기 복무하게 되면 더 전문화되고 특화된 교육을 받게 함으로써 글로벌 4차 산업혁명을 선도하는 리더가 되게 하자.

이들은 군 제대 후 기업의 4차 산업혁명에 필요한 양질의 인력이 되고, 새로운 IT신생기업을 창업하게 됨으로써 우리나라의 경제를 역동적이고 혁신적으로 바꿔놓을 것이다. 이것이 젊은이들로 하여금 가고 싶은 군대를 만들어 국가 안보를 튼튼히 하고 경제를 발전시키며 출산율을 높이는 효율적인 대책이 될 것이다. 일본은 현재 대학·대학원생 50만명에게 AI를 가르치는 프로젝트를 진행 중이고, 중국은 AI인재 100만명 육성에 박차를 가하고 있다.

재벌의 기원과 시장경제의 활성화

재벌기업 모 회장의 막내딸인 조현민 전무의 물세례 갑질과 그릇된 언행으로 연일 언론이 떠들썩하다. 2014년에는 그의 언니 조현아의 땅콩 회항 사태로 시끄러운 적도 있었다. 재벌 3세들의 잘못된 인식과 언행이 국민의 공분을 사고 있는 것이다.

재벌의 기원은 1945년 일본이 항복하고 해방이 되면서 일본이 남기고 간 재산인 적산敵産으로부터 시작한다. 적국敵國인 일본이 패망하면서 남기고 간 국·공유재산 및 일제 강점기 일본인들에 의하여 축적된 재산인 적산은 미군정에 귀속되었다가 대한민국 정부가 수립되면서 대한민국에 귀속되어 귀속歸屬재산이라고도 한다.

해방 당시 일본인이 소유하고 있던 공장은 남한에 있는 공장 중 85%에 달하여 귀속재산의 비중이 남한 경제에서 차지하는 비중이 엄청나게 컸다. 미군정과 이승만 정부에 귀속된 적산은 엄청난 헐값에 민간인에게 불하되었는데 이때 해당 공장의 직원 등 해당 기업과 직접적

이해관계가 있는 사람들이 우선적으로 불하받았다. 이 과정에서 정치인 및 관료들과의 결탁이 이루어진 경우가 많았다.

미군정과 이승만 정부에 의하여 귀속재산을 불하받은 기업 중에 대기업으로 성장한 경우가 많은데 대표적인 것이 한화그룹, 두산그룹, SK그룹, 해태제과, 동양시멘트 등이 있으며 삼성그룹의 신세계백화점도 그 당시 불하받은 귀속재산이다. 이와 같은 귀속재산이 재벌의 바탕이 되었다.

한국전쟁은 재벌들에게 돈벌이의 기회를 제공하였고 전쟁의 와중에 재벌들은 물자 부족과 물가 앙등을 이용하여 급속히 부를 쌓았다. 박정희 정부는 중화학공업 육성과 수출을 통한 경제 성장을 위하여 미국과 일본 등에서 빌려온 원조자금과 차관을 재벌들에게 엄청난 저금리로 빌려주었고 수출하는 기업에게는 소득세를 절반만 내도록 했다. 또한 박정희 정부는 불황의 조짐이 보이던 1972년에는 8.3조치를 통하여 재벌기업과 사채권자 사이의 채권·채무관계를 모두 무효화하고 새로운 계약으로 대체함으로써 사채시장에서 고리 단기사채를 써 재무구조가 악화되던 재벌기업들의 숨통을 일시에 틔워주었다.

이러한 정부의 특혜와 정경유착 그리고 국민의 희생 속에서 재벌들은 성장하였다. 물론 이병철, 정주영 등 재벌 오너들의 기업가 정신을 무시할 수는 없으나 재벌들의 성장은 엄청난 정부의 특혜와 국민의 희생 위에서 이루어진 것인 만큼 재벌들은 국가와 국민에 상당한 빚을 지고 있는 것이다. 따라서 천민자본주의의 사고로 재벌 2세, 3세들이 자신들의 재산이 마치 자신들의 노력에 의해 일구어진 그들만의 재산인 것처럼 착각하고 국가·사회적 책무를 도외시한다면 마땅히 지탄을 받아야 할 것이다.

우리나라는 일제 강점기와 한국전쟁을 겪으면서 세계에서 가장 경제력이 낙후된 후진국이었으므로 경제 성장 과정에서 자본의 생성과 집중을 위하여 재벌들에게 엄청난 특혜를 주면서 분배의 불공정과 불평등한 성장을 해왔다. 그런데 재벌 2세, 3세들은 자신들이 탄생하게 된 그 역사성을 잊은 채 문어발식 확장과 하청업체에 대한 엄청난 갑질을 일삼으며 부를 축적하고 있다.

우리나라의 1인당 국민소득이 3만 달러를 바라보고 있다고 하나 실제로 가계가 처분할 수 있는 개인총처분가능소득은 국민소득의 55% 정도 밖에 되지 않는다. 가계가 처분할 수 있는 소득이 60~70%에 이르는 선진국에 비하면 우리나라의 국민소득 중에 기업부분이 차지하는 비중이 OECD 국가 내에서도 너무 크고 서민들의 몫은 이보다 훨씬 적다. 재벌 등 소수 부유층들이 가져간 가계소득은 소비에 일부만 사용될 수밖에 없고 나머지 대부분의 돈은 그들의 재산을 늘리거나 토지 등 부동산을 보유하는데 사용될 것이다. 서민들의 몫이 많아져야 소비에 충당되는 돈이 많아지고 소비가 내수시장의 확대로 이어져 건전한 국가경제 성장으로 이어진다.

세계은행은 "불평등한 성장은 소득의 불평등을 더욱 가속화할 따름이다"라고 하였다. 소득의 불평등은 빈부의 격차를 가져오고 신분의 고착화로 인하여 국가경제의 건전한 성장을 가로막는다. 따라서 재벌 등 소수 최상위 부유층에 대한 누진적 증세와 토지제도 개혁 그리고 중소기업에 대한 지원을 통한 일자리 창출로 중산층의 회복과 건전한 시장경제의 활성화로 부익부 빈익빈의 악순환의 고리를 끊고 국가 경제가 새롭게 성장해야할 것이다.

〈2018년 4월 16일 경북일보〉

재벌의 탄생과 독과점규제법 제정

　역사관이란 역사 그 자체가 아니고 역사를 바라보는 각자의 시각이므로 사람마다 역사관이 다를 수 있다. 동시대에 살고 있는 우리들도 동시대에 일어난 사건에 대하여 극히 일부만 보거나 들을 수밖에 없으므로 아주 제한된 범위에서만 사건을 경험할 수밖에 없다. 그래서 역사가들은 많은 사람들의 경험을 파편을 주워 맞추듯이 맞추어 역사를 서술하지만 그조차도 일부에 지나지 않고 역사 그 자체라 할 수 없다. 재벌의 탄생과 그 역사를 보는 시각도 마찬가지라 할 수 있겠으므로 재벌에 대한 다른 시각이 있을 수 있다는 점을 먼저 밝힌다.

　재벌의 탄생은 해방이 되면서 적국敵國인 일본이 남기고 간 재산인 적산敵産으로부터 시작된다. 일본이 패망하면서 남기고 간 적산은 미군정에 귀속되었다가 대한민국 정부가 수립되면서 대한민국에 귀속되어 귀속歸屬재산이라고도 한다. 해방 당시 일본인이 소유하고 있던 적산 내지 귀속재산의 비중은 남한 경제력의 80% 정도로 그 비중이 엄청났다.

이 귀속재산을 미군정과 이승만 정부가 민간인들에게 엄청난 헐값에 불하하였기 때문에 귀속재산을 불하재산이라고도 한다.

그 당시 엄청난 귀속재산을 불하받은 사람들은 대다수 일본인의 집사 내지는 일본인이 경영하던 회사에 다니던 사람, 일제 치하에서 소위 '상회'라는 이름으로 회사를 운영하던 한국 기업인 또는 지주들이었다. 그들 대부분은 일제 치하에서 배고프지 않고 일제와 일본인의 눈치를 보며 그런대로 잘 살았던 사람들이라 보면 된다. 해방 후 그들은 미군정과 이승만 정부에 기대어 약삭빠르게 귀속재산을 헐값으로 불하받아 많은 재산을 소유하게 되었다. 이때 거의 헐값으로 불하받은 귀속재산을 기반으로 재벌이 탄생하게 된 것이다. 귀속재산은 일제가 우리 국민들의 재산을 수탈하여 빼앗은 재산이 상당수다. 귀속재산에는 가난하고 핍박받았던 우리 국민들의 피와 땀과 눈물이 묻어 있는 것이다. 피와 한이 서려 있는 재산이다. 재벌들은 그 피맺힌 재산을 정부로부터 불하받았으니 자기 재산이라고 여기고 멋대로 호의호식하며 살았다.

귀속재산을 불하받아 엄청난 부를 일군 기업들은 한국전쟁을 통하여 돈벌이의 기회를 잡았고 다시 박정희 정부의 전폭적인 지원 속에 재벌이 될 수 있었다. 박정희 정부는 해외 원조자금과 국민들이 피땀으로 모은 세금을 경제발전을 위하여 기업들에게 지원해주었다. 부도 위기에 처한 기업들에게 국민들의 세금을 부어 넣어 살려내고 또다시 달릴 수 있게 하였다. 국민들에게는 다 같이 잘 사는 좋은 날이 있을 것이라 외치면서 그때까지 허리띠를 졸라매자고 요청하였다. 재벌의 재산에는 이렇게 우리 국민들의 피와 땀과 한이 서려 있는 것이다. 그래서 기업인들도 기업보국企業報國으로 이에 보답하고자 했다. 따라서 재벌들의 재산이 그들만의 재산인 것처럼 착각하고 사회적 책무를 도외시한다면 마땅히 지탄을 받아야할 것이다.

한국 자본주의의 총아이자 첨병이었던 재벌은 정경유착의 대명사였고 부조리와 비리도 많았지만 우리나라에서 일군 공도 무시할 수 없다. 우리나라의 많은 국민들이 그 재벌회사에 취직하여 자식 키우고 공부시키고 잘 살게 되었다는 것도 부정할 수 없는 사실이다. 이러한 바탕 위에서 대한민국은 건전한 상식과 재력을 가진 중산층이 두터워지면서 민주주의를 발전시킬 수 있는 토양을 마련하게 된 것이다.

최근 신생 IT 창업기업인 스타트업이 번창하면서 기존의 재벌을 대체하며 우리나라의 경제구조를 변화시키고 있다. 스타트업은 부유하고 기술활용도 높은 인구와 정부의 지원에 힘입어 새롭게 번창하여 신생 재벌로 성장하고 있다. 그런데 미국과 중국 등에서는 스타트업에 대한 규제를 강화하고 있는 반면 우리나라는 스타트업을 지원하고 있다. 이러한 스타트업에 대한 정부 지원은 박정희 정부 때 재벌을 육성하던 각종 특혜성 정책과 유사하다.

문제는 이렇게 정부의 지원 속에 성장한 스타트업이나 플랫폼이 시장에서 독점적 지위를 누리면서 중소 신생 스타트업의 진입이나 성장을 막고, 독점적 지위를 통해 폭리를 취함으로써 그 피해를 고스란히 국민이 받고 있다는 것이다. 특히 코로나19 사태로 인한 사회적 거리두기 현상의 증가로 빅테크 IT기업은 폭발적으로 성장하였고 거대 IT기업은 문어발식 확장을 통하여 독과점으로 인한 엄청난 이득을 챙겨왔다. 따라서 국가의 혁신적 경제발전을 위해서는 청년 기업인들의 창업을 독려하고 지원하는 것만큼이나 거대 빅테크 IT기업의 독점적 지위를 규제하는 독과점규제법을 만들어 공정하고 혁신적인 기업환경이 되도록 하는 정부의 역할이 절실하게 필요하다.

청년 일자리 창출을 해외에서

　우리나라의 청년 세대는 저출산·고령화에 따른 국가경제의 구조적 저성장으로 양질의 일자리 구하기가 쉽지 않다. 청년 세대들이 양질의 일자리를 얻기 위해 국내에서 서로 치열하게 경쟁하게 되면서 삶의 현실이 너무도 팍팍해졌다. 헬조선이라는 유행어가 생기고 청년 세대들이 결혼과 출산을 포기하게 되면서 저출산의 문제는 더욱더 심각해지고 있다. 생산 가능 인구인 청년 인구의 감소는 경제규모의 수축으로 이어져 국가 전체적 생산성을 줄어들게 한다. 지원받아야 할 고령 인구는 많아지고 생산을 담당할 인구는 적어지면 경제는 위축될 수밖에 없다.

　우리나라의 똑똑하고 교육받은 청년 세대들이 부족한 일자리를 놓고 국내에서 서로 죽어라고 치열하게 경쟁할 것이 아니라 이제는 해외로 눈을 돌렸으면 한다. 일본은 우리보다 20년 먼저 저출산·고령화 사회로 접어들었고 잃어버린 30년을 겪었다. 그러나 일본은 현재 오히려 일자리가 넘쳐나서 기업이 구인란을 겪고 있고 우리나라의 청년 등 해외 인력을 받아들여 구인란을 해결하고 있다고 한다. 일본은 기업의 해외 직접투자와 해외 소득의 확대를 일본 경제와 연계시켜 일본 본국으로의 송금을 촉진시키는 한편 해외 거점으로의 소재와 부품 수출의 확대, 일본 내 연구기능의 강화에 주력해왔다. 이것이 아베 정부의 아베노믹스 정책의 핵심이다.

일본 정부는 기업의 해외 거점이 본사로 보내는 송금, 배당 등에 대하여 세율을 인하하는 등 규제 완화와 현지국과의 2중과세 방지를 국가가 적극적으로 추진함으로써 해외에서 일본으로의 투자 이익 송금이 늘어나도록 했다. 일은 기업이 하도록 하고 정부가 한 일은 투자 수익의 국내 송금이 원활히 되도록 규제 완화를 시켜주었다. 해외 거점의 현지화와 동시에 일본 본사는 보다 고도의 소재 및 부품에 투자하는 한편 새로운 부가가치를 창출해 현지 거점과의 분업 고도화에 나섬으로써 인력의 생산성 강화와 양질의 일자리를 청년 세대에게 창출해줄 수 있었다.

우리나라도 일본의 해외투자입국화 정책을 본받아 기업의 해외투자로 국내 산업의 고도화를 통한 질 좋은 일자리를 창출하고 이에 따른 소비 확대로 수출과 내수가 동시 확대되는 경제의 선순환 구조를 만들어야 한다. 기업의 이익이 기업가의 이득으로만 남지 않고 국내 송금이나 배당, 기업가치 상승으로 인한 수익이 가계소득으로 파급될 수 있도록 정부가 제도적 뒷받침을 해야할 것이다. 문재인 정부의 소득주도성장론은 민간부문에서의 일자리 창출이 아니라 세금으로 공공부문에서의 일자리 창출을 하려는 것이다. 그러나 공무원 수를 증가시켜 일자리를 창출하려고 하는 것은 산업현장에 선수 대신에 심판을 늘리고 규제를 강화하겠다는 것이다. 이것은 납세자의 세금 부담 가중뿐만 아니라 다음 세대에게 크나큰 고통을 줄 수 있다. 공무원 일자리의 효율적 배분을 통해 공무원 수를 줄여야 할 판국에 세금을 통해 공무원 수를 늘려 일자리 창출을 하려는 것은 재고해야 할 문제다.

박정희 정부 시절 우리나라에서 7,963명의 광부와 1만1,057명의 간호사가 독일로 떠났다. 청년 세대의 일자리 확보가 필요했던 우리나라와 해외로부터 인력 수급이 절실했던 독일의 이해관계가 맞아떨어진 경제협력이었다. 광부와 간호사의 파독 역사는 눈물겨운 것이었으나 일자리가 부족하고 농촌 인구의 유입으로 실업률이 급증했던 우리나라에서 정부가 국책사업으로 체계적으로 젊은이들을 해외에 취업시킨 사례다. 파독 광부와 간호사들의 육체적인 노동은 엄청나게 힘든 일이었으나 파독 광부의 급여는 한 달에 10만원 상당이나 되었다. 그 당시 우리나라의 5급 공무원 월급이 약 1만원이었던 것에 비하면 엄청난 급여였다. 정부의 체계적이고 적극적인 국책사업 마련으로 청년 일자리 창출과 파독 광부와 간호사들이 급여의 상당 부분을 국내로 송금할 수 있게 됨으로써 우리나라 경제 발전의 밑거름이 되었다.

청년 일자리가 부족한 우리나라는 이제 국가차원에서 해외 원조와 기업의 투자를 연계시켜 해외 투자를 해야할 필요가 있다. 해외 원조 강화와 새마을운동 경험의 전파는 외국이 우리 기업에 대하여 친근감을 갖도록 한다. 해외 거점의 현지화와 동시에 국내 본사에서는 고도의 소재 및 부품에 투자하여 인력의 생산성 강화 및 양질의 일자리 창출이 이루어질 수 있도록 해야한다. 또한 우리 청년들이 해외에 나가서 일할 수 있는 동기부여를 위해 충분한 급여와 인센티브가 주어지도록 정부가 앞장서 주선해야할 것이다.

기업과 청년들이 해외 현지에서 사업을 일으키고 정착하여 해외 소득을 국내에 송금할 수 있도록 세율을 인하하는 등 규제 완화와 현지국과의 2중과세 방지를 국가가 체계적으로 추진해야한다. 청년 세대들이 일자리가 부족한 국내에서 서로 경쟁하면서 체력을 소비할 것이 아니라 해외에서 일할 기회를 찾고 해외로 뻗어나갈 수 있도록 정부가 체계적으로 방안을 마련했으면 하는 바람이다.

〈2018년 11월 27일 경북일보〉

안 보

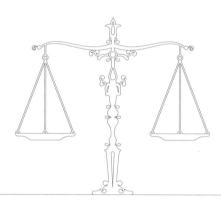

콘스탄티노플 함락의 교훈

북한의 핵과 대륙간탄도미사일(ICBM)의 개발, 이로 인한 미국의 북한에 대한 선제타격 위협으로 인하여 촉발된 한반도의 전쟁 위기가 평창올림픽을 계기로 남북 및 북미 정상회담의 개최가 예정되면서 일단 일시 진정되는 형국이다. 한반도에서의 전쟁은 우리 국민들의 많은 살상을 가져올 수 있고 중국의 참전과 함께 국제전으로 비화되어 제3차 대전으로도 발전될 수 있어 한반도에서의 전쟁은 가능한 한 막아야 하는 것이 우리들 및 우리들 가족의 행복 그리고 한반도의 안녕과 세계의 평화를 위해 무엇보다 바람직한 일이다.

로마인 이야기로 유명한 시오노 나나미의 저서 중 콘스탄티노플 함락을 그린 책이 있다. 로마에서 콘스탄티노플로 천도 이후 천년을 이어온 비잔틴 제국이 1453년 오스만 투르크의 술탄인 메메트 2세에 의하여 멸망되는 모습을 그린 책이다. 이 책의 핵심 내용은 '국가의 적은 안팎에 있다. 적으로부터 국가를 보호해주는 것은 준비를 게을리하지 않는 방위력과 상대 국가들과의 우호관계다'라는 것이다.

비잔틴 제국은 천년을 이어오는 동안 영토를 하나둘씩 빼앗기고 마지막에는 수도 콘스탄티노플 주변과 펠레폰네소스 반도의 영토 일부만 남게 되었다. 오스만 투르크에 의하여 수도 콘스탄티노플 주변이 둘러쌓인 가운데 비잔틴 제국은 자력으로 국토를 방위할 힘을 상실한 채 투르크에 대하여 막대한 선물과 평화 구걸로 투르크의 침략을 막으려고 하였다. 서구 기독교 국가들에 대하여는 이슬람 국가인 투르크의 침략으로부터 기독교 국가인 비잔틴 제국을 보호해달라고 하며 군대의 파병과 군사적 원조를 요청하였다.

그러나 스스로 지킬 수 있는 자주국방력을 상실한 비잔틴 제국에 대하여 서구 기독교 국가들은 형식적인 체면치레만 하였을 뿐 군대 파병과 군사적 협조를 제대로 해주지 않았다. 설상가상으로 비잔틴 제국의 내부는 가톨릭과 그리스 정교의 합동에 대한 찬반의견으로 내부가 분열하여 일치단결하여 국난을 극복할 자세도 갖추지 못하였다. 결국 수도 콘스탄티노플은 대포를 앞세운 투르크군의 침공을 견디지 못하고 함락되어 투르크군의 살상과 강간, 방화로 인하여 지옥의 아수라장이 되었고 살아남은 콘스탄티노플 시민들은 대다수 포로가 되어 노예로 팔려나갔다.

콘스탄티노플이 함락되고 난 후 이탈리아의 해상국가 베네치아 공화국은 투르크로부터 에게해의 제해권을 지키기 위하여 한편으로는 투르크에 맞서 에게해에서의 전쟁도 불사하겠다는 의지로 군비를 증강하고 군사훈련을 강화하는 동시에 투르크의 술탄 메메트 2세를 설득하고 평화 협상에도 전력을 기울였다. 그리고 베네치아 공화국은 일부 콘스탄티노플 전쟁에 참전했다가 전사하거나 포로가 된 군인들의 유가족에게 잊지 않고 그 보상을 아낌없이 해주었다.

콘스탄티노플 함락과 그 후 베네치아 공화국이 행한 행동은 우리에게 시사하는 바가 크다. 우리가 자주국방의 방위력은 제대로 키우지 않은 채 동맹국인 미국이 우리를 무조건 도와줄 것이라고만 믿고 동맹에만 의지하려고 해서는 안될 것이다. 통일 이후까지를 내다보는 자주국방력의 강화와 한미동맹의 굳건한 기반 위에 전쟁도 불사한다는 각오로 북한에 대하여 압박을 가함과 동시에 북한과의 대화와 평화 협상의 고리를 놓지 않고 끊임없이 접촉하는 인내심이 필요하다.

남북, 북미 회담을 이어 남북한, 그리고 미국과 중국 등 주변 강국이 참석하여 다자간 안보협정 체결과 이에 따른 비핵화의 과정에서 북한에 대한 경제지원과 투자는 현금이 아닌 현물지원과 사회기반시설에 대한 개발 투자 등으로 남북한 상호 일자리를 창출하고 북한과의 경제협력으로 북한을 개혁, 개방으로 나오도록 하여야 한다. 그리고 한반도 평화와 통일이 궁극적으로 미국과 중국의 핵심 안보이익에 부합한다는 것을 미국과 중국을 상대로 끈질기게 설득하고 일본, 러시아 등 주변 강국들과도 원활한 우호관계를 형성하여야 할 것이다.

〈2018년 4월 9일 경북일보〉

1392년, 1592년
그리고 1892년

　서기 1392년 조선이 건국되었다. 왜구와의 여러 전투에서 승리해 고려 말 정계의 주요 인물로 떠오른 이성계는 권문세족들의 대토지 소유와 횡포를 지켜보면서 이를 개혁하고자 했던 정도전, 조준, 남은 등 신진사대부들과 손을 잡고 조선을 개국하였다. 조선은 신흥국 명나라와의 충돌을 피하기 위해 겉으로는 제후국처럼 왕을 칭하였으나 내부적으로는 황제가 사용하는 태조, 태종이라는 묘호를 사용함으로써 조선이 독립국임을 표방하였다. 명나라와 조공형식의 무역을 행하였으나 이는 명에 대한 굴복이라기보다는 명의 선진 문물을 흡수하려는 문화외교의 일환이었다. 조선의 설계자 정도전은 요동정벌을 계획하여 명나라 태조 주원장과 갈등을 빚기도 하였다.

　정도전은 토지제도를 개혁하여 전국의 토지를 무상으로 몰수하여 국가에 귀속시킨 뒤 인구수에 따라 토지를 농민에게 분배하는 농지개혁을 건의하기도 하였다. 정도전의 주장은 너무 혁신적이어서 그대로 실시되지는 못하였으나 조선은 나중에 과전법을 시행함으로써 호족의 토지 겸병을 막고 자작농을 확충하였다. 세금을 내는 자작농이 확대됨으로써 국가의 재정을 튼튼하게 하였고 농민들을 이전보다 살찌게 하였다. 조선 건국세력들의 개혁정책이 조선을 부국강병의 독립국으로 시작하게 한 것이다.

서기 1592년 일본의 전국시대를 통일한 도요토미 히데요시의 왜군이 정명가도征明假道를 내걸고 조선을 침공하였다. 유럽에서 전래된 신무기 조총으로 무장한 17만 명의 왜군은 그당시 세계적인 군사력이었다. 16~17세기 유럽은 130년간 지속된 종교전쟁으로 혼돈의 시대였는데 그당시 한 국가가 동원할 수 있는 군사력은 3만 내지 5만에 지나지 않았다. 조선은 건국한 지 200년이 되면서 사화와 당쟁으로 피폐해졌다. 일본의 침략에 제대로 방어도 못한 채 조선의 왕 선조는 단기간에 수도 한양을 버리고 의주로 피신하였다. 조선의 원병 요청을 받은 명나라는 10만 대군으로 참전하였다. 조명 연합군과 왜군 사이의 전쟁은 동아시아에서 일어난 세계대전급 대전쟁이었다.

1597년 도요토미 히데요시가 사망하면서 왜군은 조선에서 철수하였다. 히데요시 사후 일본은 히데요시의 아들을 지지하는 서군과 도쿠가와 이에야스를 지지하는 동군으로 갈라져 일본의 패권을 건 세키가하라 전투가 벌어졌다. 이 전투에서 도쿠가와 이에야스의 동군이 승리함으로써 도쿠가와 막부체제가 시작되었다. 임진왜란을 전후하여 명이 쇠퇴하면서 힘의 공백이 생기자 만주에서는 누르하치가 이끄는 만주족이 흥기하여 후금을 건국하였다. 1619년 10만명의 조선과 명나라 연합군이 후금을 공격하자 누르하치는 사르후 전투에서 날쌘 기병을 앞세워 조명 연합군을 대패시켰다. 누르하치의 아들 홍타이지는 국호를 청으로 바꾸고 1636년 조선을 침공하였다. 남한산성으로 도망간 인조와 신하들은 입으로만 결사 항전을 외치다가 삼전도의 굴욕으로 청의 반식민지 속국이 되었다. 조선을 복속시킨 청은 명의 수도 북경에서 일어난 이자성의 난을 진압하고 한족의 중국을 식민지화하였다.

서기 1892년도 임진년이다. 이 해는 조선 건국 500주년이고 고종 즉위 30년이 되는 해여서 궁중에서 성대한 잔치가 벌어졌다. 쓰러져가는 조선의 마지막 만찬인 셈이었다. 이 해에 전봉준이 접주로 있던 전라도 고부군에 조병갑이 군수로 부임하였고 조병갑의 학정에 동학혁명의 싹이 발아하였다. 그때로부터 10여 년은 조선이 힘을 기르고 개혁을 할 수 있는 마지막 기회였다. 그러나 어리석고 이기적인 고종은 청과 일본에 요청하여 자신의 백성들인 동학농민군을 진압하도록 하였고, 자주독립의 입헌군주정을 요청하는 독립협회와 만민공동회를 군대를 동원하여 해산시켰다. 이로써 조선은 개혁되지 못하였고 메이지유신으로 근대화한 일본의 식민지가 되었다.

조선의 선조, 인조, 고종은 무능하고 이기적인 군주들로서 조선을 전란에 휩싸이게 하고 백성들을 도탄에 빠뜨렸으며 외세에 의해 나라를 빼앗기게 하였다. 지도자가 통찰력을 가지지 못하고 국가를 개혁하려는 의지가 부족하며 자신의 지위와 권력만 보존하려고 할 때 국민은 엄청난 희생을 강요당하여야 했다. 역사는 되풀이 된다. 국민의 수준이 그 나라의 미래를 결정하고 그 수준에 맞는 지도자를 뽑게 된다. 모든 권력의 근원인 국민들이 먼저 밝아야 하는 이유다.

〈2022년 8월 22일 영남일보〉

정의로운 국가는 나라를 위해
희생한 영웅을 잊지 않는다

    우크라이나 국회는 2022년 1월 1일 러시아의 침공 위협이 가시화되자 러시아 침공 이후를 대비한 속칭 레지스탕스법인 '국민저항법'을 통과시켰다. 러시아군의 대규모 침공으로 정부나 군대가 기능을 잃으면 국민이 조국 보호에 참가한다는 내용이다. 군인이 아닌 민간인도 법적으로 민병대를 조직하여 싸울 수 있도록 한 것이다. 볼로디미르 젤렌스키 우크라이나 대통령은 국민저항법 발효 직후 "우크라이나는 스스로를 방어할 것이라는 강력한 메시지"라고 밝혔다. 2022년 2월 24일 군사대국 러시아가 17만 대군으로 우크라이나를 침공하였고 우크라이나가 결사항전하면서 돈바스 지역으로 전투가 집중되어 러·우전쟁이 장기전으로 변모하였다.

    레지스탕스는 프랑스어로 '저항'이라는 뜻으로 넓은 의미로는 점령군에 대한 시민들의 저항행위를 말하고 좁은 의미로는 제2차 세계대전 당시 나치 독일에 대한 프랑스 시민들의 저항운동을 말한다. 프랑스 레지스탕스 구성원들은 대체로 프랑스 내 공산주의자들이 다수를 차지하였는데 독일 등 추축국이 전쟁에서 수세에 몰리고 독일 점령당국의 통치가 가혹해짐에 따라 점차 세력이 확대되었다. 1944년 무렵 나치독일의 패배와 미국 등 연합군의 프랑스 상륙이 임박해지자 저항운동은 폭발적으로 늘어났다. 노르망디 상륙작전이 시작되자 레지스탕스 조직들은 독일군 후방 교란 및 정보 제공, 향도 임무 등을 수행하여 연합군의 프랑스 해방에 기여하였다.

우크라이나는 1991년 소련이 무너지고 독립하였으나 정치지도자들이 친러시아파와 친유럽파로 분열되고 무능하였으며 공무원들은 극도로 부패하였다. 국민들은 뇌물을 주지 않으면 관공서의 어떤 허가도 받을 수가 없는 지경이었다. 대한민국보다 6배나 넓은 땅덩어리에 5천만 명에 가까운 인구가 살고 있으면서 스스로 지킬 국방력조차 갖추지 못하였다. 기성 정치인들에 대하여 심한 염증을 느낀 우크라이나 국민들은 코미디언 출신의 젤렌스키를 70%에 달하는 지지율로 대통령으로 당선시켰다. 우크라이나가 '국민저항법'을 통과시켰고 그후 러시아가 침공하였으나 젤렌스키 대통령은 수도 키이우를 떠나지 않고 불굴의 의지로 지킴으로써 강한 인상을 남겼다.

국가가 위난을 당하였을 때 국민들의 자발적인 저항운동을 불러일으키기 위해서는 정치지도자들부터 정의로워야 하며 먼저 솔선수범하여 희생하는 노블레스 오블리주 정신이 있어야 한다. 그리고 나라를 지키기 위하여 희생한 국민들에게는 그에 합당한 예우를 해주어야 하고 그들을 잊지 않고 기억하여야 한다. 나라를 위해 희생한 영웅들을 기억하지 못하고 그들을 기리지 못하는 국가는 그만한 대가를 반드시 치르게 된다.

전쟁에는 결정적 전환점이 있다. 전세가 획기적으로 뒤집어지는 시점을 말한다. 2차대전 유럽전선에서는 대규모 병력으로 소련을 침공한 나치 독일을 대패시킨 스탈린그라드 전투, 아시아 태평양전선에서는 일본의 항공모함들을 대거 격침시키고 승리를 거둔 미국의 미드웨이 해전을 말한다. 한국전쟁에서는 맥아더 장군의 인천상륙작전을 말하고 임진왜란에서는 명나라가 서양대포를 앞세워 왜군을 격파한 평양성 전투를 말한다. 그런데 연합군이 최종 승리한 2차대전과 달리 한국전쟁에서는 중공군의 대규모 참전으로 유엔군이 장전호 전투에서 패배하였고, 임진왜란에서는 명나라가 벽제관 전투에서 왜군에 대패하여 결정적 승리를 이루지 못하고 휴전에 이르게 되었다.

임진왜란 당시 전세의 결정적 전환점이 된 것은 명나라군의 참전인 것은 맞지만 조선이 왜군을 물리칠 수 있었던 결정적 원인은 왜군의 보급로 차단이라고 보는게 옳다. 왜군은 조선을 침략하면서 수륙병진 전략을 썼다. 조선은 산이 많아 육로로 보급물자를 수송하는 것이 까다로워 해로를 이용하여 보급물자와 군사를 수송하고자 하였다. 그러나 해로를 통한 보급은 남해의 제해권을 장악한 이순신 장군에 의해 번번이 막히게 된다. 그래서 왜군은 힘들어도 육로를 통한 보급을 선택할 수밖에 없었다. 그런데 육로를 통한 보급도 산이 많은 조선의 지형을 이용한 의병들의 게릴라 전법에 의해 왜군은 상당한 애를 먹게 되었다. 임진왜란 당시 의병은 조선판 레지스탕스 민병대나 마찬가지였다. 의병은 조선땅에서 왜군을 몰아내는데 있어서 적지 않은 역할을 한 것이다.

임진왜란이 끝날 무렵 조선 조정에서는 논공행상이 있었는데 당시 신하들은 임진왜란에서 승리하게 된 것은 명나라 때문이라고 보았다. 왜군을 물리치고 나라를 회복한 공로는 모두 선조가 명나라에 지성으로 엎드려 사대한 결과 명나라에서 구원병을 보내주었기 때문에 이길 수 있었다는 것이다. 왜군이 쳐들어오자 한양과 백성을 버리고 도망한 선조가 조선을 구한 최고 공로자라는 것이다. 임진왜란을 통하여 공신의 반열에 오른 사람은 총 189명이다. 이 중에서 목숨을 걸고 싸운 군인들에게 주는 '선무공신'은 18명에 불과하다. 공신의 10% 밖에 되지 않는 것이다. 이마저도 선무공신은 모두 녹봉을 받는 직업군인들이었다. 선무공신 1등은 이순신, 권율, 원균이었다. 선조는 자신의 명령에 따라 칠천량 전투에 나아갔다가 조선 수군과 전함을 모두 잃고 참패한 원균에게 미안함을 느꼈는지 원균을 1등 공신 반열에 올려놓았다.

이에 비하여 날이 새면 당쟁으로 허송세월을 보내다가 왜군이 쳐들어오자 선조를 따라 의주로 같이 도망간 신하들은 '호성공신'으로 이름을 올렸는데 이들은 무려 86명이나 선정되었다. 호성공신 86명 중에는 내시도 24명이 포함되었다. 그런데 문제는 왜군에 맞서 자발적으로 일어나 목숨을 걸고 싸운 곽재우 장군을 비롯한 의병들과 승병들은 단 1명도 공신의 반열에 오르지 못하였다는 것이다. 임금을 따라 도망가거나 임금 곁에서 수발이나 하던 사람들은 공신으로 선정되었으면서 나라를 위해 목숨을 걸고 전투에 참가하여 희생한 의병들에게는 그에 합당한 예우를 해주지도 않았고 그들을 기억하지도 않았다. 임진왜란이라는 국난 앞에서 나라를 위하여 일어난 의병들이 국가로부터 어떠한 대우를 받기 위해 왜군과 싸운 것은 아니지만 나라를 위해 희생한 영웅들을 국가가 기억해주고 기리지 않는다면 누가 나라를 위해 목숨을 걸고 싸우겠는가?

이러한 조선 조정의 잘못된 논공행상은 그로부터 30여 년 후인 1636년 청나라가 침범한 병자호란에서 대가를 치르게 된다. 병자호란 당시에도 의병은 조직되었다. 그러나 청나라군을 피해 남한산성에 갇힌 인조 임금과 조정 신료들을 구원하기 위하여 조선 팔도의 어느 관군도 의병들도 남한산성에 나타나지 않았다. 남한산성을 포위한 청나라 군사들을 뒤에서 게릴라전법으로 교란시키고 보급로를 차단하였다면 청나라 군사들이 고전을 면치 못하였을 것이다. 청나라군에 포위된 날이 길어지면서 조선 조정은 더 이상 견디지 못하고 항복하여 인조는 삼전도에서 청 태종에게 3번 무릎을 꿇고 9번 머리를 조아리는 삼궤구고두례의 치욕을 맛보아야 했고 조선은 청나라의 반식민지가 되었다. 나라를 위해 희생한 진정한 영웅들을 예우하지도 기억하지도 않고 오직 명나라에 사대하고 입으로만 결사항전을 외친 정의롭지 않은 나라 조선이 겪어야 할 인과응보의 당연한 귀결이었다.

〈2022년 5월 22일 매일신문〉

병력자원의 다양화

러시아군이 전차와 장갑차를 앞세우고 우크라이나를 침공하였고 각종 미사일 발사로 우크라이나 전 국토가 유린당하였으나 우크라이나 국민의 결사항전으로 수도 키이우에서는 한 달 만에 러시아군이 철수하였고 우크라이나 동남부 돈바스 지역에 양국의 대규모 전투가 집중되고 있다. 우크라이나는 미국이 제공해준 하이마스 등 최첨단 무기와 드론(무인기)을 앞세워 돈바스 지역과 헤르손 지역 일부를 탈환하기도 하였다. 스스로를 지킬 수 있는 자주 국방력을 제대로 갖추지 못하였던 우크라이나는 젤렌스키 대통령이 미국을 비롯한 서방세계에 더 많은 군사적 도움을 적극 호소하고 있다.

서기 1453년 천년을 이어온 비잔틴 제국이 오스만 투르크에 의하여 멸망하였다. 비잔틴 제국은 서구의 기독교 국가들에게 군사적 도움을 요청하였으나 교황을 비롯한 유럽 국가들의 지원을 이끌어내지 못했다. 스스로 지키는 자주국방력을 갖추지 못한 나라는 냉엄한 국제정세 속에서 살아남기 어렵다. 비잔틴 제국을 멸망시킨 오스만 투르크의 정예군대는 예니체리 군대이다. 이슬람교를 믿는 투르크 제국은 정복한 기독교국가의 가정에서 사내아이들을 징집하여 예니체리 군대의 병력으로 충원했다. 이들은 이슬람교로 개종하여 터키어를 배우면서 각종 훈련과 교육을 받았다. 술탄을 아버지로 섬기며 예니체리 군대에 입대한 후 결혼하지 않고 살면서 술탄의 정복사업에 앞장섰다.

저출산으로 인한 인구절벽으로 우리나라의 병력자원이 부족해지고 있다. 제20대 대선 후보들이 출산율을 제고하기 위해 많은 정책들을 발표하였으나 출산율을 끌어올릴 획기적 정책은 제대로 없었다. 제20대 대통령에 당선된 윤석열 정부가 기적적으로 출산율을 제고하기 위한 정책이 있어서 효과를 보게 된다고 가정하더라도 앞으로 태어날 신생아들이 성장하여 병력자원으로 충원되기 위해서는 20~30년의 세월이 지난 후에나 가능한 일이다. 지난해 말 기준으로 우리 육군은 42만 명, 북한 지상군은 110만 명이라고 한다. 문제는 2030년대 말 이후에는 이미 급격하게 떨어진 출산율로 인한 인구절벽으로 병력 부족의 태풍이 쓰나미로 밀려온다는 것이다.

병력 부족을 첨단무기 등으로 보완하는 기술 집약형 군대로 탈바꿈하기 위해 인공지능, 드론, 로봇 등 4차산업혁명 기술을 적극 도입하자는 데에는 정치권이 한 목소리를 내고 있다. 그런데 현대전에서 첨단무기의 비중이 커진 것은 사실이지만 지상전의 경우에는 병력의 수를 무시할 수 없다. 한국전쟁 당시 첨단무기에서 훨씬 앞섰던 유엔군이 인해전술로 물밀듯이 밀려오는 중공군 앞에서는 속수무책이었다. 베트남전, 이라크전과 아프가니스탄전에서도 최첨단 무기로 무장한 미군이 결국 패퇴한 것에서도 이를 잘 알 수 있다.

그밖에 인구절벽에 따른 병력 부족 대책으로 부사관 등 간부비율 확대, 예비군 대폭 강화, 여성에 대한 징병제 도입 등이 제시되고 있다. 참고할 만하다. 다만 예비군의 경우 관련 예산의 대폭 강화가 우선적으로 실현되어야 하는데 현재 예비군 관련 예산은 전체 국방예산의 0.4%에 지나지 않는다고 한다. 그 예비군마저도 현재 275만 명 수준에서 병력 감축에 따라 2040년엔 100만명 초반 수준으로 크게 줄어들 예정이라 한다.

역사상 세계 최강의 군대에서 자국민만으로 병력을 보충한 경우는 거의 없다. 오스만 투르크의 예니체리 군대뿐만 아니라 청나라의 팔기군의 경우에도 만주족으로 구성된 만주팔기 외에 몽골팔기, 한족팔기가 있었고 심지어 광해군 때 사르후 전투에서 항복한 강홍립의 조선군사와 이괄의 잔당으로 구성된 조선팔기도 있었다. 우리나라도 인구절벽에 따른 병력 부족 대책으로 외국인을 일정 심사에 따라 선발한 후 입대시켜 병력자원으로 충원할 필요가 있다. 특히 한국에 유학 온 외국 청년들이 군 복무를 통하여 한국에 정착할 수 있도록 세심한 정책의 뒷받침이 필요하다.

외국인 출신으로 구성된 부대를 따로 편성하고 군 복무기간 그들에게 한국어와 한국의 역사, 문화 등을 가르친다. 제대 후 국내기업에 취직하거나 창업하여 한국사회에 적응할 수 있도록 군 복무 중 최첨단 IT 기술 등 4차 산업혁명에 맞는 교육과 훈련을 시킨다. 이들이 국방의 의무를 완수하면 영주권을 부여하고 나아가 장교나 부사관으로 일정기간 더 근무하게 되면 한국 국적을 부여한다. 이렇게 함으로써 인구절벽에 따른 병력 부족 문제를 해소할 수 있고 저출산 문제를 해결하는 생산인구 증가책도 될 수 있다.

역사에 있어서 순혈주의만을 강조하는 것만큼 어리석은 일이 없다. 가장 우수한 병사만으로 뽑은 군대가 이긴 적은 없다. 한비자는 '태산은 흙과 돌의 좋고 나쁨을 가리지 않고 다 받아들였기 때문에 그 높음을 이룬 것이다'라고 말했다. 병력자원의 다양성이 강한 군대를 만든다.

〈2022년 12월 19일 매일신문〉

우리나라의 핵무기 개발

우크라이나에 인접해 있어 '준 전시상태'인 폴란드가 우리나라로부터 최첨단 무기를 대량으로 구매하는 계약을 체결하였다. 폴란드는 2030년까지 우리나라의 K-2 흑표전차, K-9 자주곡사포, FA-50 경전투기 등 약 20조원에 육박하는 규모의 최첨단무기를 구매하기로 하였다. 폴란드에 대한 대량의 방산무기 수출로 우리나라는 K-2, K-9, FA-50의 대당 단가와 유지비가 하락하게 됨으로써 최첨단 무기의 개발역량이 한층 강화될 수 있게 되었다.

박근혜 정부의 대표적 치적이 공적연금개혁이라면 문재인 정부의 대표적 치적은 군사장비의 현대화라고 할 수 있다. 문재인 정부 5년은 80년대 운동권적 인식, 경직된 이념주의, 비현실적 아마추어 좌파 이상주의에 빠져 현실을 직시하지 못함으로써 여러 정책에서 실패를 하였다. 공적연금개혁, 저출산문제 등에 제대로 대처하지 못하였고 잘못된 부동산정책, 소득주도성장정책 등으로 청년들과 서민들의 삶을 더 어렵게 만들었다. 그러나 문재인 정부는 노무현 정부로부터 시작된 미국으로부터의 전시작전권 환수를 위하여 자주국방에 힘을 기울였다. 국방비를 대폭 늘리고 최첨단 무기 개발에 힘써 매진하였다. KF-21 스텔스기, 현무 미사일 등 최첨단 무기 개발은 우리 군의 자주국방력을 강화시킬 뿐 아니라 최첨단 무기의 해외수출로 미래세대에 새로운 먹거리를 제공하고 경제 성장의 견인차 역할을 할 수 있게 하였다.

대만해협을 둘러싼 동아시아의 군사적 긴장 속에 문재인 전 대통령은 경형함공모함 추진에 상당한 애정을 보였으나 윤석열 정부 들어 경항모 예산이 전액 삭감되어 사업 자체가 좌초될 위기에 처한 상황이다. 그런데 김승겸 합참의장이 최근 국회에서 국산 전투기 'KF-21(보라매)'를 항공모함에서 운용할 수 있도록 개량하는 방안을 검토하고 있다고 발표하였다. 경항모보다 큰 중형항모가 우리에게 필요하다는 의미로 받아들일 수 있다. 항모탑재 국산 함재기를 개발하여 중형항모에 탑재하게 되면 중형항모에 드는 비용이 미국산 함재기를 탑재하는 경항모에 드는 비용보다 많이 줄어들게 된다.

북한은 제7차 핵실험을 앞두고 연일 미사일을 동해상으로 발사하고 있다. 북한은 핵미사일 등 비대칭 전력의 강화에 올인하고 있는 것이다. 균형이 맞지 않는 평화는 올바른 평화가 아니다. 북한에 핵무기가 있다면 우리도 핵무기를 맞대응해서 쏠 수 있는 능력이나 상황을 만드는 것이 중요하다. 이를 위하여 우리는 첫째, 지하 100미터 이하 김정은 벙커를 한방에 파괴시킬 수 있는 전술핵무기급 괴물 미사일 '현무-5' 미사일을 신속하게 양산하여 실전 배치시켜야 하고 더 위력 있는 '현무-6' 미사일 개발에 매진해야 한다. 둘째, 북한이 제7차 핵실험을 강행하여 핵무력을 완성하기 전에 우리도 이제 핵무기 개발을 시작해야 할 것이다. 최소한 즉시 전력화할 수 있는 핵잠재력을 가지기 위하여 한미원자력협정을 고쳐 일본처럼 핵물질 재처리권한을 확보해야 하고 핵추진잠수함을 도입해야 한다. 우리의 핵무기 개발에 가장 반대할 나라는 미국이나 유럽보다는 중국이다. 중국이 우리에게 핵무기 개발 중단을 요구한다면 우리는 중국에게 먼저 북한의 비핵화를 요구해야 할 것이다.

셋째, 북한의 핵미사일 발사를 사이버-전자전으로 핵발사 전에 교란·마비, 무력화시키는 기술개발에 박차를 가해야 할 것이다. 이는 핵미사일 발사 원점을 파괴하는 대신 무력화시킴으로써 인명살상을 가져오지 않고 목적을 달성할 수 있다. 다만 이는 우리의 사이버-전자전 역량을 최대한 끌어올려야 가능할 것이다. 민간과 협력하여 사이버-전자전 능력 개발에 최대한 집중하고 군내 해킹전사를 대량으로 교육, 양성시켜야 할 것이다. 사이버-전자전을 담당할 사이버-전자사령부에는 정상인들보다 사이버전에 집중도와 몰입도가 뛰어난 장애인들을 대거 해킹전사로 고용할 필요가 있다. 이는 우리의 사이버-전자전 능력을 향상시킬 뿐만 아니라 장애인들에게 국방의 의무를 담당한다는 자긍심을 심어주고 양질의 일자리를 제공하는 일거양득의 효과가 있는 것이다.

〈2023년 7월 31일 매일신문〉

북한의 사이버전
및 하이브리드 전쟁에 대한 대비

　푸틴의 러시아가 2022년 2월 24일 우크라이나에 대한 전면적 침공을 가하기 전인 2022년 1월 13일 밤 대규모 해킹 공격으로 우크라이나 외교부, 재무부 등 7개 부처와 국가공급서비스 같은 주요 홈페이지를 마비시켰다. 우크라이나의 전자여권, 백신증명서 같은 각종 개인 정보가 유출되었다. 러시아가 군사공격에 앞서 사이버전으로 사회 혼란을 부추겨 전의를 상실케 하는 '하이브리드 전쟁'의 전형을 보여주었다. 사이버전이란 인터넷을 비롯한 사이버 공간에서 컴퓨터 기술을 사용하여 일어나는 전쟁을 말하고 하이브리드 전쟁이란 정규전과 비정규전 그리고 사이버전이 결합된 새로운 형태의 전쟁을 말한다. 사이버전의 경우 상대국의 인터넷망을 교란, 마비시키는 사이버 공격, 해킹을 통한 정보 탈취 못지않게 거짓 정보 유포 등을 통한 정치선동 및 심리전이 중요해지고 있다. 사이버전은 과학기술의 발달과 미디어 접근성의 확대, 인터넷과 금융시스템 등을 통한 전 세계의 연결성 강화에 힘입어 더 빠른 속도로 확산되고 있다.

최근 잇따라 미사일 도발을 감행하고 있는 북한은 러시아, 중국에 이어 세계 최고 수준의 사이버 전력을 갖춘 것으로 평가받고 있다. 모든 사물을 인터넷으로 연결하는 사물인터넷과 무인자동차, 메타버스 등 사람들의 일상이 빠르게 디지털로 전환되는 가운데 해킹 위협 역시 급속도로 커지고 있다. 해킹에 의하여 지구 반대편에서 달리고 있는 자동차도 조작하여 멈추게 할 수 있을 만큼 해킹의 위협은 현실적으로 심각하게 대두되고 있다. 사이버전 위협은 핵위협만큼이나 현대전에서 두려운 것이다. 북한은 대남 공작의 총본산인 정찰총국 산하에 모두 7,000여 명의 해커를 양성하여 사이버전 공격에 역량을 집중하고 있다.

반면에 우리 군 당국이 사이버전에 대비하여 집중 훈련시킨 전문 인력이 군을 떠나고 있다고 한다. 대학과 연계한 '사이버전문사관'제도를 통해 전액 장학금까지 주면서 장교들을 길러냈지만 정작 이들은 장기복무는 외면하고 군에 남겠다는 인원은 고작 7%에 불과하다고 한다. 북한과 비교하여 우리 군이 보유한 사이버전 인력은 턱없이 부족한 실정이다. 북한의 사이버전 전담인력이 7,000여 명 규모인데 반하여 우리 군의 사이버작전사령부 정원은 1,000여 명 정도로 북한이 우리보다 7배나 많다. 우리는 이마저도 절반 이상이 초급 수준이어서 실제 작전에 투입되기에는 능력이 한참 떨어진다. 이에 반하여 북한은 고도의 집중적인 교육을 통하여 최고 수준의 해커 전사들을 양성해왔다. 만일의 경우 북한과의 교전이 일어난다면 북한의 막강한 해커전사들은 우리의 국가 시스템을 한순간에 마비시키고 우리의 최첨단 군사장비조차 무용지물로 만들 수 있다.

실제로 북한의 하이브리드 전쟁의 목표는 핵을 장착한 대륙간탄도미사일(ICBM)의 완성으로 미국이 더 이상 한반도에 개입할 수 없도록 저지시키고 우리의 인터넷망을 교란, 마비시켜 우리의 정보기관을 무력화시키며 사이버 심리전을 통해 대한민국을 혼란에 빠뜨려 우리의 최신식 재래식 무기를 쓸모없게 만드는 것일 수 있다. 북한은 핵미사일 강화와 사이버 해킹 전사 양성이라는 두 개의 비대칭 전력의 완성을 통하여 우리의 대항 의지조차 완전히 꺾어놓을 수 있다. 따라서 우리는 북한의 사이버 공격의 위험성을 절실하게 인식하고 국가와 국민을 보호할 수 있는 조치를 복합적으로 강구할 필요가 있는 것이다.

　북한의 핵미사일과 해커전사라는 비대칭 전력에 대응하여 우리도 이에 상응하는 비대칭 전력을 확보하는 것이 중요하다. 우크라이나는 1991년 독립할 때 영토 안에 1,400개 가량의 핵탄두가 있었으나 1994년 핵무기를 포기하면서 그 대가로 미국, 러시아에서 경제 원조와 불침 약속의 각서를 받았으나 그 각서는 휴지조각일 뿐이었다. 우크라이나가 핵무기를 포기하지 않았다면 러시아가 쉽게 우크라이나를 침략할 수 없었을 것이다. 러시아와 우크라이나 전쟁을 지켜보면서 북한은 절대로 핵을 포기하지 않을 것이다. 북한이 절대로 핵을 포기하지 않는다면 우리도 북한의 핵미사일이라는 비대칭 전력에 대응하여 이에 상응하는 비대칭 전력을 확보하는 것이 중요하지 않을까. 마찬가지로 북한의 막강한 해커전사라는 비대칭 전력에 대응하여 우리도 이에 상응하는 비대칭 전력을 확보해야 할 것이다.

　우리는 징병제 하의 50만 명의 군인 중 최소한 10만 명에게 IT기술, AI, 메타박스, 빅데이터 등 4차 산업혁명에 따른 지식과 기술을 연마시켜 4차 산업혁명에 맞는 인력을 양성시키는 동시에 사이버전 대응 능력을 갖추게 할 필요가 있다. 우리 군의 사이버작전사령부 정원을 1만 명으로 늘려 북한의 7,000여 해커전사에 대한 대응 전담병력으로 집중 교육하고 양성시킬 필요가 있다. 이들은 실제 전투를 할 필요가 없으므로 남성으로 구성할 필요가 없다. 여성과 특히 장애인들 중심으로 사이버전사를 뽑아 북한의 해커전사에 대비하는 동시에 여성과 장애인들에게 양질의 일자리를 제공할 수 있다. 컴퓨터를 다루는 사이버전에는 섬세한 여성과 특수 분야 집중도가 높은 장애인들이 더 적합할 수 있다.

〈2022년 4월 14일 영남일보〉

모병제와 징병제

　지난 제20대 대선 기간 정의당 심상정 후보가 모병제를 공약으로 내놓았었다. 심 후보는 "모병제 도입은 대한민국 군대가 '누구나 가고 싶은 명예로운 군대'로 환골탈태하는 핵심적 계기"라고 말했다. 그리고 '인구 절벽이 가시화되고 있는 현실에서 더 이상 병력 규모로 국방력을 논할 수 없다. 모병제를 중심에 두고, 스마트 국방과 디지털 강군체제로의 전환 논의를 본격화해야 한다'고 말했다. 이어 '모병제를 도입하면 고학력자와 부유층 자제는 군대에 안 가고 저학력자와 빈곤층 자제만 군대에 가게 된다는 우려가 제기되고 있지만 모병제가 계층 상승의 〈기회의 사다리〉가 될 수 있다'고도 말했다. 모병제 공약으로서 상당히 설득력 있는 주장이라고 할 수도 있다.

　먼저, 대한민국 군대를 '누구나 가고 싶은 명예로운 군대'로 만들어야 한다는 주장에 전적으로 동의한다. 자식들을 되도록이면 군에 보내지 않으려고 한 우리의 현대사를 돌이켜볼 때 군대를 누구나 가고 싶은 명예로운 군대로 만들어야 한다는 것은 우리에게 꼭 필요한 명제이다. 그런데 정의당이 주장하듯이 모병제를 도입하여 병사 월급을 최저임금 수준으로 지급해주면 누구나 가고 싶은 명예로운 군대가 될 것인가? 경제적 이유로 그 정도의 월급을 받고 군대에 가야할 사람이라면 아무래도 저학력자나 빈곤층 자제가 군대에 갈 확률이 높다. 고학력자나 부유층 자제들이 입대할 가능성은 낮아 보인다. 고학력자나 부유층 자식들은 안가고 저학력자나 빈곤층 출신의 젊은이들로 이루어진 군대가 누구나 가고 싶은 명예로운 군대가 될 것인가?

심 후보는 서구에서 모병제를 하고 있는 나라들의 지원병 출신 계층을 분석한 결과 부유한 집안 출신들도 상당한 비율로 있다고 주장한다. 동의할 수 없는 주장이지만 가사 심 후보의 주장이 사실이라고 하더라도 그것은 노블레스 오블리주 정신이 몸속에 체화되어 있는 서구 젊은이들에게나 있을 수 있는 일이다. 군인을 '군바리'로 업신여기고 조선 오백년 동안 군에 가지 않으려는 유전자가 뿌리 깊이 박혀 있으며 대통령이나 정치지도자가 되려는 자들조차 군 면제자가 판을 치는 우리나라에서 가능한 일은 아닐 것이다. 심 후보는 모병제가 계층 상승의 '기회의 사다리'가 될 수 있다고 주장한다. 모병제가 직장이 없는 젊은이들에게 일자리를 제공하는 측면은 있을 수 있다. 그러나 일자리 제공은 현재의 전문하사(임기제 부사관)제를 좀더 확대 실시함으로써 얼마든지 달성할 수 있다. 그리고 최저임금 수준의 월급을 받는다고 하여 갑자기 부유층이 될 수 있는 것도 아니므로 모병제가 계층 상승의 '기회의 사다리'가 될 수 있는 것도 아니다.

심 후보는 인구절벽이 가시화되고 있는 현실에서 더 이상 병력 규모로 국방력을 논할 수 없고 스마트 국방과 디지털 강군체제로 전환해야 한다고 주장 한다. 노역에 시달리는 취사병을 로봇으로 대체하는 등 스마트 국방과 디지털 강군체제로 전환해야 한다는 주장에 동의한다. 그러나 병력 대상자가 줄어들고 있다고 하여 모병제를 해야할 이유는 아니다. 인구절벽이 문제라면 우선 여성도 일정기간 군복무를 하도록 고려해 보아야할 것이다. 이스라엘이나 스웨덴이 여성 징병제를 채택하고 있다. 여성의 신체조건에 합당한 군복무를 하면 되는 것이다. 그리고 외국의 젊은이들을 한국군에 입대하게 하여 국방의 의무를 완수하면 국내 영주권이나 시민권을 주는 방안도 강구하여 병력자원도 확보하고 저출산 문제를 해결하는 방안으로 삼을 수 있다.

심 후보의 주장처럼 병력 규모로 국방력을 논할 수 없다고 하더라도 남북이 대립되어 있고 통일 후에도 주변 강대국의 각축장이 될 수 있는 동북아의 긴박한 정세 속에서 우리나라의 자주국방을 위해서는 최소한 40~50만명 정도의 병력은 유지되어야 할 것이다. 장래 혹 일어날지도 모를 북한 급변 사태 시에는 육군이 들어가서 북한 전역의 평정작업을 해야 할 것인데 모병제 하의 10만 명 정도의 군대로는 그 작업을 수행하기 상당히 어려울 것이다.

우리의 분단 현실과 동북아 정세를 감안할 때 우리는 징병제를 유지하여야 하고 그대신 군의 병사들에 대한 교육기능을 대폭 강화할 필요가 있다. 징병제에 따라 입대한 병사들에게 국가 최고 수준의 교육과 함께 대학이나 사회에서 돈을 주고도 제대로 배우기 어려운 4차 산업혁명에 따른 첨단기술을 습득할 수 있도록 배려해주고 병영문화를 개선한다면 우리 군은 누구나 가고 싶은 명예로운 군대, 강한 군대가 될 수 있을 것이다.

전시작전권 전환과 종전 선언

2018년 10월 31일 미국 워싱턴에서 한미국방장관 안보협의회의가 개최되었다. 두 장관은 '조건에 기초한 전작권 전환을 조속히 이행한다'는 기존 합의를 재확인하고 전시작전권 전환 이후에도 주한미군을 유지하고 한미연합사령부를 존치하도록 하는 내용에 서명했다. 전작권 전환 이후 구성될 미래연합사령부 사령관은 한국군 4성 장군이 맡도록 하고 부사령관은 미군 4성 장군이 담당하기로 했다. 그리고 한국군의 연합작전 수행능력을 평가하는 절차인 기본운용능력 검증을 2019년에 실시하기로 했다.

전시작전권이란 전쟁이 일어났을 때 미리 지정된 부대를 전개시키는 등의 직접 작전을 통제할 수 있는 권한을 말한다. 1950년 6월 25일 북한의 기습 남침으로 국군이 대전 이남까지 후퇴하게 되자 이승만 정부는 맥아더 유엔사령관에게 '한국군의 지휘권 이양'을 단행했다. 휴전 후 한국군에 대한 전반적인 지휘권이 군사작전만 해당되는 작전통제권으로 축소, 변경되었다. 1974년 자유 남베트남이 북쪽의 공산베트남에 의해 패망하고 한반도에도 위기가 엄습하던 1977년 미국 카터 전 대통령에 의하여 주한미군 철수 움직임이 본격화하였다. 이에 박정희 전 대통령은 국가안보를 위하여 미국에 한미연합사의 창설을 요구하게 되었다. 1978년 11월 한미연합사의 창설로 전작권은 한미연합사령관에게 이양되었다.

그 후 노무현 정부에 이어 문재인 정부에서 전작권 전환을 미국에 요청하게 되었고 이에 한미연합사는 그대로 존치시키되 한국군 4성 장군이 한미연합사령관을 맡도록 된 것이다. 이로써 전시작전권 전환에 한발 더 나아가게 되었고 한미연합군은 유사시 상호 협의를 바탕으로 연합작전을 수행할 수 있게 되었으며 주한미군은 동아시아에서 전쟁 억지력으로 그대로 주둔할 수 있게 되었다. 따라서 우리 한국군은 연합작전 수행능력을 높일 수 있도록 향후 노력을 다하여야할 것이다.

남북이 평창동계올림픽을 기점으로 핵전쟁을 막고 평화공존을 모색하게 되면서 판문점 선언과 평양공동선언을 하였고 이에 대한 국회의 비준 문제로 여야 간 의견이 충돌하였다. 남북은 휴전 당사국 간에 전쟁을 종식시키는 종전 선언을 추진하고 종국적으로는 휴전협정을 대체할 평화 협정 체결을 추진하고 있다. 남북은 종전 선언을 빠른 시일 내에 하기로 하고 미국을 상대로도 설득을 하고 있다. 문재인 대통령은 종전 선언은 단지 정치적 선언에 지나지 않으므로 종전 선언을 하더라도 그와는 별개로 주한미군은 그대로 유지된다고 하였다. 북에서도 종전 선언이 되더라도 한반도 남쪽에 미군이 주둔하는 것에 대해 반대하지 않는다고 하고 있다. 박지원 의원에 의하면 김정일 전 국방위원장도 남쪽에 미군이 주둔하는 것은 중국에 대한 견제라는 측면에서 용인할 수 있는 것이고 북에서 주한미군 철수를 요구하는 것은 단지 북한 주민을 결속시키기 위한 대내용일 뿐이라고 말했다고 한다.

그런데 종전 선언이 실제 이루어졌을 경우 북에서는 주한미군 철수를 요구하지 않는다고 하더라도 남쪽의 좌파 강경세력은 주한미군 철수를 강력하게 요구할 것으로 보인다. 종전 선언으로 전쟁은 이제 종식되었고 우리 민족끼리 평화공존을 도모하고 있는 판국에 외세인 미군이 한반도에 주둔해야할 이유가 없다고 할 것이다. 그들은 민족 주체를 외치며 미군철수를 결사 주장할 것이 예상된다. 이렇게 시위 등을 통해 주한미군 철수를 끊임없이 요구하게 되면 미군이 한반도에 주둔하고 있을 명분이 없어지게 된다. 이에 따라 남남갈등이 극에 달할 것이 예상된다.

트럼프 미 대통령은 미국 우선주의에 따라 미국이 비용을 부담하면서 대한민국을 지키기 위해 미군이 한반도에 주둔하고 있을 이유가 없다고 말하고 있다. 이런 마당에 좌파 강경세력이 연일 시위 등으로 강력하게 요구하면 트럼프 대통령은 주한미군 철수를 단행할 가능성이 있다. 물론 미국 의회에서 일정 규모 이상의 주한미군 철수는 하지 못하도록 법제화되어 있으나 이것도 사정이 변경되면 미국 의회가 철수를 동의할 수 있다. 이런 경우 한미연합사는 해체될 수밖에 없고 우리 스스로의 힘으로 대한민국을 지켜야 할 엄혹한 순간이 올 수도 있다. 이러한 만약의 사태를 대비하기 위하여 우리는 한미연합작전 수행능력을 높이는 노력을 계속하는 동시에 독자적 자위방위능력을 갖추기 위한 노력도 배가해야 할 필요가 있다.

주한미군이 철수하는 만약의 사태가 오게 되면 우리는 한미동맹간 한반도 유사시 미군이 자동 개입할 수 있는 조항을 신설하여야 할 것이다. 북한과 중국 사이에는 한반도 유사시 중국군의 자동개입 조항이 체결되어 있다. 얼마 전 메티스 미 국방장관은 '중국은 주변에 조공을 바치려는 나라를 두려고 한다'고 말했다. 중국이 대국굴기를 통하여 군사력을 강화하고 남중국해 등에서 패권을 휘두르고 있는 지금, 동아시아의 안녕과 평화를 위하여 미군이 전쟁억지력으로 한반도에 남아 있을 수 있도록 해야한다. 우리가 또다시 조공을 바치는 중국의 속국이 될 수는 없다.

〈2018년 11월 5일 경북일보〉

더러운 평화와 이기는 전쟁

러시아가 우크라이나를 침공한 러·우전쟁이 장기전으로 바뀌어 전선이 교착된 가운데 팔레스타인 가자지구 무장정파 하마스가 2023년 10월 7일 '알아크사 홍수작전'의 시작을 알리면서 이스라엘에 수천 발의 로켓을 발사하였다. 하마스 대원들은 가자지구와 이스라엘 사이의 장벽을 뚫고 침입하여 민간인들을 학살하고 수백 명의 이스라엘 인질을 납치해 갔다. 이스라엘도 반격에 나서 하마스에 대한 대대적인 보복을 선언하고 가자지구를 봉쇄하고 연일 공습을 이어가면서 가자지구는 지옥으로 변했다.

이스라엘이 가자지구 경계에 군대를 집결하면서 지상군 투입으로 인한 전면전이 초읽기에 들어가자 하마스를 지원해 온 이란은 전쟁 개입 가능성을 언급하며 경고장을 날렸다. 이란이 참전 시 전쟁의 파장이 중동을 넘어 세계로 파급될 것이라는 위기감이 짙어지고 있다. 미국은 세계 최대 규모의 핵추진 항공모함인 제럴드 포드 항모 전단을 이스라엘 인근 동지중해에 배치하였으니 미국으로서는 우크라이나와 중동 두 지역에 동시 전쟁터가 열린 것이다.

미국의 전 국무장관 키신저는 평화가 길어지면 큰 전쟁이 일어날 수 있다고 그의 저서에서 언급하였다. 나폴레옹 전쟁이 끝나고 오스트리아 제국 수도 빈에서 1815년 개최된 빈 회의 결과로 형성된 빈 체제를 계기로 유럽 열강들 사이에 약속된 세력 균형이 이루어져 그 후 100년 동안 유럽에서 큰 전쟁이 없이 평화가 계속되었다. 그러나 오랜 평화 후에 1914년 1차 세계대전과 1939년 2차 세계대전이라는 큰 전쟁이 연달아 터졌다. 1945년 샌프란시스코에서 열린 연합국 회의에서 전쟁을 막고 국제질서를 조정하기 위하여 UN이 창설되었다.

UN이 창설된 이후로 큰 전쟁 없이 평화가 80년 가까이 지속되었으나 또다시 세계대전의 위험이 꿈틀거리고 있다. 미국 시사 매체 '내셔널 리뷰'는 "중국, 러시아, 북한, 이란이 미국 주도 세계 질서를 뒤엎으려고 위험한 동맹을 조직하고 있다"고 경고했다. 현재 이들 네 국가는 미국 주도 세계질서를 대체하기 위하여 적극 공조하고 있다. 북한과 러시아의 정상이 만나 북한은 러시아에 탄약을 공급하고 러시아는 북한에 첨단기술을 이전하는 회담을 하였다. 러시아는 이란으로부터 드론과 탄도미사일을 제공받는 대신 이란에게도 첨단기술을 제공하려 하고 있다. 중국과 러시아가 가까워지고 있는 가운데 북한과 이란은 핵개발 기술을 공유하고 있다. 이들 네 독재국가가 결탁하여 추축국을 형성할 경우 제3차 세계대전이 발발할 수도 있는 것이다.

문재인 정부는 5년 동안 한반도 평화를 위하여 한반도 비핵화를 외쳤지만 북한은 비핵화는커녕 그사이 명실상부 핵 보유국이 되었고 남한은 북한의 핵미사일 위협에 노출되고 있다. 더불어민주당 이재명 대표는 "이기는 전쟁보다 더러운 평화가 낫다"고 말하였다. 전쟁이라는 지옥의 참사보다는 굴욕스럽지만 그래도 평화가 낫다는 주장이 일리가 있을 수 있다. 그러나 콘스탄티노플 함락에서 보듯이 자주국방의 힘을 기르지 않고 적에게 평화만 구걸해서는 평화를 지킬 수 없다. 을사조약으로 나라를 일본에 팔아넘긴 매국노 이완용은 자신은 전쟁보다 굴욕스럽지만 평화를 선택하여 조선 백성을 일본과의 전쟁의 수렁에서 건졌다고 변명하였다. 과연 이기는 전쟁보다 더러운 평화가 나은 것인가. 적이 침략해도 평화를 외치면서 무장해제하고 적의 압제에 굴복하여 노예처럼 살아가는 것이 옳은 것인가.

거란이 대군을 이끌고 고려를 침범하였을 때 고려조정에서는 거란에 항복하고 평화를 구걸하자고 하였다. 그러나 강감찬 장군은 이에 반대하여 전략상 일시 후퇴할 것을 주장하여 왕을 모시고 나주로 피난하였다가 힘을 기른 후 재침한 거란의 10만 대군을 귀주에서 섬멸하였다. 귀주대첩이다. 거란전쟁에서의 승리로 고려는 그 후 200년 동안 전쟁 없이 평화를 누릴 수 있었다. 누구도 전쟁을 원하지 않는다. 그러나 전쟁은 언제든지 일어날 수 있다. 전쟁은 모두에게 비극이다. 전쟁이 일어나지 않도록 하기 위하여 동맹을 강화하고 자주국방의 힘을 길러야 하는 것이고 적성 국가들과의 대화와 소통도 강화해야 하는 것이다. 우리가 힘을 기를 때 적들은 함부로 침략할 수 없을 것이고 적성 국가들의 오판으로 혹 전쟁이 일어나게 되더라도 나라를 지키고 굴종 대신 평화를 얻을 수 있는 것이다.

〈2023년 12월 11일 매일신문〉

평화 협정 체결과
자주국방 그리고 한미동맹

　　오바마 전 미국 대통령이 취임하고 얼마 후 백악관에서 미군의 아프가니스탄 추가 파병을 논하기 위한 회의가 열렸다. 부시 정부 네오콘 매파에 의해 이루어진 이라크 및 아프가니스탄 침공에 대하여 오바마 전 대통령은 명분 없이 시작된 이라크 침공에 대하여는 반대하고 이라크에서의 미군 철수를 결정하였다. 하지만 9.11테러를 저지르고 아프가니스탄에 숨어있는 오사마 빈 라덴과 알카에다를 섬멸하기 위한 아프가니스탄 추가 파병에 대하여는 긍정적인 입장이었다. 그런데 그 백악관 회의에서 마지막까지 단 한 사람 조 바이든 부통령은 아프가니스탄 추가 파병을 반대하며 미군의 즉각적인 철수를 주장하였다.

　　조 바이든 부통령은 백악관 회의가 열리기 전에 아프가니스탄 현지를 방문한 적이 있다. 그 당시 아프가니스탄 대통령이던 하미드 카르자이를 만나고 현지 시찰을 한 바이든 부통령은 무능하고 부패할 뿐만 아니라 비리가 만연한 아프가니스탄 정부를 위해 미군을 파병한다는 것은 미국의 엄청난 혈세를 낭비하는 일이고 미군의 희생만 불러온다고 판단하였다. 바이든의 철군 주장은 받아들여지지 않았고 오바마 전 대통령은 아프가니스탄에 자유로운 민주국가를 건설한다는 목표로 미군을 추가 파병하였다. 그러나 부패하고 무능한 카르자이 정부에 대하여 아프가니스탄 국민의 민심은 돌아서 있었고 미국의 엄청난 물적 지원과 미군의 희생에도 아랑곳하지 않고 탈레반은 파키스탄 접경지역을 넘나들며 세력을 갈수록 확장하였다. 그로부터 12년 뒤 조 바이든 부통령이 미국 대통령으로 당선되면서 아프가니스탄 미군 철수는 즉각적으로 이루어졌다. 철군하는 미군 수송기에 매달렸다 공중에서 떨어지는 아프가니스탄 국민을 영상으로 바라보면서 많은 사람들은 공해상에서 떠돌던 남베트남 보트피플을 떠올렸을 것이다.

1954년 제네바 협정에 의해 베트남은 호찌민이 이끄는 북베트남 공산국가와 남베트남 자유국가로 분단되었다. 미국은 인도차이나반도에서 공산세력의 확장을 막기 위해 엄청난 전쟁 물자를 동원하여 북베트남을 공격하였다. 자유국가 대한민국 대통령 박정희는 남베트남을 돕기 위해 미국의 파병 요청을 받아들여 한국군의 파병을 결정한다. 베트남 파병으로 미국으로부터 얻어낸 물적 지원은 그 후 대한민국이 비약적으로 발전하는데 밑거름이 되었다. 대한민국이 지금과 같이 선진 민주국가로 도약하는데 있어 밑바탕이 된, 머나먼 이국 베트남 전선에서 피 흘리며 죽어간 이름 없는 한국 병사들의 희생을 우리 후세대는 결코 잊어서는 안 될 것이다.

1973년 남베트남 마지막 총통 응우옌반티에우의 반대에도 불구하고 미국과 북베트남은 파리 평화 협정에 조인하였다. 평화 협정에 따라 미군은 남베트남에서 철수하였다. 반공주의자 티에우 총통은 철수한

미군을 대체하고 북베트남 공산군의 침략에 자력으로 맞서기 위해 남베트남 국민들을 징집하여 훈련시켰고 더 많은 무기와 군사훈련을 위한 국방예산을 늘리고 세금을 올렸다. 그러나 남베트남 국민들은 오랫동안 계속된 베트남 내전으로 시달려온 탓에 평화를 원하였고 세금을 올리는 것에도 반대하였다. 티에우 총통의 자주국방 정책은 남베트남 국민들의 반대로 지지를 얻지 못한 것이다. 1975년 북베트남 공산군은 남베트남에 최후의 공세를 가하였다. 1975년 4월 20일 티에우 총통은 눈물어린 3시간의 방송연설을 마치고 미군 수송기에 실려 대만으로 망명하였고 남베트남은 북베트남에 적화통일 되었다. 공산국가 북베트남과 체결한 파리 평화 협정은 단지 휴지조각에 불과하였다.

파리 평화 협정으로 미군이 베트남에서 철수하고 남베트남이 공산국가 북베트남에 멸망한 그때부터 현재까지 지난 50년간 북한은 끊임없이 평화 협정 체결을 줄기차게 요구하고 있다. 문재인 정부가 들어선 이듬해인 2018년 사실상 핵 보유국임을 전 세계에 선포한 북한이 그토록 평화 협정 체결을 외치는 이유는 무엇일까? 문재인 정부는 집권 5년간 평화라는 이름을 얻기 위해 휴지조각처럼 버려질 수 있는 종전선언과 평화 협정 체결을 위해 매달려왔다. 북한은 현재 매년 20개의 핵탄두를 만들 수 있는 능력을 보유하고 있고 유사시 남한을 핵미사일로 타격할 수 있다고 공개 발언하고 있다. 힘의 균형이 맞지 않는 평화는 올바른 평화가 아니다. 나토동맹에 가입하지 못한 우크라이나가 러시아의 침공에 온 국토가 유린되고 있는 것을 지켜보면서 자주국방과 한미동맹의 중요성이 다시 한 번 상기되는 순간이다.

자주국방과
대만해협 군사 충돌 위험

　동아시아 지도를 보면서 느끼게 되는 것은 중국과 직접 접경하고 있으면서 바다나 산맥, 정글 등 지리적 요인에 의해 경계되어 있지 않고도 중국에 동화, 흡수되지 않고 국가 형태를 유지해오고 있는 작은 두 나라가 있다는 사실이다. 그것은 베트남과 우리나라다. 두 나라는 2천 년에 걸쳐 중국의 침략을 여러 번 받아왔으나 이를 물리치면서 중국에 흡수되어 없어지지 않고 단일한 민족국가로 국가 정체성을 이루어 왔다.

　서기 581년 중국을 통일한 대제국 수나라가 세계사에서 그 유례를 찾아보기 어려운 백만 대군이라는 엄청난 군사력으로 고구려를 침공하였으나 을지문덕 장군에 의해 살수대첩에서 대패하고 물러났다. 수나라를 이어 중국 역사상 최고 명군 중의 한 사람인 당 태종이 대군을 이끌고 또다시 고구려를 침공하였으나 안시성 전투에서 패배하였다. 그 후 나당연합군에 의해 백제와 고구려가 멸망한 후 당은 고구려에 안동

도호부, 백제에 웅진도독부를 설치하여 직접 통치하였다. 뿐만 아니라 당은 신라 영토에도 계림도독부를 설치하여 신라왕을 계림주대도독에 임명하여 통치하려 하였다. 신라는 이에 반발하여 나당전쟁을 일으켜 승리함으로써 당나라 세력을 밀어내고 대동강 이남의 영유권을 공인받았다. 고려 현종 당시 세계 최고의 군사대국이었던 거란이 10만 대군으로 고려를 침공하였다. 고려는 명장 강감찬의 귀주대첩으로 거란군을 몰살, 패퇴시켰다. 이와 같이 우리나라는 중국의 수차례에 걸친 대규모 침략을 막아냄으로써 국가 정체성을 지키고 민족국가를 이어 올 수 있었다.

1592년 전국시대 일본을 통일한 도요토미 히데요시가 정명가도征明假道를 내세워 조선을 침공하였다. 조선 조정은 일본군이 부산포에 상륙, 파죽지세로 북진해오자 15일 만에 수도 한성을 버리고 평양을 거쳐 의주로 피신하였다. 선조는 명나라에 구원병을 요청하는 한편 요동으로 망명을 계획하였다. 조선의 구원병 요청을 받은 명나라 조정은 의문을 가졌다. 대제국 수·당의 침략도 물리치고 군사대국 거란마저 패퇴시킨 군사강국 조선의 왕이 임진왜란 발발 15일 만에 한성을 버리고 의주까지 몽진하였다는 것을 믿을 수가 없었다. 조선이 일본과 협력하여 명나라를 침략하려는 모종의 술책을 부리는 것이 아닌가 의구심을 가진 것이다. 그래서 명나라 황제는 화공에게 명하여 의주에 피난해 있다는 선조의 초상화인 어진을 그려오도록 하였다. 의주로 떠난 화공이 그려온 선조의 어진을 확인하고 명나라 조정은 조선으로 파병을 결정하게 된다.

제20대 대선 민주당 대통령 후보가 미 상원의원을 면담하면서 한국이 일본에 합병된 이유는 미국이 가쓰라-태프트 밀약을 통해 승인했기 때문이라고 하여 논란이 된 적이 있다. 가쓰라-태프트 밀약은 1905년 미국과 일본이 각각 필리핀, 조선에 대한 지배권을 상호 승인한 조약으로 일제가 1910년 대한제국의 국권을 빼앗는 단초가 된 것은 사실이다. 그러나 한일합방의 근본적 이유는 대한제국이 주권국가로서 자주국방을 강화하지 못하고 급변하는 국제정세에 능동적으로 대처하지 못하면서 청, 러, 일 등 외세에 의존하여 이리저리 끌려다니다가 나라를 빼앗기게 된 것이다. 미국이 아니라 우리 스스로의 책임이 더 큰 것이다. 특히 고종은 이기적이면서도 겁이 많은 군주로 외세를 끌어들여 동학농민운동을 짓밟는 등 나라의 멸망에 결정적 단초를 제공하였다.

시진핑 중국 국가주석의 3연임과 미중 경제적 대립이 심해지면서 중국의 대만침공설이 뉴스에서 끊이지 않고 있다. 시진핑 주석의 3연임 기간 내에 다가올 미국 대통령 선거를 틈타 중국이 대만을 침공할 것이라는 예상이 난무하고 있다. 만에 하나 중국이 대만을 침공하여 대만해협에서 미국과 중국 사이에 군사적 충돌이 일어나고 한국에 주둔하고 있는 주한미군이 전략적 유연성에 따라 미중 전쟁에 투입되게 된다면 어떻게 될까? 미국의 동맹인 우리나라가 미중 군사 분쟁에 휘말리지 않고 팔짱만 끼고 있을 수 있을까? 중국의 혈맹인 북한이 중국을 도와 남침할 염려는 없는 것인가? 대만해협의 문제는 남의 나라 이야기가 아닌 우리의 안보에 직결된 문제다. 이에 대비하여 현재의 우리는 무엇을 준비해야 할 것인가? 현재의 대한민국 대통령과 정치지도자들은 몇 년 후에 일어날지도 모를 중국의 대만침공과 이에 따른 미중전쟁에 어떤 대비책을 마련하고 있는가?

미국이 항상 우리를 지켜줄 것인가?

　북한의 김정은 국무위원장과 러시아의 푸틴 대통령이 러시아 아무르주 보스토치니 우주기지에서 정상회담을 가졌다. 북한과 러시아는 두 나라 간 회담이 군사협력에 관한 것이라는 의혹을 부인하고 있지만 인도적 지원과 무기를 교환하는 협정을 체결한 것으로 예상되고 있다. 북한은 우크라이나와 전쟁 중인 러시아에 재래식 포탄을 제공하는 대신 핵과 미사일 프로그램 개발을 위한 관련 기술을 러시아로부터 제공받기를 원하고 있다. 이날 북한은 정상회담 몇 시간 전에 동해상으로 탄도미사일을 발사했다.

　한미일 정상은 2023년 8월 미국의 대통령 별장인 캠프 데이비드에서 3국 정상회담을 가졌다. 3국 정상은 회담을 통해 정례적인 연합훈련, 해양 안보 시스템 구축 등에 대하여 합의하였다. 무엇보다 3국은 세 나라 정상이 매년 적어도 1회 이상 대면으로 만나는 것은 물론이고 3국의 외교부, 국방부, 안보보좌관 등의 정기적 회동을 약속하였다. 바이든 대통령은 기자회견에서 '새 시대'를 강조하며 수십 년 간 지속될 관계를 건설 중이라고 언급하였다.

2024년 미국 대통령 선거에서 고령의 바이든 대통령과 트럼프 전 대통령 간의 리턴 매치가 이루어질 가능성이 있다. 두 사람에 대한 지지율은 40%대를 오락가락하면서 트럼프가 조금 앞서고 있다. 만약 미 대선에서 트럼프가 재선에 성공한다면 어떻게 될 것인가. 바이든 대통령이 말한 것처럼 한미일 3국 동맹이 굳건하게 지속될 수 있을 것인가. 미국 우선주의를 외치는 트럼프는 미국에 이익이 되지 않으면 주한미군을 철수시킬 수 있는 인물이다.

주한미군이 철수하고 사실상의 핵 보유국인 북한이 러시아로부터 핵 및 미사일 개발 관련 기술을 제공받아 미국 본토까지 핵으로 위협하는 상황이 벌어지면 우리는 무엇으로 우리 스스로를 방어할 수 있을 것인가. 그때도 미국만 쳐다보고 있으면 되는 것인가. 한미동맹이 우리 안보에 중요한 역할을 하는 것은 맞지만 미국이 항상 우리를 지켜줄 것이라고 착각해서는 안 된다. 역사상 미국은 오직 미국의 이익에 따라 움직여 왔을 뿐이다. 힘의 논리가 작용하는 국제질서에서 강대국이 호의만으로 약소국을 보호해주지는 않는다.

1905년 미국과 일본 사이의 소위 가쓰라-태프트 밀약으로 인하여 일본은 대한제국 병합을 일사천리로 진행할 수 있었다. 1950년 1월 미국의 극동 방위선인 '애치슨 라인' 선언으로 인하여 북한으로 하여금 남침 및 적화통일이 가능하다는 오판을 촉발시켜 북한이 남침하였다. 1953년 정전 협정이 체결된 후 이승만 전 대통령의 노력으로 전후 한국의 안보를 보장하기 위한 한미상호방위조약이 체결되었다. 한미동맹의 공식적 출현이다. 1976년 미국의 지미 카터 민주당 대통령 후보는 선거공약에서 "대통령으로 당선되면 주한미군 전부를 철수하겠다"라는 선언을 하였다. 1979년 주한미군 철수 공약을 어떤 식으로든 이행하겠다는 카터 전 대통령을 청와대로 초청한 박정희 전 대통령은 북한이 군사적 우위를 보이는 상황에서 주한미군의 핵심전력을 섣불리 빼서는 안 된다면서 강한 어조로 논박하였다. 그 후 주한미군 철수는 주한 유엔군 싱글러브 장군을 비롯한 미군과 미 의회의 반대로 취소되었다.

카터 전 대통령보다 훨씬 예측 불가능하고 미국의 이익만 생각하는 트럼프가 2024년 재선된다면 실제 주한 미군을 철수시킬 수도 있다. 이에 미리 대비하여 우리는 자주국방 능력을 최대한 높여야 한다. 북러 밀착 관계를 기회로 우리는 미국에 원자력의 군사적 이용을 금지하고 있는 한미원자력협정 개정을 강력하게 요구해야 하고 핵잠수함 도입도 추진해야할 것이다. 자체 핵 개발이나 일본과 공동으로 핵 개발을 미국에 요구할 수도 있다. 한편 우리는 북한에 대하여 강경한 대립각만 세워서는 안 되고 채널을 풀가동하여 북한과 협상하고 대화해야 한다. 이로써 남북 간 전쟁 리스크를 최대한 줄여야 하고 경제 지평을 확장시키는 남북연합국가 시대를 준비해야할 것이다.

〈2023년 11월 6일 매일신문〉

4차 산업혁명 전문 인력 양성과
가고 싶은 군대 만들기

　국토 면적이 좁고 석유 등 지하자원이 부족한 대한민국이 해방 후 70여 년 만에 세계 최빈국에서 경제규모 세계 10위권의 선진국이 된 것에 대하여 많은 나라에서 경이로움을 표하고 있다. 국론이 분열되고 좌우의 이념대립이 심각하며 저출산 고령화로 경제 성장이 둔화되고 청년들의 일자리가 줄어드는 등 수많은 문제점을 가지고 있음에도 불구하고 지난 70여 년간의 성취는 우리나라 5천년의 역사에서 빛나는 순간으로 기록될 것이다.

　대한민국이 경제적으로 놀라운 성취를 이룬 바탕에는 여러 가지 요인이 있겠지만 교육을 통한 인적 자원에 대한 끊임없는 투자도 중요한 요인 중 하나라고 할 것이다. 대한민국 임시정부 시절 교육을 중시하는 조소앙의 삼균주의가 발현된 대한민국 건국강령의 영향을 받아 해방 이후 대한민국 헌법의 기초설계자들에게 교육 중시는 중요한 헌법 이념으로 인식되고 있었다. 제헌 헌법 제16조는 초등학교 교육을 의무적으로 이수하게 함으로써 문맹을 타파하고 자유민주국가의 시민이 될 수 있는 기초 소양을 갖추게 하였다.

1949년 대한민국 농림부 장관 죽산 조봉암에 의하여 설계된 유상 몰수 유상분배의 농지개혁으로 인하여 수많은 소작농민들이 작은 땅이 나마 농지를 자신의 소유로 분배받게 되었다. 농지를 소유하여 자작농 이 된 농민들은 자신은 배를 주리면서도 자식들만은 최소한 중등교육 이상의 교육을 받게 하였다. 농민들은 어렵고 힘든 일을 마다하지 않고 자식들만은 잘살 수 있기를 바라며 자식들을 위한 뒷바라지를 다하였 다. 이러한 교육을 통한 인적자원에 대한 투자는 박정희 정부로부터 시 작되는 경제발전의 인적 재원이 되어 대한민국의 비약적인 성장을 가 져오게 하였다.

이제 4차 산업혁명 시대를 맞이하여 냉엄한 국제정세 속에서 대한 민국의 앞날에는 많은 난관이 기다리고 있다. 4차 산업혁명에 따른 급 격한 변화에 대응하기 위하여는 4차 산업혁명에 맞추어진 지식과 기술 을 가진 전문 인력이 필요하다. 이에 다양한 인력 양성 프로그램이 운 영되고 있지만 기업은 전문 인력 부족에 시달리고 있다. 대학이 기업에 서 요구하는 전문 인력을 제대로 길러내지 못하고 있기 때문이다.

이준호 고려대 배터리·스마트팩토리학과장에 따르면 빅데이터와 인공지능(AI) 등이 동원되는 복잡한 문제 해결 능력을 키우려면 학문 적 경계를 아우르는 융합교육이 필요하지만 경직된 대학조직이 발목을 잡고 있다고 한다. 기존의 학과 단위에서 제공하는 교과목으로는 기업 의 전문 분야에 대한 이해와 함께 클라우드 컴퓨팅, 증강·가상현실, 인 공지능 등 첨단기술을 동시에 가르치는 것은 현실적으로 불가능하다는 것이다. 결국 기업은 신규 채용된 인력에 대한 재교육에 막대한 시간과 비용을 들여야 한다고 하였다. 이준호 학과장은 '제2의 반도체'라는 별칭이 붙을 정도로 우리나라의 미래 먹거리로 떠오르는 배터리 분야 전문 인력 양성기관도 없다고 한다.

4차 산업혁명을 주도하기 위한 맞춤형 전문 인력 양성 프로그램을 가장 효율적으로 달성할 수 있는 방법이 없을까? 우리나라는 징병제를 채택하고 있다. 우리 군대에서 50만 명의 병사 중 최소한 10만 명에게 클라우드 컴퓨팅, 증강·가상현실, 인공지능, 배터리 등 첨단기술을 동시에 체계적으로 국가가 교육하는 것이다. 대학과 기업의 협력을 받아 4차 산업혁명에 필요한 맞춤형 전문 인력을 대폭적으로 양성하면 된다. 그에 필요한 비용은 산업인력 양성으로 가장 많은 혜택을 보는 기업으로부터 찬조를 받으면 된다.

이스라엘에는 '8200부대'라는 사이버 첩보부대가 있다. 8200부대는 이스라엘의 첩보기관인 모사드, 신베트 등이 벌인 주요 작전에 모두 참여한 세계 최강의 엘리트 부대다. 8200부대 출신은 전역 후 군에서 배운 기술을 활용하여 정보분야 사업에 진출하여 대단한 성공을 거두었다. 포브스에 따르면 이스라엘의 8200부대 출신이 설립한 기업은 2015년까지 총 1,000여 개에 이른다고 한다. 8200부대가 탁월한 임무 수행 능력을 발휘하고 많은 창업가를 배출하게 된 것은 최고 수준의 인재를 확보할 수 있었기 때문이다. 젊은 인재들로 하여금 8200부대에 입대하고 싶도록 마음을 사로잡은 것이다. 군대가 가고 싶지 않고 회피하고 싶은 곳이 아니라 가고 싶은 군대, 강한 군대로 바뀌었기 때문이다.

러시아에 점령 당한
이순신 장군의 섬 녹둔도

두만강 하구에 조선의 땅 녹둔도가 있었다. 여의도 면적의 1.2배 정도의 크기인데 세종대왕 때 김종서가 육진을 개척하면서 조선의 영토로 편입한 이래 400여 년간 조선의 땅이었다. 녹둔도는 퇴적토로 이루어진 섬인데 17세기 말~19세기 초 두만강의 퇴적작용으로 인해 강 동북쪽의 연해주에 붙어 육지가 되어버렸다. 1884년경 녹둔도에는 조선 사람 113가구, 822명이 촌락을 이루어 살고 있었고 주민들 중 다른 나라 사람은 한 명도 없었다고 한다.

1583년 선조 임금 때 경흥부 현지 군사들의 군량이 부족하게 되자 녹둔도에 군사용 둔전屯田을 만들었고 농민들이 배를 타고 섬에 들어가 농사를 짓기 시작했다. 1587년 선조는 조산보 만호造山堡 萬戶 이순신으로 하여금 녹도 둔전사를 겸하게 하여 녹둔도의 둔전을 관리하게 하였다. 그해 가을 풍년이 들자 이순신 장군은 경흥부사 이경록과 함께 군대를 인솔하여 녹둔도로 들어가서 추수를 돕고 있었다.

그런데 추도에 살고 있던 여진족 기마병 1,000여 명이 갑자기 침입하여 조선군 11명이 죽고 160여 명의 조선인이 잡혀갔다. 이순신과 이경록이 이끄는 조선군은 수십 명밖에 안 되는 엄청난 수적 열세에도 불구하고 곧바로 반격을 가하여 여진족 3명의 목을 베고 포로가 된 조선인 60여 명을 되찾아 돌아왔다. 이순신의 전략가로서의 면모만이 아니라 장수로서의 용맹함이 빛나는 장면이다. 이렇게 녹둔도는 이순신 장군과 인연이 깊은 섬이다.

　　녹둔도는 1860년까지 명백한 조선의 영토였으나 그해 10월 베이징 조약으로 연해주를 획득한 러시아가 연해주에 붙은 녹둔도 지역까지 점령하였다. 조선 정부는 뒤늦게 이 사실을 알고 1880년대에 수차례 청나라에 항의하였다. 러시아와 수교한 1884년부터 여러 차례에 걸쳐 러시아에 녹둔도의 반환을 요구하였으나 무시당했다. 1985년 북한과 소련이 국경협정과 1990년 국경설정의정서를 체결하면서 두만강의 중심선을 경계로 합의하면서 북한은 녹둔도에 대한 영유권을 포기하였다.

　　녹둔도와 마찬가지로 압록강 하구의 섬이었다가 압록강의 퇴적 작용으로 중국 땅에 붙어버린 섬이 있는데 이를 황금평이라 한다. 황금평은 중국 땅에 붙어버려 육지가 되었지만 녹둔도와 다르게 북한 땅으로 인정되고 있고 철조망으로 중국의 단둥지역과 육상국경이 형성되어 있다. 북한과 중국은 2011년 황금평을 경제특구로 개발하기로 하고 성대한 착공식을 가졌다. 당시 북한은 중국에 100년간 임차권을 부여했고 중국은 황금평에 공단을 건설하여 북한의 값싸고 질 좋은 노동력을 활용할 계획이었다. 그러나 개발사업의 북한측 책임자 장성택이 2013년 처형 당한 뒤에는 사업이 중단되어 있다.

녹둔도는 1930년대 스탈린에 의하여 그곳에 살던 조선인들이 중앙아시아로 강제 이주 당한 후 현재까지 아무도 거주하지 않고 늪과 모래언덕, 잡초만 무성한 땅으로 변했다. 대구에 거주하는 연해주선교회 김호규 목사에 의하면 몇 년 전 러시아, 중국, 북한 접경 연해주 지역의 500만 평 토지를 러시아로부터 사용권을 얻었다고 한다. 김 목사는 처음에는 녹둔도를 포함한 토지의 사용권을 얻으려고 녹둔도를 찾아갔으나 녹둔도는 철조망으로 둘러쳐져 출입과 개발이 제한되어 있어 녹둔도의 사용권을 얻지 못했다고 한다.

연해주선교회에서는 앞으로 그곳 500만 평 토지를 개발하여 식량 생산기지 및 공장 등 도시의 각종 기반시설을 갖추어 만주와 중국 각지를 떠돌고 있는 수십만 탈북자들과 북한 주민들이 그곳에서 일하며 살 수 있도록 터전을 준비하고 있다고 한다. 탈북자들과 북한 주민의 값싼 노동력을 사용할 수 있으므로 개성공단 입주기업을 비롯한 한국 자본의 진출을 바라고 있다.

녹둔도는 조선의 영토였고 대한제국을 승계한 대한민국은 녹둔도에 연고권이 있다. 힘이 약할 때 억울하게 러시아에 점령 당한 녹둔도를 반환받기 위하여 대한민국이 많은 노력을 해야할 때다. 고려의 서희 장군이 거란으로부터 강동 6주를 반환 받은 것처럼 외교적 담판이나, 미국이 러시아로부터 알래스카를 매수한 것처럼 외교적 노력을 통하여 잃어버린 녹둔도를 되찾을 수 있도록 우리가 꾸준한 관심을 가져야 한다. 녹둔도는 러시아에게는 별로 쓸모없고 극히 작은 땅이지만 우리에게는 북방의 전초기지가 될 수 있는 중요한 땅일 수 있다. 관심을 가지고 준비할 때 기회는 올 수 있다.

북한식 공산주의와
한국식 민주주의

　한국전쟁이 끝나고 남한의 자유민주주의와 북한의 공산주의 사이에 체제 경쟁이 벌어졌다. 1953년부터 1960년까지 남한은 이승만의 권위주의 정부 하에서 미국의 원조에 의존하여 경제를 꾸려나갔다. 1949년 시행된 농지개혁법으로 1953년 전쟁이 끝나고 많은 농민들이 자신의 농지를 소유한 자작농이 되었다. 대도시에서는 북한에서 남한으로 피난 온 월남인 출신들이 주축이 되어 남대문시장 등 전통시장에서 자본주의 시장경제가 꽃피기 시작했다. 이승만 정부는 친일을 청산하지 못하고 각종 선거부정을 저질렀으나 원자력 발전의 기초가 이때 마련되었다.

　북한은 한국전쟁이 끝나고 1960년대 말까지 남로당과 연안파를 비롯한 모든 파벌을 숙청하고 김일성 유일 지도체제를 수립함과 동시에 동아시아에서 처음으로 사회주의 복지체계를 세우려고 하였다. 토지개혁으로 농민에게 무상분배하였던 농지를 다시 회수하여 국유화하는 동시에 농업 생산력을 증대시키기 위하여 협동조합을 만들어 공동경작을 하도록 하고 그 수확물을 분배하였다. 북한은 농업협동화정책 시행 초기에는 상당한 성공을 거두어 비록 넉넉하지는 못했지만 사회주의 지상낙원 건설이라는 미래를 꿈꾸던 시절이었다.

사회주의 복지체계를 세우려던 북한이 1972년을 기점으로 남한에 경제력이 역전되기 시작한 것은 1967년 5월 25일 김정일이 자신의 아버지 김일성을 내세워 발표한 5.25교시에 의한 탓이 크다. 5.25교시는 북한식 공산주의라는 미명 하에 김일성 부자의 권력이 절대화되고 당의 유일사상 체계를 세우는 것으로 북한판 문화대혁명이었다. 분단된 한반도의 특수성을 고려한 조치라는 북한식 공산주의는 역사의 기본 흐름을 왜곡시키는 것이었다.

영국 주재 북한대사관 공사를 지낸 태영호 국민의힘 의원은 김정일의 5.25교시 이후 북한 주민은 핵심계층과 동요계층, 적대계급 잔여분자로 나누어지게 되었다고 한다. 계급과 신분의 타파를 내세우는 북한 공산주의가 조선시대처럼 양반, 쌍놈, 천민으로 나누어지는 신분사회로 역사상 퇴행을 시작하게 된 것이다. 뿐만 아니라 김정일은 1976년 판문점 도끼만행 사건을 계기로 핵심계층이 아닌 주민은 평양에서 지방으로 추방하였고 북한 사회에 저항하거나 반발하는 주민은 처형하거나 수용소로 끌고 갔다고 한다.

남한에서는 1961년 5.16군사쿠데타로 집권한 박정희 정부가 경제개발 5개년 계획과 수출 드라이브 정책 등으로 절대적 빈곤을 타파하였고 자본주의 시장경제가 이륙할 수 있도록 그 터전을 마련하였다. 북한의 경제력을 앞서나가기 시작한 1972년 10월 17일 박정희 정권은 장기 집권과 지배체제 강화를 위하여 초헌법적 비상조치인 10월 유신을 단행하였다. 1971년 대통령 선거에서 김대중과 박빙의 승부를 펼쳐야 했던 박정희는 장기집권을 위하여 기존의 절차적 민주주의를 통해서는 그것이 불가능하다고 생각하였다. 1970년 11월 전태일 분신 사건을 계기로 산업화 과정에서 소외되고 억압된 민중의 분노와 절망이 분출되기 시작하자 보다 강력하고 억압적인 권력이 필요하다고 느꼈다. 이를 위하여 박정희 정권은 초법적 비상조치권인 긴급조치를 발동하였다.

분단된 한반도의 특수성을 고려한 한국식 민주주의라는 미명 하에 유신체제는 거의 모든 영역에 걸쳐 국가권력이 개입하게 되었으며 새마을운동이라는 대대적 대중동원을 통하여 고도의 억압과 지배체제 유지를 도모하였다. 이러한 유신체제에 대하여 학생 및 지식인들과 시민은 저항하였고 1979년 10월 26일 궁정동 안가에서 김재규의 총에 박정희가 피살됨으로써 한국식 민주주의라는 이름의 유신체제는 막을 내리게 되었다.

북한식 공산주의와 한국식 민주주의는 공산주의와 민주주의를 가장한 초헌법적 지배체제였다. 남한은 전두환의 신군부에 의하여 7년간 더 이러한 체제가 유지되다가 1987년 6월 항쟁에 의하여 선진 민주주의 국가로 이행하였다. 그러나 북한은 김정일의 후계자 김정은에 이르기까지 이러한 폭압적 지배 체제가 바뀌지 않고 무자비한 처형과 숙청으로 북한 전체가 더욱더 감옥화, 병영화되었다.

한국전쟁이 끝나고 70여 년의 체제 경쟁에서 대한민국이 최종 승리하였고 북한의 김정은도 이를 인정하고 있다. 체제 경쟁에서 실패한 북한은 백두혈통의 봉건 김씨왕조의 정권 안위를 위하여 핵미사일을 개발하여 선진 민주국가 대한민국을 연일 위협하고 있다. 김씨 3대 세습

체제가 만든 우리 역사의 비극이 아닐 수 없다.

주한미군 철수와
우리의 핵무기 개발

　　트럼프 전 대통령이 미 대선에서 당선될 경우 백악관 국가안보보좌관 후보로 거론되는 트럼프의 최측근이 '주한미군의 주임무는 중국 억제로 전환해야하며 이를 위해 주한미군을 한국에 주둔시킬 필요가 없다'고 주장했다. 중국이 대만을 침공하여 승리하게 되는 경우 다음 차례는 한반도이며 북한이 한국을 침공하게 되면 한국 스스로 알아서 방위해야한다고 말했다. 그는 한국이 스스로 자기방어를 책임지게 한다는 차원에서 한미 간의 전시작전통제권(전작권) 전환이 가능한 한 이른 시기에 이뤄져야 하고 한국이 전작권을 이양받을 준비가 안 되었더라도 전작권 전환이 이루어져야 한다고도 주장하였다. 이는 최근 트럼프 전 대통령이 타임지와의 인터뷰에서 한국이 방위비를 더 내지 않으면 주한미군을 철수할 수 있음을 시사한 것과 괘를 같이하는 주장이다. 2018년 평창올림픽을 계기로 '사실상의 핵 보유국'임을 선언한 북한은 제7차 핵실험 감행 준비와 연일 미사일 발사로 우리를 위협하고 있다. 북한은 현재 매년 20개의 핵탄두를 만들 수 있는 능력을 보유하고 있고 유사시 남한을 핵미사일로 타격할 수 있다고 공개 발언하고 있다. 한편 시진핑 중국 국가주석의 3연임과 미중 경제적 대립이 심해지면서 중국의 대만 침공설이 뉴스에서 끊이지 않고 있다. 2027년 시진핑 주석의 4연임을 앞두고 중국 인민해방군이 대만을 침공할 것이라는 예상이 나오고 있다.

트럼프 전 대통령이 당선되어 주한미군을 철수시키지 않더라도 2027년 중국이 대만을 침공하게 되는 경우 주한미군은 전략적 유연성에 따라 한반도에서 철수하여 미중 전쟁에 투입될 것이고 우리 스스로 자기방어를 책임져야하는 엄혹한 순간이 올 수 있다. 대만해협의 문제는 남의 나라 이야기가 아닌 우리의 안보에 직결된 문제다. 주한미군이 철수하였을 경우를 대비하여 우리는 독자적으로 전시작전을 수행할 능력은 갖추고 있는 것인가? 대만해협에서 미중 군사적 충돌이 일어난다면 중국의 혈맹인 북한이 중국을 도와 남한을 침략할 수 있다.

2018년 미국 워싱턴에서 열린 한미 국방장관 한미안보협의회의에서 한미국방장관은 '조건에 기초한 전시작전권 전환을 조속히 이행한다'는 기존 합의를 재확인하면서 한국군의 연합작전 수행능력을 평가하는 절차인 기본운용능력 검증을 매년 실시하기로 했다. 그러나 윤석열 정부가 들어서면서 전작권 전환은 지지부진해졌다. 굳건한 한미동맹의 존속만을 믿고 전작권 이양을 위한 노력을 소홀히 하는 사이 오히려 미국에서 전작권 전환이 가능한 한 이른 시기에 이뤄져야한다는 주장이 나오고 있는 것이다. 우리는 멀지 않은 장래에 주한미군이 철수할 수도 있다는 사실을 명심하고 신속히 독자적 자기방어능력을 갖추기 위한 노력을 배가해야할 것이다.

1970년 미국의 주한미군 철수가 가시화되자 박정희 정부는 1973년부터 자체 핵무장을 본격적으로 준비하기 시작했다. 박정희 전 대통령은 "주한미군이 언제 떠날지도 모르는데 원자폭탄 연구를 비밀리에 시작해 보자. 핵무기를 개발하다 미국이 방해하여 못 만들게 되면 언제든지 만들 수 있는 수준의 기술이라도 갖춰 놓아야 한다"고 말했다고 한다. 한국 내부 스파이들이 미국에 고발하게 되면서 1977년경 핵개발은 중단되었으나 1979년 박 전 대통령이 서거하기 전 우리는 우라늄이든 플루토늄이든 핵 연료를 100% 확보할 수 있는 기술력을 가지고 있었다고 한다.

핵 보유국인 인도 및 파키스탄 그리고 이스라엘, 심지어 북한조차도 비밀리에 핵무기를 개발하였다. 박정희 정부 시절 핵 개발에 참여했던 과학자들과 기술자들이 소수이나마 아직 생존해 있고 그 당시 핵개발 시설과 장비들도 일부 남아 있다. 우리의 기술로 핵개발을 하는데 빠르면 3개월, 늦어도 6개월이면 가능하다고 한다. 우리는 한미원자력협정을 개정하여 사용후핵연료 재처리나 우라늄 농축을 합법적으로 할 수 있도록 노력을 경주하는 한편 비밀리에라도 바위산 지하 벙커에서 조립만 하면 핵무기를 만들 수 있을 정도의 기술력을 갖추고 있어야 할 것이다. 우리의 생명과 안전은 우리 스스로 지킬 수 있어야 하고 이것은 국가 지도자의 의무이기도 하다.

〈2024년 5월 16일 매일신문〉

사 회

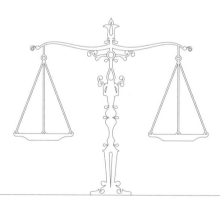

'노블레스 오블리주' 정신의 실천

'노블레스 오블리주'란 부와 권력은 그에 따르는 책임과 의무를 수반한다는 것을 의미한다. 로마 공화정 시대 집정관이나 원로원 의원 등 고위공직자들은 반드시 군복무 경력을 가져야 했고 전쟁 등 국가 위난 시에 누구보다 앞장서 로마를 지키기 위해 전투에 참가했다. 장교나 사령관으로 전투를 지휘해본 경험은 고위공직자로서 로마를 통치하는데 귀중한 경험이 되었다. 군인은 로마시민으로부터 존경을 받고 군은 신뢰를 받았다. 이러한 전통이 바탕이 되어 도시국가 로마는 카르타고와의 포에니 전쟁을 승리로 이끌며 대제국 로마를 건설할 수 있었다.

우리나라에도 삼국시대에는 '노블레스 오블리주' 정신이 있었다. 특히 귀족의 자제인 신라의 화랑은 수십 명 내지는 수천 명의 낭도를 이끌고 전투에 참가함으로써 삼국을 통일하는 밑거름이 되었다. 그러나 고려, 조선시대를 거치면서 유교와 주자학의 영향으로 상무정신은 사라지고 문약해졌다. 특히 조선은 양반 자제의 국방의 의무를 면제해주고 양반은 납세의 의무를 지지 않았다. 조선시대 양반은 부와 권력은 독점하면서 그에 따르는 책임과 의무는 회피한 것이다. 이런 관계로 조선은 임진왜란과 병자호란이라는 국가위난에 스스로 대처할 수 없었고 삼전도의 치욕을 겪을 수밖에 없었다. 그럼에도 불구하고 조선은 '노블레스 오블리주' 정신으로 새롭게 개혁되지 못하였고 민중은 도탄에 빠졌으며 급기야 일제의 침략으로 나라를 빼앗기게 되었다.

해방 후 북한의 대대적인 남침으로 국군은 낙동강 방어선을 마지노선으로 인민군의 침략을 죽음으로 막아내야 했다. 유엔군이 인천상륙작전에 성공함으로써 전세는 역전되어 국군은 낙동강 방어선을 돌파하며 북진하게 되었다.

한국전쟁에서 대한민국이 그나마 한반도 남쪽이라도 지켜낼 수 있었던 것은 오로지 미국을 비롯한 유엔군의 참전 덕분 때문이었을까? 아니다. 비록 유엔군이 참전하였다고 하더라도 대한민국을 지키려는 피 끓는 젊은 국군 장교들의 수많은 희생과 농민들이 주축이 된 국군 병사들, 그리고 공산국가 북한의 압제를 피하여 월남한 피난민들의 수 없는 피 흘림이 없었다면 가능할 수 없었을 것이다. 그것은 2차 대전 때보다 훨씬 많은 폭탄을 투하했다는 미국의 엄청난 군사적 지원과 귀신 잡는 한국군의 참전이 있었음에도 불구하고 남베트남이 북베트남에 의해 공산화된 것과 비교해보면 자명한 일이다.

특히 육군사관학교의 전신인 경비사관학교 출신 장교들은 제1기부터 제10기까지 소대장 등으로 참전하여 임관자의 30%에 해당하는 1,500여 명이 전사함으로써 피로써 대한민국을 지켰다. 이들이 보여준 '노블레스 오블리주' 정신은 우리 국민들 마음속에 길이 간직되어 이어져야 할 것이다.

그런데 한국전쟁 후 우리는 되도록 자식들을 군에 보내지 않기 위하여 온갖 병역비리를 저질렀다. 부와 권력을 가진 사회지도층 인사들이 먼저 자신의 자식들을 군에 보내지 않기 위해 온갖 부정을 일삼았다. 국군통수권자인 대통령이 되겠다는 사람들뿐만 아니라 많은 고위 공직자들 그리고 각계각층의 사회지도층 인사들이 국방의 의무를 이행하지 않은 이상한 나라가 되었다. 북한과 대치하고 있는 위험한 상황에서 자식들을 군에 보내기 어려웠던 점도 있었을 것이고 후진적인 병영 문화도 한 몫을 하였을 것이다. 그러나 그 어떤 이유에서든 사회지도층의 자제들이 국방의 의무를 이행하지 않고 사회적으로 출세하여 부와 권력을 누린다는 것은 정의와 공정에 반하는 일이다.

따라서 앞으로 국방의 의무를 이행하지 않은 사람은 최소한 장차관급 이상의 고위공직자는 될 수 없도록 하는 고위공직자법을 제정해야 할 필요성이 있다. 여성과 장애인들도 군에 입대하거나 대체복무제 등으로 국가 사회에 명예롭게 봉사하고 책임을 다할 수 있는 길을 열어주어야 한다. 고위공직자법을 제정함으로써 사회지도층 자제들부터 솔선하여 국방의 의무를 이행하도록 하는 것이 '노블레스 오블리주' 정신을 실천하고 존경받는 군대, 공정하고 새로운 대한민국을 만드는 길일 것이다.

〈2024년 4월 23일 영남일보〉

저출산의 문제점

우리나라의 청년 세대는 연애, 결혼, 출산을 포기한 3포 세대라고 하기도 하고 내 집 마련 포기까지를 포함한 5포 세대 내지는 7포 세대라고 하기도 한다. 헬조선이라는 말도 유행어로 번질 만큼 우리 청년 세대가 현실에서 부닥치는 어려움과 고통이 만만치 않고 그 미래도 밝아 보이지 않는다. 청년 세대의 결혼 기피, 출산 포기로 인하여 우리나라의 합계출산율이 급격하게 떨어지고 있다. 2018년 출산율은 1명 이하로 떨어져 우리나라는 지구상에서 처음으로 유일하게 출산율 0점대 국가로 추락하였다.

중국의 마오쩌둥은 국민의 머릿수가 곧 국력이라고 했다. 마오쩌둥의 말이 다 맞는 것은 아니기에 그 후 덩샤오핑에 의하여 1자녀 갖기 운동으로 중국의 인구 억제 정책을 시행하였던 것이지만 마오쩌둥의 말에도 상당한 일리가 있는 것은 사실이다. 1960~1970년대 박정희 시대에 우리나라의 한 해 출생 아동 수가 100만 명에 이르던 것에 비해 2020년대에 20만 명 대로 줄어들면 우리나라의 국력도 그에 비례하여 쪼그라드는 셈이다.

개인주의자 입장에서는 국력이 국민 각자의 삶의 질을 높이는 것과 무슨 상관이 있느냐는 반론이 있을 수도 있다. 그러나 우리나라는 국력이 약하여 임진왜란, 병자호란의 침략과 일제의 병탄을 받아 국민의 삶이 한없이 고통을 받았던 경험이 있다. 구소련 해체 시 소련 사람들이 일자리를 찾아 타국으로 전전하였던 때가 있었고 중동과 북아프리카의 내전과 혼란으로 인하여 난민들이 목숨을 걸고 지중해를 건너는 일이 지금도 일어나고 있다. 국력을 국민의 삶의 질을 높이는 것과 동일시할 수는 없다고 하더라도 국민의 안녕을 책임지는 국가의 힘이 국민의 삶의 질과 전혀 무관하다고도 할 수 없다.

저출산·고령화로 인한 구조적 장기불황으로 잃어버린 20년을 겪었던 일본을 능가하는 세계 제1위의 출산율 감소는 국력 문제만이 아니라 우리나라의 경제·사회·문화 전반적 분야에서 이제까지 겪어보지 못하였던 엄청난 혼란과 고통을 가져올 수 있고 국가의 역동성을 심히 퇴색시킬 수 있다. 이미 진행되고 있는 초등학교의 폐교뿐만 아니라 중·고등학교의 폐교를 거쳐 머지않은 장래에 수도권의 웬만한 대학을 제외하고 경쟁력이 없는 상당한 대학교가 폐교될 것이다. 그에 따라 학교 교사나 교수 등의 일자리가 급격하게 줄어들 것이고 사교육 시장에서 그동안 몸집을 키워왔던 학원들의 상당수도 정리되어 사라질 것이다. 부동산은 오래된 주택부터 아파트에 이르기까지 빈집으로 인한 공동화가 일어날 것이고 건물이나 상가는 입점해 들어올 임차인들이 없어져 공실로 인하여 애물단지로 변해버릴 수 있다.

노동가능인구의 급격한 감소로 인하여 국가의 세수는 해마다 빠른 속도로 감소하여 청년과 노인에 대한 복지는커녕 국가의 기본적인 재정지출조차 어려워지는 상황이 도래할 수 있다. 문재인 정부에 들어와 점점 확대되어온 복지체계는 한번 확대된 복지지출의 하강 경직성으로 인하여 세수를 부담할 담세자들의 급격한 감소로 머지않은 장래에 국가재정 파탄의 부메랑이 되어 돌아올 가능성도 있다. 기업은 생산한 제품을 소비할 청장년층이 줄어들면서 내수시장의 급격한 수축으로 수출기업 외에는 도산이 줄을 이을 수 있고 수출기업도 내수시장에서의 경쟁력 약화로 엄청난 타격을 입을 것이다.

세계 1위의 불명예스런 저출산 국가로서 그 미래가 이토록 암담하고 발등에 불이 떨어졌으나 정부의 저출산에 대한 처방이 2,000가지가 넘고 저출산 예산이 66조 원에 이르지만 출산율은 갈수록 더 저하되고 백약이 무효인 지경이다. 이것은 저출산의 심각성을 가슴으로 느끼지 못하는 관료주의적 탁상행정의 결과다. 고집멸도苦集滅道라고 저출산의 원인이 무엇인지에 대한 근본적 진단이 이루어진 다음에야 이를 극복할 진정한 대책이 나온다. 저출산의 문제는 정부만의 문제가 아니고 머지않은 장래에 너와 나, 우리 모두 그리고 다음 세대에게도 엄청난 영향을 미칠 엄혹한 현실이다.

〈2018년 9월 11일 경북일보〉

저출산 위기를 극복하기 위한 대책

2000년대 들어 저출산 현상이 가속화되고 있다. 2023년 출산율이 0.72명으로 한 해 태어나는 신생아 수가 약 25만 명에 지나지 않는다. 1971년도에 신생아 수가 100만 명을 넘은 것과 비교하면 약 4분의 1 수준이다. 더구나 2024년 합계출산율도 0.68명을 기록할 것이란 우울한 전망이 있다. 출산율 저하는 선진국 대다수 국가에서 일어나고 있는 현상이지만 우리나라는 그 속도가 너무 급격하다.

제22대 총선이 다가오고 있으나 정당들은 어떠한 인구정책 공약도 제대로 내놓지 못하고 있다. 나라의 재정을 거덜내고 다음 세대에게 엄청난 부담을 지우는 포퓰리즘성 선심정책 공약만 쏟아내고 있을 뿐이다. 정치 모리배들은 이번 선거에서 이기는 것에만 관심을 가질 뿐이나 진정한 정치가는 다음 세대를 생각하고 미래의 국가 존립을 걱정한다.

역사적으로 출산율을 높이기 위한 노력이 있었다. 로마제국의 위대한 황제 아우구스투스는 로마제국의 인구가 급격하게 감소하자 독신자들에게 세금을 부과하였다. 25~60세의 독신 남자와 20~50세의 독신 여자에게 독신세를 부과하여 인구수를 늘리려고 하였다. 독신으로 50세가 넘으면 재산을 상속받지 못하게도 하였다. 아우구스트 황제는 "생명을 만들지 않는 것은 살인과 같은 중죄"라고 강조하였다.

천년에 한번 나올 수 있다는 청나라의 성군 강희제는 1712년 황제로 즉위한지 50년이 되는 날을 기념하여 그해 이후 태어난 백성들에게 더 이상 인두세를 부과하지 않는 세금 감면 정책을 시행하였다. 그 당시 중국의 백성들은 대부분 농부였다. 가족의 수가 많아질수록 농사 일손이 많아진다. 그래서 백성들은 자녀를 최대한 많이 나으려고 하였지만 성인 장정壯丁에게 세금을 부과하는 인두세로 인하여 자녀 수를 줄여 출생신고를 하였다. 그런데 강희제의 1712년 세금 감면 정책으로 인구수가 급격하게 늘어나 1850년대 청나라 인구가 약 4억명을 돌파하게 되었다. 전통적으로 중국의 인구는 우리나라 인구의 10배 정도였으나 세금 감면 정책 이후 20배가 되었다.

헝가리는 2019년부터 '미래 자녀 대출'을 시행하고 있다. 혼인을 신고한 부부라면 출산 계획만 정부에 통보해도 바로 최대 1,000만 포린트(약 3,700만 원)를 대출해준다. 5년 내 아이를 1명 낳으면 대출에 대한 이자를 면제해주고 2명을 낳으면 대출액의 3분의 1을, 3명을 낳으면 대출 전액을 탕감해준다. 4명 이상을 출산한 여성에게는 평생 세금을 면제해준다. 헝가리 합계출산율은 2010년 1.25명으로 떨어졌으나 2021년 1.59명으로 올랐다. 출산율 제고를 위해서는 육아를 위한 대출과 세금 감면 정책이 무엇보다 효과적이라는 것을 알 수가 있다. 헝가리의 인구정책은 우리가 적극 참고할 필요가 있다.

출산율을 높이기 위해서는 먼저 청년 세대의 가족 및 자녀에 대한 가치관을 긍정적으로 변화시켜 주는 것이 필요하다. 우리나라는 1960년대 박정희 정부 시절 가족계획 시행으로 산아제한정책에 성공한 대표적 나라다. 1980년대에는 출산율을 낮추기 위하여 '아들딸 구별 말고 한 명만 낳아 잘 기르자'는 캠페인을 벌였다. 이제 거꾸로 교육현장에서 청소년들에게 가족 및 자녀의 중요성에 대하여 교육해야 하고, 사회 공동체가 합심하여 두 명 이상 자녀 가지기 캠페인을 적극적으로 벌일 필요가 있다.

청년 세대에게 아이를 키울 수 있는 주택공급 정책도 필요하다. 예를 들면 정부와 지방자치단체는 도시 내 유휴 국유지 등을 대지로 개발해 그 땅 위에 아파트를 건축하는 것이다. 그러면 땅값을 제외한 건축 원가에 자녀를 둔 신혼부부에게 값싼 주택을 제공해줄 수 있다. 여기에 대출 보증을 비롯해 각종 세금도 감면해주는 것이다.

신혼부부들이 사교육비 부담에서 해방되도록 하기 위하여 사립학교와 국공립학교를 완전히 분리 이원화해야 한다. 사립학교에 대한 공적자금의 지원은 모두 끊는 대신 사학의 자율성을 보장하고 사립학교는 학비나 대학 등록금을 자율적으로 정하여 제한 없이 받을 수 있도록 해야 한다. 그 대신 사립학교에 지원되었던 막대한 공적자금은 모두 국공립학교 지원에 사용되어야 한다. 정부의 교육 예산은 최고의 교수진 확보 및 교육시설 등 국공립학교의 교육의 질 향상에 사용되어야 하고 일반 학생들은 유아원에서부터 대학에 이르기까지 국공립학교에서 무상으로 교육을 받을 수 있도록 해야 할 것이다.

〈2024년 3월 21일 매일신문〉

저출산 대책과 교육제도 개혁

우리나라의 저출산 원인에 대한 정확한 진단은 지금도 제대로 이루어지지 못하고 있다. 원인을 알아야 대책을 세울 수 있다는 점에서 안타까운 일이다. 그런데 국민 일반 가정의 출산율은 1명 이하로 떨어지고 있지만 공무원 가정의 출산율은 2명 이상이라고 한다. 청년 세대에게 안정된 직장이 제공되고 미래에 대한 불안을 줄여 준다면 출산율을 높일 수 있다는 것을 보여준다. 청년 세대에게 중장기적으로 안정적인 소득을 가져다주는 양질의 일자리를 마련해주는 것이 시급하고 중요한 저출산 대책이라는 것을 알 수 있다. 나아가 청년 세대에게 소득에 비해 사교육비가 차지하는 비중이 너무 크다는 것도 출산 의욕을 저하시키는 중요한 원인이 되고 있다.

박용진 더불어민주당 의원이 전국 시도교육청 감사에 적발된 사립유치원 명단을 공개한 이후 여론이 들끓고 있다. 유치원 교비가 원장의 외제차 유지비와 술집 및 숙박업소 등에서 사용되는 경우가 있고 교비로 명품백을 사거나 성인용품 등을 구입하는 경우도 있었다고 한다. 드러난 비리는 사립유치원 일부의 문제가 아니다. 사립유치원은 매년 누리과정 예산 등 2조 원이 넘는 공적자금을 지원받고 있다. 막대한 국민 혈세가 투입되고 있는 만큼 투명한 회계시스템이 도입되고 철저한 관리·감독이 이루어져야 하지만 사립유치원의 회계를 감시할 방법은 전무한 실정이다.

사학비리는 비단 사립유치원만의 문제가 아니다. 사립유치원 비리를 계기로 초중고 및 대학에 이르는 사학비리를 저출산 문제와 연계하여 근본적 대책을 세워야 할 시점이다. 저출산으로 인하여 학교가 소멸되어 가는 현 시점에 교육제도에 대한 대개혁을 검토해야 하는 것이다. 자녀를 둔 청년 세대가 사교육비 등 교육비 부담을 느끼지 않고 자녀를 교육시킬 수 있도록 교육제도에 대한 근본 개혁을 해야 한다. 그 개혁은 유아원에서부터 대학에 이르기까지 국공립학교와 사립학교에 대한 확실한 이원화 분리 정책이다.

현재는 국공립학교 뿐만아니라 사립학교에 대하여도 국가의 공적자금이 지원되고 있다. 예를 들어 사립유치원에 대한 2조 원이 넘는 예산 지원은 사립유치원 운영자금의 45%를 차지한다. 이에 따라 정부의 철저한 관리·감독도 이루어져야 하는 것이지만 실제는 그렇지 못하다. 국가관리 회계시스템인 '에듀파인'은 초중고와 국공립유치원에서만 사용되고 있고 사립유치원은 민간회계 프로그램을 사용하고 있다. 막대한 국민 혈세가 투입되고 있으나 투명하지 못한 회계감시 시스템으로 인하여 사립유치원 비리가 만연해져 왔다. 회계감시 시스템은 투명하지 못하면서 교육당국의 사립학교에 대한 교육행정 간섭은 늘어나고 있다.

따라서 유아원에서 대학에 이르기까지 사립학교와 국공립학교를 완전히 분리 이원화하여 사립학교에 대한 공적자금의 지원은 모두 끊어야 한다. 대신 사학의 자율성을 보장하고 교육당국의 사립학교 교육행정에 대한 불필요한 간섭을 모두 없애야 한다. 사립학교는 사학재단의 건학이념에 따라 학생을 교육하도록 하고 학비나 대학 등록금도 사학이 자율적으로 정하여 제한 없이 받을 수 있도록 하여야 한다.

　　그 대신 사립학교에 지원되었던 막대한 공적자금은 모두 국공립학교 지원에 사용되어야 한다. 정부의 교육예산은 국공립학교 설립과 최고의 교수진 확보 및 교육시설 등 공교육의 질 향상에 사용되어야 하고 일반 학생들은 유아원에서부터 대학에 이르기까지 국공립학교에서 무상으로 교육을 받을 수 있도록 해야 한다. 자녀를 비싼 등록금을 지불하고 사립학교에 다니게 할 것인지 아니면 무상으로 국공립학교를 다니게 할 것인지는 전적으로 학생이나 학부형의 선택에 맡기도록 하면 된다.

　　나아가 공교육은 대학교에 이르기까지 평준화하여 학생들이 대학 입시의 지옥에서 벗어나도록 해야 한다. 중고등학교에서 학생의 학업 능력을 평가하여 대학은 제대로 된 학문을 연구하려는 학생들만 진학할 수 있도록 하고 기업이 필요로 하는 전문 기술자 양성은 국공립 전문대학이나 단과대학에 진학하여 연마하도록 하면 된다. 이러한 국공립학교와 사립학교의 철저한 이원화 분리는 청년 세대의 사교육비 등 자녀 양육비에 대한 부담을 없애줌으로써 출산에 대한 두려움을 막아주고 사학 비리를 원천적으로 봉쇄할 것이다.

〈2018년 10월 23일 경북일보〉

일본의 전철을 밟지 않기 위해서는
이민정책이 답이다

　일본의 1인당 국민총생산(GDP)이 OECD 회원국 평균 밑으로 떨어진 데 이어 한국에 역전될 수 있다는 전망이 나온다. 구조적 저성장이 앞으로 계속되면 장기적으로 일본이 선진국 대열에서 탈락될 수 있다는 경고까지 나오고 있다. 일본의 석학 노구치 교수는 '20년 뒤 일본의 1인당 GDP는 한국에 두 배 이상 뒤처질 것이며, G7 회원국이 일본에서 한국으로 바뀔 수도 있다'고 말했다. 일본의 경제력이 갈수록 떨어지고 있는 이유는 디지털화 부족 등 여러 원인이 있지만 가장 큰 원인은 저출산·고령화로 인한 생산 가능 인구(25~65세)의 부족으로 구조적 장기침체를 겪고 있기 때문이다.

　노구치 교수는 일본의 경제력이 떨어지고 있는 것은 사실이지만 한국이 일본의 경제력을 추월할 수는 없다고 하였다. 한국의 출산율이 세계 최하위인 0.8명이기 때문에 조만간 일본을 따라 저출산으로 인한 구조적 저성장을 겪을 것이고 장차 일본보다 더 급격하게 경제가 침체할 것이라고 보고 있다. 일본은 저출산으로 30년째 구조적 장기침체를 겪고 있으면서도 단일민족국가를 고집하여 외국인의 이민을 어렵게 하고 있다. 심지어 일본은 국적에 있어서 혈통에 따른 속인주의를 채택한 결과 일본에서 태어나 자란 재일동포 2, 3세에게도 영주권만 부여하고 일본 국적을 부여하지 않고 있다.

미국과 유럽의 선진국들은 저출산·고령화에 대처하기 위하여 정치 지도자들이 적극 이민정책을 채택하여 왔다. 미국은 중남미 라틴계 아메리카인들이 대거 유입되었고 아시안계도 점차 많아지고 있다. 유럽은 중동과 북아프리카, 인도 등에서 이민 행렬이 줄을 잇고 있다. 미국과 유럽 선진국들은 출산율을 높이기 위한 여러 가지 정책을 시행함과 동시에 이민정책으로 다민족국가를 지향함으로써 일본과 같은 구조적 장기침체에 빠지지 않고 계속 성장하고 있다. 미국에서는 흑인 대통령과 인도계 부통령을 배출하였고 유럽에서는 장관과 국회의원 중에 인도계, 무슬림계 출신을 심심찮게 볼 수 있다.

우리나라의 국뽕에 취한 사람들 중 일부는 우리나라가 일본을 추월하여 세계적인 선진 강국이 될 수 있을 것이라고 자부하고 있다. 그러나 1인당 GDP에서 우리나라가 일본을 따라잡고 있기는 하나 반면에 대만에는 오히려 추월당하였다. 일본이 생산 가능 인구의 감소로 선진국에서 중진국으로 떨어질 수도 있다는 경고가 나오고 있지만 그것이 강 건너 남의 나라 일만이 아니다. 생산 가능 인구가 급격하게 줄어들고 있는 우리나라도 이런 상태가 계속된다면 일본을 따라 머지않아 선진국에서 다시 중진국으로 떨어질 가능성이 높다.

우리나라 정부가 수없는 저출산 대책을 내놓고 있으나 출산율은 갈수록 떨어지기만 하고 백약이 무효이다. 설사 우리나라가 기적적으로 저출산 대책에 성공하여 출산율이 높아진다고 가정하더라도 신생아들이 자라서 노동할 수 있는 생산 가능 인구가 되려면 족히 30년은 걸린다. 따라서 생산 가능 인구가 급격하게 줄어들고 있는 우리나라 현실에서 이민정책은 더 이상 선택이 아니라 빠른 시일 내에 반드시 실천해야 할 정책일 수밖에 없다. 이민으로 인하여 여러 가지 문제점이 생겨날 수 있지만 저출산으로 인한 국가적 재앙을 초래하는 것보다는 낫다.

국적법에 있어서 우리나라와 일본은 부모의 혈통에 따른 속인주의를 채택하고 있으나 미국은 속지주의를 택하고 있다. 속지주의는 부모가 불법체류자라 할지라도 미국 영토에서 아기를 낳으면 그 아기는 미국 시민권을 자동적으로 얻게 된다. 우리나라의 불법체류자가 40만 명에 육박하고 있고 그 자식들이 우리나라에서 태어나 자라고 있지만 한국 국적이 없어서 교육조차 받을 수 없는 것이 현실이다. 불법체류자들이 데려왔거나 우리나라에서 낳은 자식들이 주민등록번호도 없이 유령과 같은 '미등록 이주 아동'으로 살아가고 있다. 신속히 국적법을 고쳐 속지주의를 채택하여 이들이 한국 국적을 가지고 한국인으로 살아갈 수 있도록 해야 한다. 우리나라가 폐쇄적인 단일민족국가 개념을 떠나 세계를 향한 개방적인 다민족국가를 지향해 나아갈 때 일본의 전철을 밟지 않고 국가적 재앙을 미연에 방지할 수 있을 것이다.

〈2023년 3월 20일 영남일보〉

중도사상과 죽산 조봉암의 삶

세계 패권다툼의 일환인 미국과 중국 사이의 무역전쟁으로 우리나라의 국제 수출환경이 어려워지고 있고 미국의 금리인상 등 5高 시대의 파고로 국내 경기 전망은 장차 상당히 어두워지고 있다. 어려운 정치·경제 환경 속에 처해 있는 우리나라에서 진보니 보수니 하는 진영논리나 계파 파벌 다툼보다는 나라와 국민을 위해 멸사봉공할 수 있는 진정한 젊은 정치 리더들이 많이 출현하여 국민을 통합하고 평화와 통일로 가는 기틀을 닦아주었으면 하는 바람 가득하다.

우리나라 국민의 진보 대 중도 및 보수의 비율은 30:40:30으로 분류되고 있다. 중도란 진보와 보수의 중간이 아니라 진보와 보수를 아우르고 통합하여 조화와 통일을 이루는 것이다. 중도에 대하여 가장 잘 표현한 것이 원효대사의 화쟁사상이다. 원효대사는 특정한 종파나 문헌에 치우치지 않고 불교 안의 모든 사상을 조화시키고 통일함으로써 부처님의 참 정신을 구현하려고 하였다. 화쟁사상은 극단과 아집을 타파하되 일체의 주장을 버리지 않고 비판적으로 수용함으로써 조화와 통일을 이루고자 한다. 오늘날 중도를 지향하고자 하는 정치인은 원효의 화쟁사상에서 중도의 참된 가치와 지향점을 배우고 21세기 대한민국이 가야할 제3의 길을 제시하여야 할 것이다.

중도 정당은 진보와 보수의 일체의 주장을 버리지 않고 비판적으로 수용함으로써 조화와 통일을 이루어 나가고 처절한 반성과 진정성이 묻어나는 정책과 대안으로 국민에게 제3의 길을 제시해 나갈 때 40%에 달하는 중도층의 지지를 결속시키고 이를 넘어 좌우로 외연을 넓혀 나갈 수 있다. 그렇지 않고 중도라고 하면서 중간에 머물 때, 이것도 저것도 아닌 회색정당으로 변질되어 시대정신을 담아낼 수 있는 수권정당이 될 수 없고 국민의 지지도 받을 수 없다.

해방공간에서 미국과 소련의 양 강대국이 한반도를 남북으로 양분하고 극단적인 좌우의 이념 대립으로 중도가 숨 쉴 공간조차 마련하기 어려울 때 중도의 정신으로 좌우합작을 실천하기 위하여 노력한 중도 정치인으로 여운형, 김규식, 안재홍, 조소앙 같은 분이 있다. 그리고 대한민국 정부 수립에 참여하여 국회 부의장과 초대 농림부 장관을 지낸 죽산 조봉암은 좌파 진보주의자이면서 우파로도 분류될 수 있는 중도 정치인이다.

조봉암은 20살에 3.1운동 주동자로 체포되어 1년간 옥고를 치르고 출옥 후 1924년 박헌영, 김단야 등과 조선공산당 조직을 주도하여 항일운동을 벌이다가 일본 경찰에 체포되어 신의주 감옥에서 7년간 복역하였다. 1945년 8.15 광복 때 서대문형무소에서 출옥하여 조선공산당 재건을 위하여 활동하였으나 1946년 박헌영을 비롯한 당원들이 좌우합작에 비타협적으로 나오자 조선공산당을 탈당한 후 남한 단독선거에 참여하여 무소속으로 국회의원에 당선되고 대한민국 국회 부의장과 초대 농림부 장관을 지냈다.

조봉암은 농림부 장관으로 있으면서 농지개혁을 단행하여 일제 시대 농노에 가까운 소작농의 질곡에 허덕였던 대다수 농민을 자작농으로 바꾸어 민주주의 기반인 중산층을 형성시키는데 지대한 공헌을 하였다. 제3대 대통령 선거에서 이승만의 최대 정적으로 떠올랐으나 이승만 세력은 조봉암에 위협을 느끼고 조봉암이 한반도 평화통일을 지향하는 진보당을 결성한 것을 구실로 간첩 혐의를 뒤집어씌워 사형선고를 내려 사법 살인을 저질렀다.

조봉암은 사형집행일 아침 사형장을 향해 걸어가던 중 서대문형무소 담장 옆에 피어 있는 코스모스에 다가가 한참 동안 꽃향기를 맡은 뒤 담담히 형장으로 들어갔다. 조봉암이 마지막 형장에서 남긴 말이다.

"이승만 박사는 소수가 잘 살기 위한 정치를 하였고 나와 나의 동지들은 국민 대다수를 고루 잘 살리기 위한 민주주의 투쟁을 했다. 나에게 죄가 있다면 많은 사람이 고루 잘 살 수 있는 정치운동을 한 것 밖에 없다. 나의 죽음이 헛되지 않고 이 나라의 민주 발전에 도움이 되기를 바라며 그 희생물은 내가 마지막이기를 바란다."

〈2018년 7월 9일 경북일보〉

공적연금 개혁과 공무원의 노동3권

문재인 정부가 대선 공약으로 내세운 '임기 내 17만 4천명 공무원 채용'을 추진하고 있는 가운데 2017년 1,555조 원에 이르는 국가 부채의 상당 부분이 공무원, 군인 연금 충당 부채라는 사실이 알려지며 논란이 일고 있다. 청년일자리 창출을 위한 공무원 신규 채용 증가는 청년들에게 안정된 직장을 공급하고 이들의 소비에 의해 내수를 확대시키는 단기적 효과를 가지고 올 수 있으나 한편으로는 저출산·고령화가 심화되고 있는 우리나라의 현실에서 공무원 수의 증가는 공무원 월급과 연금에 충당해야 할 국가 부채의 증가로 미래 국가재정을 책임져야 할 청년 세대에게 큰 부담을 줄 수 있다.

2015년 박근혜 정부가 시행한 공무원연금법 개정은 국가 부채의 급속한 증가를 수년간 늦추는 효과를 가지고 왔다. 공무원 및 군인 연금으로 인한 국가 부채 증가는 국가 재정에 큰 부담이 될 수 있으므로 공적연금 개혁은 멀지 않은 미래에 반드시 해내야만 하는 숙제다. 공무원연금은 공무원 재직자와 정부가 함께 낸 보험료를 재원으로 수급자에게 연금을 지급하는 방식이지만 정부가 보험료만으로는 부족한 부분을 국가 재정으로 메우는 방식이다. 국민연금은 정부가 부족한 부분을 국가 재정으로 메워주지 않는 것에 비하면 공무원이라는 특수직역에 대한 특별한 우대와 혜택이라고 할 수 있다.

2018년 3월 국회에 제출된 문재인 정부의 대통령개헌안에는 공무원노조의 노동3권을 보장하고 있다. 공무원의 단결권과 단체교섭권뿐만 아니라 단체행동권도 보장하겠다는 것이다. 현행 공무원법은 공무원은 노동행위나 그 밖에 공무 외의 일을 위한 집단행위를 하여서는 아니 된다고 규정하고 있고, 공무원노조법은 단결권, 단체교섭권은 인정하되 파업 등 단체행동권은 인정하지 않고 있다.

공무원의 단체행동권을 인정한다는 것은 공무원의 국민을 위한 공무담임이라는 특수성과 함께 공무원을 노동자로 인정하고 공무원 집단의 이익을 위해 투쟁할 수 있는 이익집단으로 인정하겠다는 취지로도 볼 수 있다. 현재 미국이나 일본에서는 공무원의 노동3권을 제한하고 있으나 프랑스 등 유럽 국가 중에는 공무원의 노동3권을 모두 인정하는 경우도 있다. 우리나라에서 공무원은 국민을 위한 봉사자라는 특수성 때문에 공무원연금에는 국가가 부족분을 재정으로 메워주는 혜택을 주고 있는 반면 파업 등 단체행동권은 행사하지 못하도록 노동3권은 제한하고 있다.

따라서 공무원의 특수성이라는 측면에서 공무원연금 개혁과 공무원의 노동3권 보장을 연계해서 살펴볼 필요가 있다. 만약 대통령개헌안과 같이 공무원연금에 대한 개혁 없이 공무원에게 단체행동권까지 주게 되면 향후 공무원연금 개혁을 하려는 경우 공무원 집단의 파업 등 반발로 공무원연금 개혁이 어렵게 될 수 있다. 그러므로 공무원연금 개혁 이후 또는 공무원연금 개혁과 동시에 공무원의 노동3권을 보장하는 문제를 다루어야할 것이지 공무원연금 개혁 없이 공무원의 노동3권만 먼저 보장하는 것은 고려해야할 문제다.

OECD 국가 중 국민의 노후 보장이 가장 부족하고 노인 빈곤율이 심한 우리나라에서 공정하고 평등한 전 국민의 노후 보장과 인간다운 삶을 위해서 공적연금의 개혁이 필요하고 국민연금과 공무원연금제도의 통합이 이루어지는 것이 바람직하다. 일본 등 선진국에서도 공적연금제도의 통합이 이루어지고 있는 추세다. 정부는 2015년 공무원연금 개혁이 단행되면서 공무원연금 보험료율은 늘었고 연금지급률은 낮아졌으며 수급 개시 연령도 60세에서 65세로 상향 조정되었으므로 신규 채용공무원의 수익비는 국민연금 수준인 만큼 미래에도 큰 부담이 되지 않는다고 설명한다. 정부의 설명대로라면 공무원연금과 국민연금의 수익비는 별로 차이가 없다는 것인 만큼 공적연금 통합은 더 빨리 이루어져야 할 것이다.

공적연금 개혁 시 저출산·고령화와 기대수명의 증가, 베이비붐 세대 공무원의 퇴직으로 은퇴 공무원의 수가 증가하고 있는 만큼 연금 수령 개시 연령을 점차적으로 상향하고 연금 수령에서 하위층을 적극 배려하여 연금 수령액의 편차를 줄이고 퇴직 후 다른 직업을 가져 소득이 생기는 경우는 연금 지급에서 이를 반영하거나 연금 지급을 중지함으로써 연금 재정을 충실히 할 필요가 있다.

〈2018년 4월 23일 경북일보〉

박항서 감독과 베트남의 단합

　동남아시아 국가들 간의 축구 월드컵인 스즈키컵 결승에서 베트남
이 말레이시아를 누르고 10년 만에 우승컵을 차지하였다. 베트남은 열
광의 도가니다. U-23 아시안컵 준우승을 시작으로 박항서 감독은 베
트남 축구의 새로운 역사를 쓰고 있다. 박항서 감독은 축구 감독으로
베트남에서 영웅이 되었다. 베트남 국민은 베트남의 금성홍기와 태극
기를 들고 박항서를 외친다. 베트남전쟁에서 한국군은 용병으로 참전
하여 공산국가 북베트남과 싸운 적국이다. 그러나 적화 통일된 현재의
베트남 땅에서 태극기가 휘날리고 한류가 폭풍적인 인기를 끌고 우리
나라가 베트남의 최대 투자국이 되었다. 국가 간에는 영원한 적도 친구
도 없다는 것을 새삼 느낄 수 있다.

　베트남은 우리나라와 비슷한 역사와 아픔을 가지고 있다. 두 나라
는 빈번하게 중국의 침략을 받아왔지만 도전과 응전 속에서 중국에 완
전 동화되지 않고 국가를 유지해왔다. 우리나라는 중국의 침략을 을지

문덕의 살수대첩, 연개소문의 대당전쟁, 신라의 나당전쟁, 강감찬의 귀주대첩 등으로 물리쳤다. 베트남도 981년 송나라의 침략을 물리쳤고, 1406년 명나라의 침략을 10년간의 투쟁으로 물리쳤으며 1788년 청나라의 30만 대군을 하노이에서 전멸시켰다. 두 나라는 중국과의 전쟁에서 수회에 걸쳐 승리해 나라가 없어지는 불행이 없이 국가를 유지해올 수 있었다. 그렇지 않았다면 광동성, 광서성, 운남성의 장족 등 여러 소수민족 그리고 티베트, 위구르 지역처럼 두 나라는 중국에 합병되어 중국의 영토가 되었을 것이다.

2차 세계대전 전에는 베트남은 프랑스 식민지, 우리나라는 일본의 식민지로 제국주의 외세의 지배를 받았다. 2차 대전이 끝난 후에는 베트남과 우리나라는 남북으로 갈라진 분단국가가 되었다. 우리나라는 북위 38도선을 기준으로, 베트남은 북위 17도선을 기준으로 북에는 공산국가, 남에는 자본주의 반공국가로 분단되었다. 우리나라는 1950년 민족상잔의 한국전쟁을 겪었으나 통일되지 못하고 휴전상태가 지금까지 이어져오고 있다. 베트남은 베트남전쟁이라는 내전을 거치면서 1976년 북베트남이 부패한 남베트남을 정복함으로써 공산국가로 적화 통일되었다.

베트남전쟁은 분단된 남북 베트남 사이의 내전임과 동시에 동서 냉전시대 공산주의 진영과 자본주의 진영 사이의 국제전이기도 하였다. 미국, 호주, 뉴질랜드, 태국, 필리핀과 대한민국이 자본주의 진영에 참전을 하였고 소련, 중국, 크메르루주, 북한이 공산주의 진영에 참전을 하였다. 베트남전쟁은 1955년부터 1975년까지 20년에 걸쳐 벌어졌다. 미국은 2차 대전에 사용했던 것보다 더 많은 엄청난 화력을 베트남 땅에 퍼부었다. 그러나 미국 국내의 반전운동과 호찌민이 이끄는 북베트남 공산군 및 베트콩의 게릴라전술에 밀려 미국이 남베트남에서 철수하게 됨으로써 북베트남의 승리로 끝났다.

공산국가 북베트남이 베트남을 적화통일하면서 남베트남의 많은 사람들이 처형되었다. 중국계 베트남인인 30만 명의 화교를 비롯한 많은 남베트남 사람들이 베트남을 탈출하여 보트피플로 국적 없이 떠돌게 되기도 하였다. 남베트남의 수도 사이공은 호찌민시로 개명되었고 남베트남인들은 사회적 처우에서 북베트남인들에 비해 상당한 차별을 받았다. 남베트남인들은 아직도 호찌민시를 사이공으로 부르고 있으며 남베트남인의 뿌리 깊은 감정의 골은 화해되지 못하고 남아 있다.

그런데 박항서 감독이 베트남 축구 감독으로 부임하게 되면서 베트남이 하나가 되고 있다. 박항서 감독은 지역에 차별을 두지 않고 하노이시와 호찌민시를 비롯한 남북 베트남에서 자질 있는 축구 선수들을 골고루 대표팀 선수로 뽑았다. 남북 베트남 출신의 축구 선수들이 골고루 국가대표 선수로 선발되어 한 팀으로 뛰게 됨으로써 베트남 전역에서 응원이 뜨겁다. 베트남 국민이 모두 한마음 되어 축구를 응원함으로써 베트남 전쟁 이후 처음으로 베트남의 온 국민이 다같이 하나가 되었다. 박항서 감독의 축구가 베트남을 하나로 단합하게 만들고 있는 것이다. 스포츠의 힘이다.

세계의 마지막 냉전국가인 남북한은 아직도 휴전상태로 전쟁이 끝나지 않았고 남한에서의 남남 갈등도 심하다. 북한의 김정은을 칭송하는 극좌세력이 있는가 하면 오로지 반공만을 외치는 극우세력도 있다. 사상의 자유가 있는 자유민주주의 국가에서 극좌도 극우도 있을 수 있겠지만 극좌와 극우가 지나치게 큰 목소리를 내는 것은 위험한 일이다. 건전한 비판의식과 합리적 사고를 가진 건실한 중산층이 많아야 국가

사회가 안정되게 발전할 수 있다. 2019년 1월 5일 아랍에미리트에서 아시안컵 대회가 개최된다. 벤투 감독이 이끄는 축구 국가대표팀이 우승을 하여 진보와 보수를 떠나 다같이 하나되어 어깨동무하며 국민이 단합되었으면 좋겠다. 새는 좌우 날개로 날아간다. 진보와 보수가 균형을 이루며 나라의 안녕과 발전을 위해 적이 아니라 서로 선의 경쟁하는 관계가 되었으면 좋겠다.

〈2018년 8월 6일 경북일보〉

영풍제련소와 낙동강 식수원 오염

    지난 2018년 11월 14일 대구지방변호사회관 5층 강당에서 낙동강 최상류 영풍석포제련소의 식수원 오염실태와 관련한 환경세미나가 열렸다. 영풍제련소는 1970년 들어선 아연제련공장이다. 영남지역 1,300만 시도민들은 낙동강 물을 정수하여 마시고 살고 있다. 그런데 낙동강 최상류 청정계곡 깊은 골짜기에 거대한 아연제련공장이 약 48년 전부터 지금까지 가동되어 오고 있다. 영풍제련소는 경북 봉화군 석포면에 위치한다. 영풍제련소의 매출은 지난해 기준 1조3천억 원이며 국내 재계순위 26위인 영풍그룹의 주력사다. 영풍그룹은 주식회사영풍과 주식회사영풍문고 및 고려아연주식회사 등 24개 계열사로 구성되어 있다.

    영풍제련소는 아연제련공장 특성상 수많은 환경오염물질을 양산하게 된다. 문제는 이곳이 1,300만 영남지역 시민들의 식수원 최상류에 위치해 있다는데 심각성이 있다. 세미나 발제자들에 의하면 영풍제련소에서 아연을 만들기 위해서는 정광 원석을 분쇄해 작은 가루로 만든 다음 물과 화학물질을 이용해 화학반응을 일으켜 아연을 분리해내고 남은 물과 찌꺼기를 버려야 한다. 이 과정에서 밀가루보다 미세한 정광 가루가 공기 중에 비산되고 주변 나무와 토양에 묻어 있다가 빗물에 씻겨 계곡에 흘러든다. 또 화학반응을 일으키는 단계에서 발생하는 막대한 양의 수증기에 아황산가스 등 중금속물질이 섞여 나온다. 그리고 아연을 분리해 내고 남은 중금속 폐수가 계곡에 흘러들거나 중금속 폐슬러지 등에서 나오는 비소, 납, 아연, 수은, 카드뮴 등 인체에 치명적인 중금속이 지속적으로 낙동강과 주변 산지로 방출되어 낙동강 최상류 산하를 초토화시키는 등의 심각한 문제가 발생한다고 한다.

영풍제련소는 2014년 석포리 아래에 거주하는 봉화 주민들이 환경오염 문제의 심각성을 제기하였으나 전혀 개선의 의지가 없었다. 오히려 2013년부터 제3공장의 증설을 강행함으로써 '영풍제련소 봉화군 대책위'가 만들어지고 이에 따라 본격적으로 영풍제련소 문제점의 심각성이 알려지게 되었다. 그리고 2018년 3월경 결성된 '영풍제련소 환경오염 및 주민 건강 피해 공동대책위원회'가 발족하면서 더욱 확대되게 되었다. 영풍제련소 공동대책위는 봉화, 안동에서부터 구미, 대구, 창원, 부산 등 낙동강 유역의 거의 모든 지역의 환경단체와 주민단체가 모여 낙동강 최악의 공해 공장인 영풍제련소 문제를 해결하기 위해 노력하고 있다고 한다.

최근 영풍제련소 부지 토양의 중금속오염이 심각한 것으로 밝혀지고 중금속 폐수 수십 톤을 무단방류한 것이 적발되어 행정청이 토양정화명령과 조업정지 명령 등의 행정처분을 내리면서 주식회사영풍과 행정청 사이에 행정쟁송이 벌어지고 있다. 영풍제련소는 2013년부터 48건의 환경오염행위가 적발되었다. 특히 제3공장은 2005년 제4종의 소형 대기배출사업장으로 공장 설립 신고 후 이와 달리 특정대기유해물질 배출시설 1종 사업장을 허가 없이 설립 후 불법으로 가동해 오다가 2013년 적발되었다. 하지만 이후 이행강제금 14억600만 원을 납부하고 불법건축물 양성화를 통하여 현재 운영 중이라고 한다. 제3공장은 애초 허가가 불가능한 곳이었다 한다.

영풍제련소가 이와 같이 공장을 가동해올 수 있었던 배경에는 영풍그룹의 어마어마한 자본력과 영풍그룹이 거느린 '관피아' 또는 '환피아'라 일컬어지는 막강한 임원과 사외이사진에 기인한 것으로 보여지고 있다. 전 대구지방환경청장이 주식회사영풍의 부사장으로 있고, 영풍그룹은 법무부 장관, 환경부 장관 출신은 물론 국무총리실, 국세청, 고용노동부, 공정거래위원회 등 분야를 가리지 않고 전직 고위 공무원들을 사외이사로 임명했다. 국회 홍영표 의원실에 따르면 영풍그룹은 관료 출신 사외이사 비율이 30대 기업 평균인 43%의 두 배에 이르는 80%에 달한다. 전직 관료를 활용한 민관유착 의혹이 꾸준히 제기되는 이유다. 정의당 이정미 의원은 고위 관료출신의 사외이사가 이렇게 많은데도 환경오염이 반복되는 것은 정부부처와 기업이 사외이사를 통해 결탁한 것이라고 지적했다.

1960년대 '이타이이타이병'으로 유명한 일본 동방아연이 더 이상 가동할 수 없는 상황에 이르자 그 기술력이 그대로 전수되어 1970년 낙동강 최상류에 영풍제련소가 들어섰다. 당시는 태백에 광산이 존재했었고 그곳에서 아연의 원광석이 채굴되고 있어 권력을 등에 업은 영풍이 제련소를 차릴 수 있었다. 그 당시는 환경의식도 거의 없던 시대였고 먹고 사는 문제가 지상의 명제였던 시절이라 그럴 수도 있었다지만 원광석이 그곳에서 더 이상 채굴되지도 않고 환경과 인권의 중요성이 크게 강조되고 있는 현재에도 낙동강 최상류에 거대 환경오염공장이 그대로 가동되고 있다는 것은 문제가 많다. 따라서 이 문제는 막강한 로비력을 가진 영풍그룹이라는 점을 감안, 해당지자체나 환경단체뿐만 아니라 학계, 언론계, 법조계를 포함하여 전방위적으로 관심을 가져야 하고 정부도 적극적으로 나서서 해결하려 해야할 것이다.

〈2018년 11월 19일 경북일보〉

박정희 역사 지우기

2018년 10월 26일 오전 구미시 상모동 박정희 전 대통령 생가에서 '박정희 대통령 39주기 추모·추도식'이 열렸다. 더불어민주당 소속 구미시장이 참석하지 않고 이철우 경북도지사가 참석하여 초헌(신위에 첫 번째 술잔을 올리는 것)을 했다. 구미시는 박정희 생가 옆에 짓고 있던 '박정희 대통령 역사자료관' 명칭에서 박정희의 이름을 빼고 구미근현대역사관으로 명칭을 바꾸고 구미시 직제에서 '새마을과'를 폐지하기로 했다. 그런데 박정희 전 대통령에 대한 평가는 진영 논리에 따라 명암이 엇갈리지만 이를 일도양단 식으로 한마디로 평가해 치부할 간단한 문제는 아니다.

박정희의 유신 집권기이던 1976년 중국에서는 마오쩌둥이 죽고 덩샤오핑이 정권을 잡았다. 국공내전에서 승리하여 1949년 중국을 적화통일한 마오쩌둥은 현대 중국의 국부로 불린다. 그러나 마오쩌둥은 중국을 공산화한 후 지주나 자본가 등 민간인들을 인민재판에 넘겨 수없이 처형했다. 그 후에도 대약진운동, 인민공사 그리고 문화대혁명을 거치면서 홍위병들을 앞세워 무고한 사람들을 수도 없이 죽였다. 마오쩌둥이 사망하기까지 중국 인민 중 최소 4,500만 명이 굶어 죽고 맞아 죽었다. 마오쩌둥 사후 정권을 잡은 덩샤오핑은 사회주의 계획경제 대신 사회주의 시장경제정책을 도입하여 개혁개방정책을 밀어붙였다. 1980년대 당시 덩샤오핑을 비롯한 중국의 정치지도자 및 대학생들은 한국의 박정희 전 대통령과 싱가포르의 리콴유 전 총리의 국가주도 산업화 경제정책을 동경하고 배우고 공부하였다. 덩샤오핑의 개혁개방정책으로 중국은 현재 미국에 이은 G2에 올라섰다.

그러나 그 덩샤오핑도 공산일당 독재를 유지하기 위하여 1989년 자유와 개혁 및 민주주의를 요구하는 대학생과 시민들의 천안문 6.4민주항쟁을 탱크와 총탄으로 진압하였다. 덩샤오핑은 중국 인민을 지키고 보호해야 할 인민해방군 5만 대군을 천안문 광장에 투입하여 개혁과 민주화를 요구하는 인민들을 총칼과 전차로 깔아뭉개려 하였다. 인민해방군은 시위대를 향하여 발포하였고 도망가는 시민들까지 탱크를 몰고 가서 잔인하게 죽였다. 시위와 상관없는 일반가정집에도 총을 난사하여 무고한 시민들을 사살하였다고 한다. 덩샤오핑의 천안문 대학살로 많은 중국 인민들이 죽임을 당하였다. 덩샤오핑은 전두환과 신군부에 의하여 저질러진 1980년의 광주민주화운동 진압을 훨씬 능가하는 대학살을 중국 인민에게 가한 것이다.

마오쩌둥과 덩샤오핑은 공산당 일당독재를 유지하기 위하여 철권통치로 중국 인민의 개혁과 민주화 요구를 억압하였고 중국 인민을 무자비하게 학살하였다. 그런데 2003년 중국 칭화대를 방문한 노무현 전 대통령은 자신이 가장 존경하는 중국 정치인으로 마오쩌둥과 덩샤오핑을 꼽고 두 사람이 시대를 나누어 중국 역사를 새롭게 만들었다고 연설하였다.

박정희 전 대통령은 국가주도의 산업화 경제정책으로 절대적 빈곤에 시달리던 우리 국민들을 5천 년 역사에서 처음으로 굶주림에서 해방시켰다. 새마을운동으로 농어촌의 자립과 주거환경을 개선하고 의료보험정책으로 서민과 빈곤층이 값싸게 병원에서 치료 받는 것을 가능하게 하였다. 식목 정책과 도시 그린벨트 정책으로 황폐화된 국토를 푸른 강산으로 바꾸고 도시의 무질서한 확대를 막았다. 물론 박정희 전 대통령이 10월 유신으로 독재 정치를 강화하고 반공을 국시로 정적들과 민주화를 요구하는 지식인 및 학생들을 탄압하고 무고하게 재판에 넘겨 처벌한 잘못을 저지르기도 했다. 그러나 노무현 전 대통령이 존경하는 마오쩌둥이나 덩샤오핑에 비해 국민들을 더 혹독하게 탄압하였다거나 그의 공과가 뒤진다고 할 수 없다.

박정희 전 대통령을 평가할 때 민주화되고 선진화된 미국이나 서구의 정치 지도자와 비교해서는 안될 것이다. 1960~1970년대 아시아, 아프리카 및 중남미의 신생 후진국 정치 지도자들과 비교해야 한다. 그 당시 거의 대부분의 신생 후진국에서 군사독재나 공산독재가 이루어졌고 거의 예외 없이 부패와 족벌정치로 나라를 빈곤의 수렁에 빠뜨렸다. 그 많은 신생 후진국 중에서 싱가포르와 대한민국만이 거의 유일하다시피 선진경제국으로 발돋움하고 민주화가 이루어졌다. 수령 절대주의 체제 하에서 자유와 인권이 탄압되고 병영화·감옥화된 북한에서 굶주리고 헐벗은 북한 주민들과 비교해도 마찬가지다. 빈부격차 등 많은 문제점을 가지고 있음에도 불구하고 우리는 대한민국에 태어나 살고 있음에 감사할 수밖에 없고 대한민국을 지켜야 한다.

이러한 대한민국이 만들어지기까지 박정희 전 대통령의 공은 과에 비하여 적다고 할 수 없다. 박정희 전 대통령의 발자취는 대한민국 근현대역사에서 뚜렷한 족적이다. 구미시가 박정희 전 대통령의 역사를 지우려고 하는 것은 대한민국의 역사를 지우려는 것이요 나아가 대한민국을 부정하려는 것이라 할 수 있을 것이다.

〈2018년 10월 29일 경북일보〉

반디의 책 『고발』

    수원지방법원에 재판이 있어서 재판 시간에 맞추느라 오랜만에 무궁화열차를 타고 수원으로 떠났다. 코로나 방역을 위해서 한 의자에는 되도록 한 사람만 앉을 수 있도록 코레일에서 좌석 배치를 해주었다. 승객들은 답답하지만 모두 마스크를 벗지 않고 긴 시간 기차 속에 앉아 행선지에 도착하기를 기다렸다. 오래된 무궁화열차라 그런지 기차가 자주 흔들리고 의자가 삐걱거리는 소리가 계속 났다. 그래도 차창 밖으로 보이는 장마철의 시골 풍경과 푸른 산빛으로 인하여 눈은 시원했다. 기차를 타고 가면서 조금 눈을 붙여 휴식을 취하다가 가지고 간 북한의 얼굴 없는 작가 반디가 쓴 단편소설집 『고발』을 읽었다. 김일성·김정일 부자의 공산독재 치하의 암울한 북한에 살면서 자유를 갈망하며 북한의 비참한 상황을 고발하여 쓴 책이다. 주인공을 달리하며 7편의 단편을 모아 놓은 소설집이다.

    신분이나 계급 없는 사회를 지향한다는 공산주의 혁명을 했다면서 북한은 여전히 전근대적인 신분사회다. 신적인 존재인 어버이 수령이 군림하고 공산주의 귀족들이 신분을 세습하며 북한 상층부를 장악하고 있으며 나머지 일반 인민들은 동요계층 또는 적대계층으로 분류되어 자유를 잃고 살아가고 있다. 그들의 신분은 조선시대와 별반 다르지 않게 자식, 손자로 이어지고 신분에서 벗어날 희망이 거의 없다.

태영호 전 주영국북한대사관 공사의 책에 의하면 거주 이전의 자유와 직업 선택의 자유가 없는 북한은 감시 사회고 병영 사회며 정권에 길들여진 노예 사회라 한다. 북한 정권에 조금이라도 불만 섞인 소리를 했다가는 가족 전체가 한밤중에 어디론가 모르게 끌려가야 한다. 북한에는 정치범으로 몰려 수용소에서 짐승같이 살고 있는 사람들도 수십만명에 이른다고 한다. 아무리 똑똑하고 개인적으로 능력이 있어도 동요계층, 적대계층은 출세할 수 없는 사회다. 반디의 책 『고발』에 의하면 김일성이 가는 곳은 1호 행사로 불려 인민들은 부모가 죽어도 통행증이 없이는 고향에 갈 수가 없다.

반디가 쓴 또 한 권의 책 『붉은 세월』이라는 시집에는 자유를 갈망하는 북한 주민들의 피맺힌 절규가 쓰여 있다. 우리는 우리가 마시고 있는 자유의 공기가 당연한 것처럼 여기고 있으나 북한 주민들에게는 그 자유가 빵보다도 더 귀하고 어쩌면 목숨보다 더 귀할 수 있는 것이다. 물론 북한 주민들에게는 그 빵조차도 제대로 얻기 어려운 것이 현실이다. 어버이 수령 한 사람만이 완전한 자유와 신과 같은 절대적 권력, 온갖 사치를 누리고 사는 사회! 쌀밥에 고깃국을 마음껏 먹게 해주겠다고 어버이 수령께서 그토록 약속했지만 그로부터 70년이 지난 지금도 북한 주민들은 배고픔에서 벗어나지 못하고 있다.

남북한 사이에 전쟁과 대립 없는 평화의 공존도 중요하겠지만 노예

상태에서 허덕이는 북한 주민들의 삶을 조금이라도 개선시키는 노력도 필요하다. 같은 시대를 살아가고 있는 북한 동포들의 삶을 개선시키기 위하여 남쪽에 살고 있는 우리들은 무엇을 해야 할 것인가? 차창 밖으로 보이는 대한민국의 아름다운 풍경과 집들 그리고 자유가 너무도 소중해 보인다. 내부적으로 문제도 많고 상처도 많은 나라이지만 우리는 그래도 내가 태어나고 자란 조국이 선진화되고 민주화된 대한민국이라는 것에 감사해야 하지 않겠는가? 문재인 대통령도 남과 북의 체제 경쟁은 이미 끝난 것이라고 말한 바 있다. 그런 의미에서 한국전쟁 당시 북한 인민군의 침략을 맞아 총칼로 맞서 싸워 대한민국을 지켜낸 이름 없는 수많은 장병들에게 감사와 경의를 보낸다. 그들의 피흘림이 없었다면 남쪽의 5천만 국민들도 김씨 세습독재 치하에서 자유를 잃고 노예처럼 살아가는 신세가 되었을 것이다.

아울러 세계에서 가장 빈곤한 나라 대한민국을 70년 만에 G7에 필적할 만큼 선진화되고 민주화된 나라로 만들어놓은 지도자들과 산업역군들 그리고 민주화에 힘쓴 분들에게 감사한다. 근대화에 힘쓴 분들과 민주화에 힘쓴 분들은 다 같이 현재의 대한민국을 만든 두 주역이다. 앞으로도 두 주역은 서로 대립을 할 것이 아니라 나라의 발전을 위하여 같이 경쟁하면서 멋진 대한민국을 만들어 나가는데 밑거름이 되었으면 좋겠다. 그것이 국가와 국민을 위해 상생하는 길이며 우리의 조국 대한민국을 길이 지켜 보존하여 후손에게 물려주는 길일 것이다.

〈2020년 8월 3일 대구일보〉

탈북 월남인과 북한 탈북민

　　문재인 전 대통령은 한국전쟁 중인 1.4후퇴 당시 흥남철수작전 때 북한을 탈출하여 거제도에 정착한 탈북 월남인 가족이다. 좌우 대립의 해방공간과 한국전쟁을 겪으면서 100만 명에 가까운 북한 주민들이 자유를 찾아 대한민국으로 탈출했다. 1945년 해방 이후 1953년 휴전까지 38선 이남으로 내려온 탈북 월남인들은 일제강점기의 지주와 부농 및 자본가 계층, 개신교 교인 계층, 자유주의 지식인 계층 및 북한에서 대한민국 치안대에 가입하게 된 농민이 주를 이룬다. 탈북 월남인들 중에는 서북청년단 등 일부 극우세력이 반공의 선두에서 무고한 민간인 학살에 앞장서기도 하였지만 탈북 월남인들은 남한의 농민들과 함께 공산주의 북한의 침략으로부터 대한민국을 지켜내는데 상당한 역할을 하였다. 한국전쟁 후 자유민주국가 대한민국의 보호 아래 대한민국의 성장과 경제적 번영에 일조를 다하였다.

　　문재인 전 대통령도 탈북 월남인 가족이지만 신분과 계급이 사라지고 종교의 자유, 거주 이전의 자유가 보장되며 가난해도 개인적 능력으로 노력만 하면 성공할 수 있었던 나라 대한민국에서 교육의 혜택을 받고, 경쟁 속에서 변호사 자격을 취득하였으며, 대한민국 국회의원과 대통령까지 될 수 있었다. 만약 문재인 전 대통령의 부모가 월남하지 않고 북한에 남아 있었다면 문재인 전 대통령은 어떻게 되었을까? 문재인 전 대통령의 부모가 왜 월남하였는지 그 이유는 알 수 없으나 그들이 평양에서 거주할 수 있는 신분인 북한의 핵심계층 신분이 아닌 것은 분명한 것 같다. 1.4후퇴 당시 월남한 것으로 보아서 북한에 그대로 남았다면 북한의 동요계층, 적대계층 신분으로 분류되어 거주 이전의 자유도 없이 북한의 가난한 농촌에서 미래도 없이 헐벗고 고달프게 살아가거나 숙청당하여 수용소에서 살아가고 있을 지도 모른다. 아니면 1990년대 후반 고난의 행군 당시 북한을 탈북하였을 수도 있다.

문재인 전 대통령이 아무리 개인적으로 능력이 뛰어나고 머리가 명석하다고 하더라도 신분사회인 북한에서는 절대로 사회적으로 출세하거나 경제적으로 부유하게 될 수가 없고 평양에서 산다는 것은 꿈도 꿀 수 없는 일이다. 문재인 자신뿐만 아니라 그 자식과 손자 세세손손에 이르기까지 북한의 김씨 3대 세습왕조가 사라지고 북한이 자유민주국가로 바뀌지 않는 한 거주 이전의 자유, 언론·출판·집회·결사의 자유가 없고 인간의 기본적인 권리가 보장되지 않는 북한에서는 그 고달프고 힘든 삶의 굴레를 벗어날 길이 없다. 북한 지배계급의 감시 속에서 현재의 대다수 북한 동포들처럼 내일이라는 어떠한 희망도 없이 살아가고 있을 것이다. 문재인 전 대통령이 자랑하는 민주화·인권운동도 대한민국에서나 가능한 일이었지 김씨 3대 세습권력을 비판하는 반동분자에게는 그 자신뿐만 아니라 가족 친지들까지 숙청하고 수용소에 보내는 전체주의 독재국가 북한에서는 있기 어려운 일이다.

동서 냉전체제의 첨예적 대립지역으로서 분단된 남과 북은 각기 다른 체제로 체제 경쟁을 해왔고 휴전 후 70년을 통하여 대한민국은 오늘날 민주주의의 정착과 세계 10위권 규모의 경제선진국의 문턱에 진입하는데 성공하였으나 북한은 3대 세습의 봉건적 절대권력 체제로 북한 주민의 자유와 인권은 유린되고 경제는 세계 최빈국 중의 하나가 되었다. 해방 후 70여 년의 체제 경쟁에서 대한민국이 승리하였음은 북한정부도 인정하는 바이다.

『3층 서기실의 암호』라는 책을 낸 태영호 전 공사의 증언에 의하면 북한은 김정일이 아버지 김일성을 내세워 1967년 5월 25일 '5.25 교시'라는 북한식 공산주의 이론을 발표하면서 북한식 문화대혁명이 벌어져 김일성을 초인간적인 지도자로 우상화하고 북한 주민을 여러 계급으로 구분하여 소수의 핵심계층 이외는 신분상승이 불가능하도록 하였다고 한다. 북한 주민의 대다수를 차지하는 적대계층 및 동요계층은 평양에서 지방으로 추방되거나 소개되고 북한 체제에 저항하거나 반발한 적대 계층은 처형되거나 수용소로 끌려가 북한 사회가 점차 감옥화, 병영화되었다. 특히 1990년대 후반 고난의 행군 시절 수많은 북한 주민들이 굶주림으로 아사하였고 인권이 탄압되고 정치범 수용소에 수용되는 북한은 창살 없는 감옥과 같은 사회가 되었다고 한다.

그와 같이 1990년대 이후 수령이라는 신이 통치하는 봉건적 절대권력 체제하에서 인권이 말살되고 기아선상에 허덕이던 북한 주민들이 압록강과 두만강을 넘어 자유와 번영을 찾아 대한민국으로 탈북하게 된 것이 북한 탈북민이다. 북한 주민들의 처참하고 비참한 삶의 현장을 그린 것이 북한의 이름 없는 작가 반디의 시집 『붉은 세월』과 소설집

『고발』이다.

　문재인 전 대통령은 한반도 비핵화와 평화 정착을 위하여 재임기간 많은 노력을 했다. 핵무력은 북한 체제 수호를 위해서 절대 포기할 수 없는 것이고 2018년 평창동계올림픽을 기화로 북한이 사실상의 핵 보유국임을 전 세계에 알리려고 의도하였던 김정은, 김여정 남매의 선의에 기대어 한반도 비핵화와 종전 선언 및 평화 협정 체결을 맺으려고 애써 노력하였다. 이 과정에서 문재인 전 대통령은 약 3만 명에 이르는 북한 탈북민의 외침과 호소에는 귀를 막았고 북한 동포들의 피맺힌 절규와 인권에 대하여는 철저히 외면하였다. 문재인 자신이 탈북한 월남인 가족으로서 굶주림과 압제를 피하여 북한을 탈출한 탈북민들과 북한 권력의 감시와 억압 속에서 살아가고 있는 북한 동포들의 고통과 아픔에 대하여는 누구보다도 공감하여야 할 것인데 그렇지 않았다.

　진영을 떠나서 미친 호전광이 아닌 이상 국민 어느 누구도 한반도에서 전쟁이 일어나기를 원하지 않고 평화를 바란다. 제7차 핵실험을 앞두고 연일 미사일 발사로 도발하는 북한에 대한 전쟁억지력 차원에서 우리의 자주국방력을 튼튼히 함과 동시에 북한과의 물밑 평화 협상과 교류, 협력을 위한 노력을 다하여야 할 것이다. 그러나 이러한 평화와 교류, 협력을 위한 노력이 북한 정권 핵심 지배계층의 체제 수호와 안위를 위한 것만이 되어서는 안 될 것이고 남북 평화 협상의 성과는 한반도에 거주하는 모든 동포들을 위해 도움이 되는 것이어야 할 것이다. 같은 한민족으로서 비참한 삶을 살아가는 대다수 북한 동포들과 한맺힌 탈북민들의 고통을 외면해서는 안 될 것이다.

　남북 평화 협상은 70여 년간의 남북 대립과 적대관계를 청산하고 북한의 김씨 백두혈족을 비롯한 핵심 지배계층과의 용서와 화해 및 포용을 함과 동시에 남북 교류 협력과 북한의 개혁·개방을 통하여 북한의 대다수 주민의 인권과 삶의 질이 회복될 수 있도록 하여야 하는 것이다. 그리고 탈북 월남인처럼 북한 탈북민도 대한민국의 발전 및 성장과 궁극적인 한반도 통일을 위하여 일조를 할 수 있도록 배려를 다하여야 할 것이다. 북한 탈북민은 먼저 온 통일이다.

『삼국지』의 주인공

　　후한 말기 위, 촉, 오 삼국이 중국 천하를 놓고 다투던 시대를 서술한 역사책이 진수의 『삼국지』이고 원말 명초에 이를 패관체로 그린 소설책이 나관중의 『삼국지연의』라 한다. 『삼국지연의』를 줄여 통상 『삼국지』라고 하기도 한다. 고대 그리스의 대서사시 호메로스의 『일리아드』에 비견되는 『삼국지』는 동양인들의 사상에 엄청난 영향을 주었고 현재도 베스트셀러다. 『삼국지』에는 수많은 영웅호걸이 등장하는데 그 『삼국지』의 등장인물 중 최고의 주인공은 누구일까? 제갈공명, 조조, 관우 등 각자 보는 눈에 따라서 내세우는 인물이 다를 수 있다. 그러나 현대에 와서 유비가 『삼국지』의 주인공이라는 사람은 거의 찾아보기 어렵다. 유비는 유약하고 무능한 인물로 묘사되고 현대 정치의 지도자로는 자질이 부족한 무능력한 사람으로 여겨진다.

　　제갈공명이 뛰어난 것은 우리들이 너무나 잘 안다. 난세의 불세출의 책략가이자 정치가이다. 유비를 도와 촉한을 세우고 승상으로서 북벌을 단행하였으나 끝내 천하통일의 대업은 이루지 못하였다. 조조는 위나라를 세운 인물로 호족들의 토지 겸병을 막고 둔전병을 설치하여 가난한 백성들의 살림을 안정시켰다. 천하의 유능한 인재를 널리 등용하여 십분 활용하였고 전쟁 중에도 손에서 책을 놓지 않는 지적 능력의 소유자였으며 당대의 대시인이기도 했다. 관우는 『삼국지』 최고의 명장으로서 충의와 의리의 대명사이며 현재도 민간에서 신으로 숭앙을 받는 인물이다. 그러나 『삼국지』의 주인공은 제갈공명도 조조도 관우도 아니다.

나관중이 『삼국지』의 주인공으로 그린 인물은 유비이며 옛사람들도 유비를 『삼국지』의 주인공으로 알았다. 유비는 밑바닥에서 시작하여 역경을 딛고 일어나 삼국 정립을 시킨 인물이다. 오나라와 손잡고 적벽대전을 승리로 이끌면서 조조의 천하통일을 저지하였다. 유비는 조조나 원소 같은 강력한 군벌 출신도 아니고 오나라의 손견과 같은 무반 집안의 정치인 출신도 아니었다. 한나라 황족이지만 빈한한 집안에서 태어나 그의 조상 한 고조 유방처럼 저잣거리에서 건달처럼 떠돌던 협객으로 맨주먹으로 나라를 세우고 황제가 된 사람이다.

유비의 어떤 점이 뛰어나서 『삼국지』의 주인공이라 하는가 묻는다면 유비는 한마디로 도량이 넓은 사람이요, 그릇이 큰 사람이다. 유방만큼이나 통이 큰 사람인 것이다. 모든 사람들을 포용하고 모든 사람들의 그늘이 되어줄 수 있는 큰 인물이다. 그리고 타고난 성품이 어질고 선량한 '된 사람'이다. 머리에 학식과 재능이 풍부한 '든 사람', 이름과 명성이 드높은 '난 사람'이기 전에 유비는 '된 사람'인 것이다. 청나라의 명군 강희제는 사람을 볼 때 반드시 성품을 본 다음 학식을 본다고 했다. 성품이 선량하지 못하고 재능이 덕을 능가하는 자는 나라를 다스리는 일에 결코 도움이 되지 못한다고 하였다.

옛사람들은 힘으로 다스리는 패도정치보다 덕으로 다스리는 왕도정치를 바랐다. 유비는 왕도정치를 실현시킬 수 있는 성품을 지닌 바른 지도자였다. 다른 사람의 이야기를 끝까지 들어줄 수 있는 경청의 지도자였고 부드러운 가운데 굳세며 다른 사람을 배려하고 인내하는 마음을 가졌다. 남에게 관용을 베풀 줄 알았고 하심下心할 줄 아는 지도자였으며 가난하고 힘없는 백성들의 아픔을 이해하고 그들 곁에서 같이 눈물을 흘릴 줄 아는 지도자였다. 이에 반해 조조는 학식과 뛰어난 능력을 가진 '든 사람', '난 사람'이었지만 성품에 있어서는 유비를 능가할 수 없었다. 교활하고 잔혹하기까지 하여 옛날에는 조조를 간웅이라 부르기도 하였다.

요즈음 사람들은 학식이 많은 '든 사람', 재주가 뛰어난 '난 사람'을 존중할 뿐 성품의 중요성을 잘 모른다. 우리나라 정치에 있어서도 학식이 많은 사람, 재주가 뛰어난 사람은 많으나 성품이 훌륭하고 도량이 넓은 '된 사람'은 찾아보기 어렵다. 서로 자기 주장만 옳다고 내세우고 남의 잘못 비판은 잘 하면서도 관용을 베풀 줄은 모르고 타협도 잘하지 못하며 자신을 반성할 줄 모른다. 수신제가 후 치국평천하다. 진영 논리로 가득찬 세상에 부드러우면서 굳세고 상대방을 배려하고 경청하며 인내하는 마음을 가졌으며 힘없는 자들의 아픔을 이해하고 같이 눈물을 흘릴 줄 아는 유비 같은 '된 사람'들이 우리 정치사에 많이 나타날 수 있기를 바랄 뿐이다.

황사 예방 프로젝트와
한·몽골연합국가

　지난 제20대 대통령 선거에서 국가혁명당 허경영 후보가 황사 예방 프로젝트 프로그램 사업을 공약으로 내세운 적이 있다. 동북아시아에서 수천 년간 계속된 황사는 최근 들어 빈도가 높아지면서 중국과 몽골은 물론 우리나라 및 일본에 심각한 피해를 주는 기상 재해 현상이다. 황사빈도가 높아진 것은 대규모 산림 파괴와 오랜 가뭄 등으로 발원지인 중국과 몽골의 사막화가 급속히 진행되고 있기 때문이다. 황사는 납과 카드뮴 등 중금속 유해성분까지 함유하고 있어 사람의 건강에도 심각한 악영향을 주고 있다. 몽골은 과도한 방목과 무분별한 벌채 등으로 국토의 90% 가량이 사막화의 직·간접적인 영향을 받고 있다. 이 같은 추세로 사막화가 계속된다면 사막화에 따른 황사가 동북아지역 전체에 엄청난 재앙이 될 수 있다.

　몽골에서 나무 심기는 국토의 사막화 방지를 위한 녹색전쟁이다. 몽골 정부는 국토의 서쪽 끝에서 동쪽 끝까지 전체 길이 1,500㎞에 이르는 '인공숲지대'를 만들겠다는 '몽골그린벨트계획'을 발표한 바 있다. 고비사막 북쪽에 폭 600m의 녹색 만리장성을 쌓아서 사막의 북상을 저지하겠다는 담대한 구상이다. 그러나 몽골그린벨트계획은 재원과 관심 부족으로 큰 진전을 보지 못하고 있다. 사막화 방지를 위해서는 나무 심기만으로 해결될 수 없고 계속적인 나무 물 주기가 필요하고 생태 복원과 함께 주민생활 복원이 있어야 가능하다.

18세기 후반 영국은 자국의 죄수들을 이역만리 호주로 유배시켜 정착하게 하였다. 호주에 유배된 죄수들은 고향에 돌아갈 수 있다는 희망도 없이 강제노역에 시달렸다. 19세기 중반 호주 시드니 북서쪽에서 금광이 발견되면서 호주는 기회의 땅으로 바뀌었고 세계 곳곳에서 일확천금을 꿈꾸는 이민자들이 몰려들어 지금의 호주가 되었다.

영국이 죄수들을 호주로 유배시켰듯이 우리도 3년 이상의 징역형을 선고 받은 죄수들을 몽골사막으로 보내어 몽골 초지화 사업에 참여시켜 갱생의 삶을 살도록 할 필요가 있다. 이렇게 함으로써 과밀 수용된 국내 감옥을 과감하게 줄여 죄수 수용 예산을 획기적으로 줄일 수 있고 동북아의 재앙인 황사 예방으로 엄청난 사회적 비용을 절감할 수 있다. 몽골은 1,500㎞에 이르는 인공숲지대를 조성하는 인력과 재원을 수급 받아 녹색 만리장성을 축조함으로써 국토의 사막화 방지에 성공할 수 있다. 몽골 사막화 방지사업에 보내진 죄수들을 위하여 몽골 현지에 현대식 막사를 지어 경비원들로 하여금 지키도록 하고 죄수들에게는 형량의 1/3을 감형하여주고 사막화 방지사업에 참여한 기간을 수감생활로 인정해준다. 그들에게 노역에 대한 정당한 대가를 지급해 출소 후 생활안정기금으로 사용할 수 있도록 한다면 죄수들이나 몽골 정부나 반대할 이유가 없을 것이다.

수감 기간이 끝나면 국내로 들어와 자유의 몸이 되거나 죄수 본인과 몽골 정부의 협의에 따라 몽골 현지에 정착하여 사막화 지역의 생태복원사업 및 주민생활 복원을 위하여 일할 수도 있을 것이다. 이때 우리 정부는 몽골 현지에 정착하는 죄수들을 위하여 몽골 영주권을 얻을 수 있도록 몽골 정부와 협의할 필요가 있다. 그리고 호주처럼 몽골이 기회의 땅으로 변하게 되었을 때 국내에서 취업 경쟁에 시달리는 우리 청년들이 몽골로 취직해 가거나 정착할 수도 있다. 몽골에 정착하는 한국인이 늘어날 때 현재의 유럽연합(EU)과 같은 한·몽골연합국가의 필요성이 대두될 수 있다.

몽골과 우리나라는 역사적으로 형제 국가다. 인구에 비하여 땅이 좁은 우리나라와 달리 몽골은 한반도의 7배에 달하는 국토와 막대한 지하자원을 보유하고 있다. 하지만 인구는 300만 명에 지나지 않는다. 중국의 동북공정과 북방공정에 공동으로 대응하고 양국의 공동안보를 위해서도 국가연합은 필요하다. 바다가 없는 몽골로서는 우리나라가 몽골을 바다로 이어주는 항구로 기능할 수 있다. 몽골 인구 중 약 10% 정도가 우리나라를 한 번 이상 방문하였고 몽골에 한국어를 잘하는 사람이 많다. 몽골 수도 울란바토르에는 한류가 붐을 이루고 있다. 중국과 러시아에 둘러싸여 있는 몽골인들도 한·몽골연합국가에 관심이 많다는 사실을 알고 우리는 국내에서 우리끼리 치고받고 정쟁만 할 것이 아니라 눈을 동북아 전체로 돌려 크고 넓게 보아야 할 것이다.

〈2024년 4월 19일 매일신문〉

베트남의 국부 호찌민과
남로당 당수 박헌영

　베트남의 국부로 추앙받는 호찌민은 항상 다산 정약용의 『목민심서』를 곁에 두고 읽었다고 한다. 『목민심서』는 세도정치로 부패한 19세기 조선에 있어서 목민관의 마음가짐과 행동철학을 담은 다산의 역저이다. 그런데 우리나라가 아닌 베트남의 최고 지도자 호찌민이 중국서적도 아니고 멀리 떨어진 동방의 작은 나라 조선의 학자 다산이 쓴 『목민심서』를 평소 애독하였다는 것에 대하여 개인적으로 상당히 궁금하고 의아한 생각이 들었다.

　그런데 남조선로동당(남로당) 당수였던 『박헌영 평전』을 읽으면서 실마리가 풀렸다. 1930년대 소련은 아시아의 각국 공산당 지도자들을 국제레닌대학에서 4년 과정으로 교육을 시켰다. 베트남과 조선의 공산당 지도자였던 호찌민과 박헌영이 국제레닌대학에서 같이 수학을 하였고 『박헌영 평전』에는 호찌민과 박헌영이 같이 찍은 사진도 실려 있다. 국제레닌대학에 다닐 당시 박헌영이 호찌민에게 선물한 책이 바로 다산의 『목민심서』였던 것이다.

1945년 일본이 항복하기 전까지 호찌민은 베트남을 식민지배한 프랑스 경찰에 쫓겨다니며 해외에서 항불 공산주의 독립운동을 펼쳤고 체포되어 죽을 고비를 넘기기도 하였다. 박헌영은 국내에서 항일 공산주의 독립운동을 펼치다 일본 경찰에 붙잡혀 감옥에 두 번 수감되었고 정신병자 행세를 함으로써 석방되어 전라도 광주 벽돌공장에서 노동자로 숨어지내다가 해방을 맞았다.

원자폭탄 투하로 일본이 무조건 항복하고 물러간 뒤 호찌민은 북베트남인민공화국을 선포하였고 다시 베트남을 쳐들어온 침략자 프랑스에 대항해 게릴라전으로 싸워 이를 물리쳤으며, 이어 베트남이 공산화되는 것을 막기 위하여 남베트남을 군사 지원한 세계 최강국 미국과도 싸워 이겨 베트남이 통일될 수 있도록 하였다. 호찌민이 죽고난 후 중국의 30만 인민군이 베트남을 침략하였으나 호찌민이 키운 베트남은 중국의 침략도 물리치고 독립된 통일 베트남을 건설함으로써 호찌민은 베트남 국민의 불멸의 국부가 되었다.

그런데 박헌영은 해방 후 여운형의 건국준비위원회에 참여하였으나 민족주의와 공산주의의 좌우합작보다는 급진적 공산주의로 비타협적 노선을 견지하여 건국준비위원회를 좌경화한 후 조선인민공화국을 선포하였다. 그러나 미군정이 조선인의 자치활동을 불허하며 박헌영 등 조선공산당 간부에 대한 체포령을 내리자 박헌영은 월북하여 북한에서 부수상을 지내며 남로당을 지휘했고, 중국의 국공내전에서 마오쩌둥의 인민군이 승리하여 중국이 공산화되고 한반도에서 미군이 철수하자 김일성과 함께 스탈린의 지원을 받아 동족상잔의 한국전쟁을 일으켰다.

1953년 7월 휴전이 되자 김일성은 한국전쟁 실패의 책임을 박헌영에게 돌려 박헌영을 미국의 간첩으로 몰아 숙청하였고 이때 카프문학계 시인 임화를 비롯한 남로당원 2,000여명도 함께 숙청당하였다. 한국전쟁 중 북에 머무르지 않고 지리산에 웅거하면서 마지막까지 지리산 빨치산을 이끌었던 남부군 사령관 이현상도 남로당 지도자 중 한 사람이었다.

호찌민이 베트남의 불멸의 국부가 된 반면에 박헌영은 남에서는 비타협적 선동을 일삼던 빨갱이로 치부되고 북에서는 미제 간첩으로 반당 종파분자로 취급되었다. 호찌민은 공산주의를 위한 공산주의자가 아니라 베트남을 위한 공산주의자였으며 자신과 당파의 이익을 초월하여 베트남의 독립과 통일을 위해 헌신하였고 평생 독신으로 검소하게 지내면서 권력에 집착하지 않았다. 반면 박헌영은 마르크스-레닌주의 이론에 철저한 교조적 공산주의자였으며 여운형의 좌우합작을 방해하고 비타협적 공산주의로 일관하였고 한국전쟁 당시 남로당 20만명 봉기설을 주장한 것에서 보듯이 자신과 당파의 권력 강화에 집착한 모습을 보인 점에서 이러한 평가가 나온 것 같다.

해방정국으로부터 70년이 지난 현재의 대한민국에서 아직도 좌우의 이념대립이 심각한 이때 좌우를 아우르고 통합하며 자신과 당파의 이익을 초월하여 한반도의 통일과 자주독립을 위해 헌신할 수 있는 리더십이 기다려진다. 구동존이求同存異! 나와 같은 것은 구하되 나와 다른 것도 존재하게 둔다는 다양성의 인정과 포용 정신만이 대한민국을 새롭게 발전시킬 수 있을 것이다.

〈2018년 8월 6일 경북일보〉

종교·문화

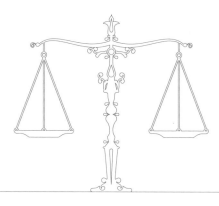

명상瞑想과 묵상默想

이상 기후로 인하여 유난히 무덥고 비도 많았던 여름이 지나가고 아침저녁으로 선선한 기운을 느끼게 된다. 밤에는 귀뚜라미가 처마 밑에서 울어대고 여름을 뜨겁게 달구었던 매미소리는 점점 힘을 잃어가고 있다. 모든 것은 고정된 것이 없고 시간과 계절 따라 변화하고 소멸해간다. 현상세계는 모두 유한하고 무상하다. 만물은 모두 알지 못할 곳에서 와서 알지 못할 곳으로 돌아간다. 우리는 짧은 한 세상을 살다 가지만 우리가 어디에서 왔는지 내가 누구인지는 가을이 오는 이 길목에서 한번쯤 생각해봐야 하지 않을까.

나는 누구인가. 우리는 알지 못할 존재에서 떨어져 나온 알지 못할 존재이다. 나의 참다운 실재가 무엇인지 알기 위해서는 여기 이 순간에 고요히 존재할 필요가 있다. 알지 못할 존재는 우리의 경험적, 지성적 지식으로는 인식할 수 없는 무한하고 영원한 실재다. 무한하고 영원한 것은 유한한 시간 속에서 유한한 지식으로는 인식할 수 없다. 과거와 미래가 아닌 여기 이 순간만이 무한함과 영원함에 연결되어 있다. 여기 이 순간에 존재하고 있을 때 비로소 알지 못할 존재가 그 모습을 드러낸다. 소유하려는 마음, 이기적인 마음, 인정받으려는 욕구, 미워하고 질투하는 마음과 시시비비를 구별하려는 마음, 잡다한 망상 및 경험적 지식을 벗어난 곳에 알지 못할 존재가 나타난다. 우리가 인식으로 아는 존재와 실재적 존재는 다르다. 인식을 넘어선 곳에 실재적 존재가 있다. 우리가 붙인 이름과 명칭은 실재적 존재 그 자체가 아니다.

알지 못할 실재적 존재를 만나기 위한 수행 방법에는 명상과 묵상이 있다. 명상瞑想은 눈 감을 명瞑, 생각 상想이다. 사전적 의미는 눈 감고 생각한다는 뜻이다. 묵상默想은 묵묵할 묵默, 생각 상想이다. 사전적 의미는 묵묵히 생각한다는 뜻이다. 그러나 거꾸로 해석하면 명상은 생각을 눈 감는 것이요 묵상은 생각을 침묵하는 것이라 풀이할 수 있다. 명상이나 묵상이나 모두 생각을 멈추고 침묵하는 것이다. 생각을 비우고 고요히 여기 이 순간에 집중하여 존재하고 있을 때 알지 못할 존재가 나타나는 것이다.

기독교에서는 명상은 생각을 비우는 것이고 묵상은 생각을 채우는 것이므로 명상과 묵상은 다른 것으로 보고 있다. 명상은 '나 자신'을 보고 내면에 집중하여 침잠하는 것인데 반하여 묵상은 '나 자신'을 벗어나 밖을 향한다고 한다. 기독교인은 하나님의 말씀을 주야로 읊조리며 성경에 기록된 말씀을 종이가 아니라 마음에 새기는 것이 묵상이라고 한다. 말씀을 듣고 말하고 암송하고 그것을 깊이 묵상할 때 마음판에 말씀이 기록된다고 한다. 따라서 묵상은 성경 읽기, 성경 암송 그리고 기도를 통하여 이루어진다. 이에 반하여 명상은 그냥 자신이 되는 것, 중심에 머무는 것, 모든 움직임이 멈춘 것이라 한다. 명상 속에서는 완전히 참나가 되어 어떤 흔들림도 없고 마음도 없으며 자신만이 절대 순수로 존재한다고 한다.

명상과 묵상은 알지 못할 존재를 만나기 위한 수행의 한 방법이요 진리로 가는 구도의 길이다. 진리는 하나요 진리로 가는 길은 수천만 갈랫길이다. 알지 못할 존재를 하나님, 여호와, 알라, 부처님, 도道, 리理, 이데아 그 무엇으로 부르든 이름이나 명칭이 실재는 아니다. 이름이나 현상 세계에 보이는 것을 숭배하는 것은 유한한 그림자 우상을 숭배하는 것이다. 우상은 존재하는 실재가 아니다. 종교는 삶을 벗어난 어떤 것이 아니고 삶이 곧 종교다.

명상과 묵상이라는 수행과 구도를 통하여 여기 이 순간에 존재할 때 우리는 영원한 실재와 하나가 된다. 실재적 존재와 하나가 될 때 삶은 기쁨이요 떨림이요 경이롭고 신비한 것이다. 실재적 존재와 분리되고 소외될 때 우리는 고통과 불안 속에서 음침한 사망의 골짜기를 헤매게 된다. 영원한 실재는 진리요 생명이요 사랑이므로 우리는 사랑과 하나가 되어야 하는 것이다.

〈2023년 9월 11일 매일신문〉

치양지설致良知說과 사랑의 실천

　그토록 무더웠던 긴 여름밤도 지나고 찬바람이 불어 아침저녁으로 초겨울의 한기마저 느껴진다. 골목길 주택 안마당에는 감이 주저리 달리고 하늘에 초승달은 을씨년스럽다. 귀뚜라미 소리가 가을밤 속을 짙게 달리는 주말을 이용하여 명나라 후기 양명학의 창시자인 양명 왕수인의 『전습록傳習錄』을 읽었다. 성리학이 과거급제를 위한 학문으로 형식적으로 흐르고 교조화되어 사상의 자유를 질식시킬 때 왕양명은 육구연의 심학을 더 발전시켜 양명학을 창도하였다.

　『전습록』은 왕양명의 제자들이 양명의 말씀을 기록하거나 편지글을 모아 편찬한 양명학의 교전과 같은 것이다. 종교와 철학에 천재적인 재능을 가진 양명은 심즉리설, 지행합일설, 치양지설을 핵심으로 새로운 유학을 개창하였다. 송나라 주자의 성즉리설, 선지후행설, 격물치지설에 비판적 시각을 가졌다. 주자는 인간의 성은 본연지성과 기질지성으로 나뉘는데 순연한 본연지성이 온전히 드러나기 위해서는 본연지성이 기질의 영향을 받지 않도록 수양이 필요하다고 하였다. 이를 위해 사물의 이치와 도를 먼저 알아야 그에 맞는 올바른 행동을 할 수 있다고 하여 격물치지설과 선지후행설을 강조하였다.

왕양명은 온갖 집착과 시시비비의 모든 생각을 멈추고 고요히 있으면서도 보고 듣고 사물을 인식하는 주체가 있는데 이를 마음, 곧 심心이라 했다. 따라서 양명은 마음이 곧 인간의 본성인 성性이요 '참나'라고 했다. 그리고 성性이 우주의 진리인 리理와 같은 것이므로 마음이 곧 리理라고 하여 심즉리설을 주창한 것이다. 양명은 사물의 이치와 도리를 알기 위하여 외부의 사물을 궁구할 필요 없이 내 마음을 가리는 악폐를 제거하고 분별심을 떠난 내 안의 마음을 궁구하여 그대로 발현시키면 그것이 하늘의 이치 곧 진리라 하였다.

주자는 선지후행 즉 먼저 진리를 깨친 후에 행하라고 하였다. 양명은 지행합일을 주창하였다. 앎은 실천의 주된 의지이자 시작이며 실천은 앎의 성취라고 하여 앎은 실체적인 실천행위를 통해서만 참된 앎으로 완성될 수 있다고 하였다. 이에 양명은 창조적이고 역동적인 실천을 위한 치양지설致良知說을 주창하였다. 나와 우주만물은 둘이 아닌 하나이므로 이웃이나 천지만물의 아픔이 나의 아픔이요 우리 모두가 하나라는 자각이 곧 양지良知이다. 이러한 자각과 양지의 발현으로 이웃을 내 몸과 같이 사랑하고 우주만물을 존중하고 아낄 수 있는 것이며 창조적이고 역동적인 사랑의 실천으로 나아갈 수 있는 것이다.

예수 그리스도의 계명은 오직 하나 '사랑하라'뿐이다. 예수는 사랑이라는 계명을 지킴으로써 구약성서의 모든 율법을 일자 일획도 어기지 않고 지키고 완성하였다. 예수는 내 마음 안에 하나님이 있다고 하였다. 여호와 하나님을 믿는다 입으로만 말하고 교회에나 다닌다고 믿는 자라 할 수 없다고 했다. 하나님의 자식이 될 수 없으며 구원을 받을 수도 없다고 하였다. 하나님을 믿는 자는 믿음의 표상이 겉으로 나타나야 하고 믿는 자의 표상은 사랑이라는 열매다. 말로만 믿는다고 하고 성경을 배워서 안다고 한들 그것은 무익한 것이다. 너와 내가 둘이 아니고 하나님 앞에 하나라는 자각이 있어야 한다. 너의 아픔이 곧 나의 아픔이라는 통찰과 거듭남이 있을 때 이웃을 내 몸과 같이 사랑할 수 있는 창조적이고 역동적인 실천의 힘이 생긴다.

우리가 하나님 앞에 하나인 형제라는 앎이 곧 실천의 주된 의지이며 실제적인 사랑의 실천 행위를 통해서만 참된 믿음과 거듭남이 완성될 수 있다. 예수 그리스도는 믿는다, 믿는다 말만 하고 사랑의 열매를 맺지 못하는 겨자나무는 모두 베어 지옥의 불아궁이 속에 집어던져 버리라고 하였다. 예수 그리스도가 우리를 사랑하사 사람의 아들로 십자가에 못 박혔듯이 우리는 각자의 십자가를 지고 사랑으로 역동적으로 나아가야 하는 것이다. 그것이 왕양명의 치양지설致良知說의 의미이기도 하다. 믿음은 시작이요 사랑은 곧 완성이다.

사랑은 오래 참고 사랑은 온유하며 투기하는 자 되지 아니하며 사랑은 자랑하지 아니하며 교만하지 아니하며 무례히 행치 아니하며 자기의 유익을 구치 아니하며 성내지 아니하며 악한 것을 생각지 아니하며 불의를 기뻐하지 아니하며 진리와 함께 기뻐하고 모든 것을 참으며 모든 것을 믿으며 모든 것을 바라며 모든 것을 견디느니라.
　　　　　　　　　　　　　　　　　　　　　　－ 고린도전서 13장 4절~8절

〈2018년 10월 15일 경북일보〉

신독愼獨

'신독'이란 '군자는 반드시 혼자 있을 때 더욱 삼가고 경계해야 한다'는 것으로 '대학'과 '중용'에 나오는 군자君子가 되기 위한 중요한 실천 덕목이다. '중용'에서는 '군자는 보지 않는 곳에서 삼가고 들리지 않는 곳에서 스스로 두려워 한다'고 하여 남들이 지켜보지 않는 어둠 속에서도 나를 속이지 않고 스스로 삼가고 경계를 지켜야 한다고 하였다. 신독은 참으로 실천하기 어려운 지난한 강령이라 할 수 있다. 퇴계 이황과 율곡 이이도 평소 신독을 강조했고 특히 율곡 이이는 신독을 평생의 좌우명으로 삼았다. 이이는 '도에 들어서기 위한 가장 긴요한 수련이 신독'이라 하였다. 남들이 보지 않는 곳에서도 언행을 조심하고 엄격하게 자기 관리를 해야 한다는 것이다.

남들이 모두 지켜보는 가운데 착한 일을 행하기란 쉬운 일이다. 남들이 다 들을 수 있는 곳에서는 모두 고운 말, 바른 말을 사용한다. 그러나 남들이 지켜보지 않고 남들이 들을 수 없는 곳에서 스스로 말과 행동을 조심하기란 지극히 어려운 일이다. 따라서 항상 혼자 있을 때는 자기 마음의 흐름을 살펴 성찰해야 하고 다른 사람들과 여럿이 같이 있을 때는 자신의 입을 살펴 말을 조심해야 한다.

신독은 지키기 참으로 어려운 명제이므로 조선에서는 개인 수양의 최고 당면 과제였을 뿐만 아니라 정치지도자나 공직으로 나서는 자가 반드시 갖추어야 할 덕목이었다. 수기치인修己治人은 자신을 수양한 후에 정치에 나서야 한다는 것으로 수기修己를 위해서는 신독만큼 중요한 것이 없다. 자신을 수양하지 못하고 오직 출세와 권세 있는 자리를 얻기 위하여 정치에 나서기 때문에 현재 정치 현실에서 내로남불이 판을 치고 나라가 어지러운 것이다. 신독은 조선에서 사림학자들의 가장 중요한 덕목이었고 임금이 나라를 다스리는 방도가 되기도 하여 신하들은 임금에게 신독을 자주 권하였다.

성리학에서 마음의 근원을 이루는 것은 성性이고 성性이 발동하여 구체화되어 나타난 것이 정情이다. 한자로 성性이란 마음心과 삶生이 결합된 것으로 이를 풀이하면 성이란 '살려는 마음', '살리려는 마음'을 뜻한다. 살리려는 마음은 하늘의 마음과 나의 마음이 하나이고 너와 나를 구별하지 않기에 '내 이웃의 가장 보잘것없는 한 사람을 사랑하는 마음'으로 나타난다. 성性은 '살리려는 마음' 곧 사랑인 것이다. 너와 나를 구별하고 죽이려는 마음에서 미움과 질투, 전쟁이 일어나는 것이고 너와 나를 구별하지 않고 사랑하는 마음에서 평화와 행복이 충만한 아름다운 세상을 가져올 수 있다. 이러한 사랑하는 마음, 타인을 살리려는 마음은 스스로 삼가고 지키는 신독의 부단한 실천을 통해서 얻을 수 있다.

예수 그리스도는 '왼손이 하는 일을 오른손이 모르게 하라'고 말씀하여 자비는 남몰래 베풀어 허명을 드러내지 말라고 하였다. 남들이 보고 듣지 않고 있어도 하나님이 항상 동행하여 지켜보고 계시니 어둠 속에 혼자 있을 때라도 항상 삼가고 경계를 지키라고 하였다. 신독을 강조한 것이다.

사람들은 다른 사람의 잘못에 대하여는 엄격하게 비판하면서 자신의 잘못에 대하여는 한없이 관대하다. 남들이 보는 앞에서는 도덕군자인 체하지만 혼자 있는 비밀스런 장소에서는 언행이 달라진다. 시인 윤동주는 '죽는 날까지 하늘을 우러러 한 점 부끄러움이 없기를 잎새에 이는 바람에도 나는 괴로워했다'고 노래하여 신독의 어려움을 감동적으로 표현하였다.

모든 불행은 자신만 생각하는 이기심에서 오고 모든 행복은 남을 먼저 생각하는 이타심에서 온다. 분노와 미움을 가지고는 싸움에서 이긴다고 해도 승리자라 할 수 없고 자기 자신의 분노와 미움을 이겨낸 사람만이 진정한 승리자다. 남의 눈을 의식하여 바르게 행동하는 것이 아닌, 자신의 성심性心에서 옳고 바름을 지키려고 할 때 참으로 진정한 신독의 경지에 이르렀다고 할 것이다.

〈2022년 3월 10일 법률신문〉

지금 이 순간을 살아라

　티베트의 달라이 라마, 베트남의 틱낫한 스님과 더불어 현대 3대 정신적 지도자로 불리는 에크하르트 톨레의 책 『지금 이 순간을 살아라』는 출판된 후 10년 연속 아마존의 베스트셀러다. 에크하르트 톨레는 젊은 시절 극심한 우울증과 불안증, 공황장애 등에 시달리며 절망의 늪에 빠져 자살 충동을 여러 번 겪었다. 그러다 어느 순간 '진짜 나는 누구인가'라는 강렬한 의문에 빠져들어 더 이상 아무 생각도 나지 않는 텅 빈 공간 속으로 빨려 들어갔다.

　창밖에서 새가 지저귀는 소리를 들으며 깨어나 눈을 떴을 때 새벽의 햇살이 커튼을 통해 스며들고 모든 것이 싱싱하고 신선하였다. 시야에 들어오는 나뭇잎 하나하나가 살아서 숨을 쉬고, 벽과 유리창이 살아움직이듯이 모든 사물이 아름답고 생동감이 넘쳐흘렀다. 커튼을 통해 스며드는 햇빛은 사랑 그 자체였고 갓 태어난 아기처럼 세상의 삶 전체가 기적과 같아 보였다. 그 후 5개월 동안 그는 흔들림 없는 평화와 기쁨 속에서 살았고 마음의 병을 극복하였다. 수년 간 영혼에 대해 다룬 책들을 읽고, 영적인 교사들과 숱한 밤을 함께 지낸 다음 시간도 죽음도 없는 내면의 세계로 들어가 '깨어 있음'으로 해서 충만한 상태에 머무는 법을 배우게 되었다고 한다.

그는 자신의 깨달음과 체험을 말로 표현할 수 있는 범위 내에서 '지금 이 순간을 살아라'라는 책 속에 옮겨놓았다. 인간 의식의 심오한 변화는 머나먼 미래의 일이 아닌 '지금 여기'에서 일어날 수 있다는 것을 말하면서 어떻게 하면 마음의 노예가 되지 않고 우리 자신을 옭아매는 것으로부터 벗어날 수 있을까? 어떻게 하면 나날의 삶 속에서 선연한 깨달음의 상태를 유지할 수 있을까? 라는 것에 대하여 이야기하였다. 그는 하나의 영원한 영적 가르침, 모든 종교의 본질을 우리 시대에 맞게 재현하였다.

그런데 톨레의 책은 진리의 체험을 조금이라도 맛본 사람은 쉽게 읽어 내려갈 수 있는 것이지만 일반인들은 이해하기 어려울 수도 있다. 그는 깨달음의 상태를 체험하기 위해서는 과거와 미래로 끊임없이 날아다니는 생각을 알아차리고 여기 이 순간에 집중하라고 한다. 이기적인 생각, 탐욕스러운 마음, 시시분별하려는 마음, 인정받으려는 욕구, 지나친 회한과 죄의식을 버리고 지금 이 순간 텅빈 충만 속에 있을 때 영원한 존재가 나타난다고 한다. 영원한 존재는 우리의 생각으로 인식할 수 있는 것이 아니고 생각과 이론을 떠나 이 순간에 존재할 때 영원한 존재를 실재적으로 알 수 있다고 한다.

아침에 잠을 깨었을 때 한 생각도 일어나기 전 순간적으로 느껴지는 순수한 마음, 석양에 붉은 노을이 지면서 해가 서쪽 하늘로 넘어갈 때 몰입되는 순간적인 기쁨의 상태. 우리는 찰나이지만 여기 이 순간에 온전히 존재한다. 그러나 우리는 곧 여기 이 순간에 한 순간도 제대로 존재하지 못하고 과거와 미래의 끊임없는 생각으로 생각의 사슬에 갇힌 마음의 노예가 되어 영원한 존재와 분리되고 소외된다. 영원한 존재와 하나가 되지 못하였을 때 우리는 다툼과 분열, 미움, 질투, 어둠과 사망의 고통 속에 빠지게 된다. 여기 이 순간에 존재하는 것은 간단한 일이면서도 어려운 것일 수 있다. 그래서 우리는 순간순간 깨어 있어야 하고 수행과 실천이 필요한 것이다.

우리는 영원한 존재와 진리에 대한 올바른 견해를 바탕으로 흔들리지 않는 믿음을 가져야 하고, 밝고 긍정적인 말과 생각을 해야 하며, 밝고 바른 행동과 바른 생활을 위해 노력을 해야 한다. 진리와 지혜의 책을 수시로 읽고 암송할 필요가 있으며 긍정적이고 올바른 기도를 하고 바른 묵상과 명상을 해야 하는 것이다. 이것이 지금 이 순간에 있기 위한 수행이요 실천이다. 우리는 영원한 존재로부터 떨어져 나온 실재적 존재의 자녀들이므로 서로 연결되어 있고 우리는 하나다. 그러므로 우리는 이웃의 고통이 곧 나의 고통으로 알아 내 이웃을 사랑하고 베풀어야 하는 것이며 우리는 곧 사랑이다.

〈2023년 12월 18일 매일신문〉

계율과 사랑

시린 하늘 아래 연분홍 홍시가 가지 끝에 홀로 붉어가는 초겨울날이다. 마지막 잎새에 이는 겨울 찬바람 속에 밤은 깊어가는데 스님들은 선방에서 동안거冬安居가 한창이다. 대중선방에서 밤낮을 밝혀 참선하는 스님들의 올곧은 수행과 구도의 정신이 한국불교를 지탱하는 유일무이한 힘이다.

안거安居는 산스크리트어의 바르시카 즉 비雨에서 나온 말이라 한다. 인도에서는 하절기 90일간은 우기雨期여서 수행자들이 외출할 때 자신도 모르게 초목이나 작은 벌레를 밟아 죽여 금지된 살생을 범하게 되므로 그 기간에는 동굴이나 사원에 들어앉아 좌선수학坐禪修學에 전념하였다고 한다. 이러한 우기雨期의 수행을 안거安居 또는 하안거夏安居라고 하였다. 중국에서는 하안거와 함께 동안거冬安居도 행하여졌는데 동안거는 음력 10월 16일부터 이듬해 1월 15일까지 90일간이다. 안거의 시작은 결제結制라 하며 안거의 끝은 해제解制라고 한다.

큰스님들은 안거를 마치면서 해제 설법을 한다. 법정 스님은 2010년 길상사에서 입적하시기 한 달 전에 마지막 동안거 해제 설법을 하셨는데 경제적으로 어려운 현 시점에 가슴에 와닿는 말씀을 남겼다. 법정 스님은 '법문이 끝난 후 바로 돈 이야기를 꺼내는 것은 법회에 대한 모독이다. 세상이 어려울 때는 절이나 교회 또한 어려움을 나눠야 한다. 세상이 나아질 때까지 불사를 받지 말아야 한다. 종소리가 좋고 곱고를 따지기 전에 종소리에 간절한 염원이 담겨 있는가, 있지 않은가가 문제이다'라고 하셨다. 교회와 사찰이 대형화되고 세속화되고 안락해져 가는 현재 종교인들이 새겨들어야 할 말씀 같다. 참종교는 핍박받고 헐벗고 굶주린 속에서야 제대로 꽃 필 수 있다.

스님들이 안거를 하는 것은 계율을 철저하게 지키고 좌선수행으로 깨달음을 얻기 위한 것이다. 계율이란 불교 수행자가 악을 저지르지 않도록 하기 위하여 계를 명문화하여 구속력을 부여한 것인데 승려나 불교신자가 되기 위해서는 구족계를 받아야 한다. 그 중 5계는 ①살생하지 말 것 ②도둑질하지 말 것 ③사음하지 말 것 ④거짓말하지 말 것 ⑤술 마시지 말 것 등이다. 비구는 250계를 받고 비구니는 348계를 받는데 계율을 지킴으로써 불꽃처럼 타오르는 번뇌를 끊고 고요한 참나로 돌아올 수 있다고 한다. 평범한 나로서는 불교 5계조차도 제대로 지키기 어렵다.

계율과 관련하여 재미있는 일화가 있다. 두 스님이 시주를 마치고 절로 돌아가던 중에 냇물을 건너게 되었는데 시냇가에 한 아리따운 여인이 물살이 세고 징검다리가 없어서 냇물을 건너지 못하고 발만 동동 구르고 있었다. 한 스님은 여인을 가까이해서는 아니 되니 여인을 두고 서둘러 냇물을 건너자고 했다. 그러자 다른 스님이 그럴 수 없다며 여인을 등에 업어 냇물을 건네준 후 두 스님은 다시 길을 재촉했다. 그러자 조금 전에 여인을 업어주지 않은 스님이 화난 목소리로 "수도하는 몸으로 여인의 몸에 손을 대다니 자네는 부끄럽지 않은가? 자네는 단순히 그 여인이 냇물을 건널 수 있게 도왔을 뿐이라고 말하고 싶겠지만 여인을 가까이해서는 안 되는 것이 우리의 신성한 계율이라는 것을 잊었단 말인가?"하고 심하게 질책했다. 두어 시간쯤 잠자코 계속 잔소리를 듣던 다른 스님이 더 이상 참을 수 없다는 듯 웃으며 "이 사람아, 나는 벌써 두어 시간 전에 그 여인을 냇가에 내려놓고 왔는데 자네는 아직도 그 여인을 등에 업고 있는가?"라고 말했다.

계율은 진리로 가는 길이므로 계율을 지키는 것은 중요하고 구도자들은 작은 계율조차 지키고자 노력한다. 그러나 계율을 뛰어넘어 계율을 완성하는 것은 사랑이라는 계명이다. 시냇물을 건너지 못하고 발을 동동 구르고 있는 여인의 어려움을 측은지심으로 등에 업어 건네준 것이 곧 사랑이다. 여인을 가까이하지 말라는 계율은 비록 어겼으나 자비심으로 여인의 어려움을 해결해주었으니 이는 곧 사랑으로 계율을 완성한 것이다. 그래서 예수님도 '나의 계명은 오직 하나 내 이웃을 내 몸과 같이 사랑하라는 것'이라고 하셨다. 예수님께서 '나는 일자일획도 율법을 어긴 일이 없고 사랑으로 율법을 완성하였다'라고 말씀하신 이유다.

〈2018년 12월 10일 경북일보〉

무소유와 존재 그리고 사랑

　가을비가 내리고 만산에 홍엽이다. 단풍잎이 비에 젖어 가로등 불빛 아래 지는 가을밤에는 허름한 주막에서 오랜만에 만난 벗과 막걸리 잔을 기울이며 못다한 이야기로 밤을 지새우는 것은 참 좋은 일일 것이다. 또 이런 가을밤에는 스탠드 불빛 아래 법정 스님의 맑은 수필집을 읽으며 조용히 마음을 정화시켜보는 것도 아름다운 일일 것이다. 법정 스님의 수필집에서는 물처럼 바람처럼 흔적도 없이 살다가신 무소유와 침묵의 순수한 정신이 느껴진다. 법정 스님이 살다가신 오두막 그리고 숲과 들판은 이 가을날 적막한 정적으로 휩싸일 것이나 버리고 떠난 그 자리엔 텅빈 충만으로 가득할 것이다.

　텅빈 충만은 기쁨이다. 이것은 소유욕과 집착을 버리고 오직 현재에 존재하고 있을 때에 느낄 수 있는 충족감이다. 이러한 내적인 충족감과 기쁨이 마음속에 샘솟을 때 너와 나를 구별하는 마음이 없어지고 우리는 이웃과 주변 세상에 자연스레 미소 짓게 되고 베풀고 나눌 수 있는 마음이 절로 흘러넘칠 것이다. 이것이 곧 의무감 없는 사랑이다. 따라서 소유욕과 집착을 버리고 현재에 존재한다는 것은 사랑한다는 것이요 존재는 곧 사랑이라고 할 수 있을 것이다.

법정 스님이 1970년대에 펴낸 수필집 『무소유』를 오랜만에 다시 읽어보니 그 느낌이 또 남다르다. 나이들면서 젊은 시절 읽었던 고전이나 좋은 책을 다시 읽게 되는 것은 나이에 따라 다른 경험을 느낄 수 있어서 참으로 좋은 일인 것 같다. 이번에 법정 스님의 수필집 『무소유』를 다시 읽으면서 무소유와 사랑에 대한 어느 노스님의 이야기가 다시 한 번 감동으로 마음에 와닿는다.

울타리가 없는 산골 외딴 암자에 '밤손님'이 내방했는데 밤잠이 없는 노스님이 정랑(변소)엘 다녀오다가 뒤꼍에서 인기척을 들었다. '밤손님'이 뒤주에서 몰래 쌀을 한가마 가득 퍼내 지게에 짐을 지워 놓고 일어나려고 하였으나 힘이 부쳐 일어나지 못하고 끙끙거리고 있었다. 노스님은 지게 뒤로 돌아가 도둑이 다시 일어나려고 할 때 지그시 밀어 주었다. 겨우 일어난 도둑이 힐끗 돌아보았다. 노스님은 '아무 소리 말고 내려가게'라고 밤손님에게 나직이 타일렀다. 이튿날 아침, 스님들은 간밤에 도둑이 들었다고 야단이었으나 노스님은 아무런 말이 없었다. 노스님에게는 잃어버린 것이 없었기 때문이다. 그 후로 그 밤손님은 암자의 독실한 신자가 되었다고 한다.

위 노스님의 일화는 빅토르 위고의 『레 미제라블』에 나오는 미리엘 주교의 이야기와 흡사하다. 장발장은 가난으로 인해 조카들이 굶게 되자 그들을 위해 빵을 훔치다 걸려 오랫동안 수감생활을 한 후 출소한다. 장발장은 전과자를 받아주지 않는 세상을 저주하던 중 미리엘 주교의 도움으로 주교관에 머물다가 주교의 은식기들을 훔친다. 그러나 도망 중에 잡혀 다시 한 번 감옥에 갈 처지에 처하지만 주교는 장발장의 죄를 묵인하고 은식기에 은촛대까지 주며 장발장의 삶을 바꾼다. 불교와 기독교의 다른 두 이야기지만 결국 내용은 같은 것이다. 진리는 하나이고 다만 그 표현만 달리하고 있을 뿐이다.

본래무일물本來無一物이란 '본래부터 한 물건도 없었다'는 말이다. 노스님이나 주교는 소유물에 집착하지 않고 오히려 도둑에게 사랑을 베풀어서 도둑을 감화시켜 도둑의 삶을 바꾸게 하였다. 법정 스님은 우리는 아끼던 물건을 도둑 맞았거나 잃어버렸을 때 무척 괴로워하게 되는데 이로써 소유 관념이 얼마나 지독한 집착인가를 바로소 체험하게 된다고 한다. 대개의 사람들은 물건을 잃으면 마음까지 잃는 이중의 손해를 치르게 된다는 것이다.

우리는 소유욕과 집착에서 벗어났을 때 존재의 삶, 창조적 삶을 살아갈 수 있다. 에리히 프롬은 소유의 삶은 슬픔과 고통이요 존재의 삶은 기쁨이라 했다. 기쁨은 떨림이요 경외다. 이러한 기쁨에서 생명력이 출렁이고 사랑의 감정이 솟구친다. 나의 이기적인 마음이 사라지고 원한도 미움도 용서한 곳에 마음은 승화되어 해결이 되고 마음에는 참 평화가 올 수 있을 것이다. 종교는 거룩한 교회나 사찰에 있는 것이 아니라 우리가 현재 밟아가고 있는 매 순간의 삶에 있다. 종교는 거룩한 그 무엇이 아닌 어린아이 같은 생동감으로 존재하는 것이다. 따라서 우리는 소유의 삶에서 벗어나 현재에 존재해야 하고 존재는 곧 사랑인 것이다.

〈2018년 11월 12일 경북일보〉

단청불사와 '참나'

　그토록 무더웠던 폭염의 맹위도 입추를 지나면서 조금씩 누그러져 이제는 아침저녁으로 서늘한 냉기가 느껴진다. 한낮에는 매미의 울음소리가 아직도 늦여름의 숲을 뒤덮고 있지만 저녁에는 귀뚜라미의 울음소리가 주택가 모퉁이마다 가을을 재촉하고 있다. 햇볕이 따사롭게 느껴지고 차 달리는 소리조차 생기가 넘쳐나는 이 계절에 서가에서 좋아하는 책 한 권을 뽑아들고 창가에 앉아 읽거나 나뭇가지에 바람이 이는 모습을 무심히 쳐다보고 있는 것도 참 좋은 일이다.

　세상에 공부는 두 가지가 있다. 머리에 집어넣는 공부와 머리에서 빼는 공부다. 우리들이 일반적으로 공부라 하면 책을 읽거나 경험을 통하여 머리에 지식이나 정보를 입력하는 것을 말하는데 스님이나 종교인은 명상이나 기도 등을 통하여 머리에서 생각을 빼내는 마음 공부를 참된 공부라고 한다. 마음 공부는 축적된 지식이나 경험에 의하여 길들여진 나에서 벗어나 '참나'로 가기 위한 공부다.

단청불사丹靑佛事란 오행에 따라 청, 적, 황, 백, 흑의 오방색을 기본으로 배합하여 목조건물인 법당을 다양한 문양으로 칠하는 것을 말한다. 단청불사에 관한 경허 대사와 그의 제자 만공 스님에 얽힌 일화가 있다. 경허 대사가 만공 스님과 어느 날 탁발을 나섰다. 그런데 탁발 도중 경허 대사가 만공을 힐끗 쳐다보며 "우리 단청불사 한번 해볼까?"하고 말했다. 만공은 그 뜻을 헤아리지 못하고 "갑자기 단청불사라니요?" 하고 물었다. 그러자 경허 대사는 주막으로 들어가서 술을 청했고 만공도 따라 마시지 않을 수 없었다. 얼마 뒤 얼큰하게 취한 두 사람은 주막을 나왔는데 경허 대사가 만공 스님을 보며 말했다.

"만공 자네 얼굴을 보니 단청불사가 잘 되었군."

만공의 얼굴은 저녁노을처럼 붉게 타오르고 있었다.

경허 대사는 대웅전 법당이 부처님을 모신 곳이듯이 우리들 각자 몸 안에는 부처님이 모셔져 있는데 부처님을 모신 대웅전 법당인 우리 몸이 술을 마시게 되어 얼굴이 붉게 물들었으므로 대웅전 법당에 단청을 한 것과 같다고 하여 만공 스님에게 단청불사가 잘 되었다고 말한 것이다.

성경을 보면 예수 그리스도께서 여러 번 언약하시기를 성전을 허물고 사흘 만에 다시 성전을 세우시겠다고 말씀하셨다. 예수 그리스도는 그 언약에 따라 십자가에 못 박혀 돌아가시고 사흘 만에 다시 부활하심으로써 구약의 선지자들이 말씀한 예언을 몸소 실천하여 지킴으로써 언약의 약속을 증거하셨다고 한다. 그 언약의 증거란 사람의 몸은 성령(그리스도)을 모신 성전 즉 교회이고 이 성전이 십자가에 못 박혀 죽음으로써 허물어졌으나 사흘 만에 부활해 우리 몸 즉 성전이 다시 세워졌다는 것을 말한다.

우리 몸은 성령이 모셔져 있는 성전이요. 부처님이 모셔져 있는 사찰 즉 사원이다. 그러므로 우리는 우리 몸을 항상 정결하고 깨끗하게 보존해야 하는 것이고 우리 모두 새롭게 거듭나고 깨달음으로써 우리가 곧 부처님이요 성령 즉 그리스도 안에 하나가 될 수 있는 것이다. 이와 같이 우리들의 '참나'의 실상은 부처님이요 성령(그리스도)이므로 우리는 '참나'를 찾기 위한 마음 공부와 기도를 게을리하지 않아야 한다. 시비분별이 없는 마음, 욕심과 집착에서 벗어난 마음, 어린아이와 같이 순진무구한 마음, 항상 현재 이 순간에 머물러 있는 마음을 가질 때 우리는 '참나'로 돌아갈 수 있다.

　　사생활 문제로 의혹을 받는 조계종 총무원장 설정 스님에 대한 중앙종회의 불신임 결의가 며칠 전 가결되었고 탄핵이 확정되면 신임 총무원장이라는 자리를 둘러싸고 또다시 싸움이 치열해질 것이 예상된다. 한편으로 한국 개신교의 대표적 교회 중 하나인 명성교회의 창립자 김삼환 목사의 아들인 김하나 목사가 명성교회에 부임하면서 부자 세습이 완결되었다. 목회직 세습에 대한 비판이 교회 안팎에서 거세다. 참된 종교는 권력과 부와 명예를 버린 검소하고 질박한 곳에서 고통 받고 핍박 받는 사람들과 함께할 때만 진정으로 꽃피울 수 있다. 호화롭고 빛나는 가사장삼이나 제례복 속에 '참나' 즉 부처님이나 예수 그리스도가 같이 할 수는 없다.

〈2018년 8월 20일 경북일보〉

목회직 세습과 신분의 고착화

　우리가 일반적으로 알고 있는 혈연에 의한 세습은 영국과 일본 등의 왕위 세습, 북한의 김씨 왕조 3대 세습 및 남한의 재벌가 세습이 있다. 그런데 우리나라의 혈연에 의한 세습에는 성직의 세습 특히 목회직의 세습도 점차로 확산되고 있다. 귀족과 성직자라는 소수의 특수 지배 계층과 농노나 노예 등 대다수 피지배계층으로 이루어진 중세 사회에서 자유로운 시민 계급이 주를 이루는 근대사회로 역사가 진행되어 오면서 우리는 이를 전근대적인 신분사회에서 근대적인 계약사회로 이행되었다고 표현한다.

　왕을 정점으로 한 귀족과 성직자 등으로 이루어진 지배 계급의 압제에 항거하여 자유와 평등, 박애를 모토로 시민들이 일으킨 대표적인 혁명이 프랑스 대혁명, 영국의 시민혁명, 미국의 독립전쟁 등이다. 우리나라는 근대적인 시민혁명을 거치지 못하고 구한말이나 일제강점기까지도 양반이나 지주 등 소수 지배 계층이 존재하고 있었고 국민 대다수는 농노에 가까운 소작농으로 생존의 기아선상에서 허덕였다.

해방과 한국전쟁의 혼돈 그리고 농지개혁을 거치면서 봉건적인 신분 계급은 사라지고 우리나라도 비로소 근대적인 시민사회로 옮아가게 된다. 그러나 북한에서는 혈연이라는 출신 성분에 따라 조선시대의 양반을 대체하는 공산당 간부 계급이라는 소수의 봉건적인 특수신분 계층이 생겼고 그 정점이 김씨 일가의 백두혈족에 의한 3대 세습이다. 남한에서는 경제발전과 함께 자본이 소수에게 집중되고 토지 등 부동산 다수를 소수의 부유층이 소유하게 되면서 부의 불평등에 의한 금수저 계층이 형성되었고 그 정점이 혈연에 의한 재벌가의 세습이다.

대한민국 임시정부의 법통을 이어받은 대한민국은 정부 수립 후 모든 국민에 대한 보통교육의 의무화, 남녀평등의 선거권과 피선거권, 토지를 농민에게 분배하는 농지개혁의 실시, 신앙의 자유의 실현 등으로 여러 문제점에도 불구하고 5천 년 역사상 처음으로 신분에 예속된 봉건적인 사회를 벗어나게 되었다. 인간으로서의 기본적인 인권과 숨 쉴 수 있는 자유가 보장되었고, 국민소득 수준은 세계에서 가장 낙후되었으나 빈부의 격차가 세계에서 가장 적었던 평등한 나라가 되었다.

이러한 자유와 평등을 바탕으로 개발 독재의 아픔도 있었으나 세계의 수많은 후진국 중 가장 열악했던 대한민국이 경제 건설과 민주화 항쟁을 통하여 후진국 중 유일하게 민주주의와 선진국 진입이라는 두 가지 목표를 달성할 수 있게 되었다. 그러나 빠른 경제 성장의 부작용으로 소수의 기득권층이 부와 토지를 독점하고 혈연에 의하여 이를 대물림함으로써 신분의 고착화로 인하여 21세기에 다시 대한민국이 계약사회에서 신분사회로 역사가 거꾸로 진전되고 있는 듯하다.

기득권의 혈연에 의한 대물림으로 목회직의 세습은 또 다른 신분의 고착화 현상의 하나다. 신앙의 자유로 한국 교회의 목회자들은 해방과 한국전쟁의 혼란을 거치고 보릿고개를 넘어오면서 판잣집의 어려운 환경 속에서 천막교회를 세우고 오직 예수님의 복음 전도와 사랑의 실천을 설교하며 목회의 터전을 일구어 왔으며 수많은 교인들의 정신적인 지주가 되어왔다. 그러나 한국 경제의 발전과 함께 교회는 양적 팽창으로 대형화되고 물질적 풍요를 구가하면서 세속화되었다. 목회직이 기득권이 되면서 목회자들이 교회를 사유화하고 자식에게 목회직을 대물림하는 성직 세습이 다반사로 벌어지고 있으며 교회 대물림이 대형 교회에서 중형 교회로까지 점차 확산되고 있다.

헐벗고 굶주리고 검소함 속에 구도의 정신이 생기고 물질적 풍족과 기득권의 안락함 속에 음탐한 마음이 생긴다고 하였다. 목회직 세습이 교회의 안정과 사역을 위하여 불가피하다느니 교인 다수의 동의로 이루어졌기 때문에 잘못이 없다느니 하는 주장도 있으나 이러한 주장은 사유화된 교회를 대물림시키기 위한 핑계에 지나지 않는다. 목회자들은 기득권의 세습과 물질적인 안락함이라는 우상 숭배에서 벗어나 희년의 율법 정신으로 돌아와 약자와 헐벗은 자의 곁에서 예수 그리스도의 복음을 실천하는 영적인 지도자로 거듭나야할 것이다.

〈2018년 5월 7일 경북일보〉

애국가 제3절 공활^{空豁}과
원효대사의 적적성성^{寂寂惺惺}

그렇게 뜨겁고 무더웠던 한여름의 열기도 꺾이고 조석으로 찬바람
이 피부를 스친다. 길가에는 코스모스가 하늘거리고 처마 밑에는 귀뚜
라미가 울어대고 있다. 어느덧 가을이 우리에게 성큼 다가온 것이다.
외국인도 좋아한다는 우리나라의 가을 하늘은 높고 구름도 한 점 없어
사방이 한량없이 넓고 탁 트였다. 이러한 우리나라의 아름다운 가을 하
늘을 그려 애국가 제3절은 다음과 같이 시작한다. '가을 하늘 공활한데
높고 구름 없이~ 밝은 달은 우리 가슴 일편단심일세~.'

그런데 우리는 애국가 제3절을 노래 부르면서도 '공활^{空豁}'이라는 뜻
이 무슨 뜻인지 잘 모른다. 물론 애국가 가사가 지어진 지 백년이 지나
'공활'이라는 단어는 현재 우리가 사용하지 않는 죽은 언어^{死語}가 되었
다. 공활은 한자로 빌 공空, 활달할 활豁이다. 공활은 텅 비어 있지만 활
달하여 생기 있고 힘차며 시원하다는 뜻이다. 가을 하늘이 공활하다는
것은 비록 하늘이 텅 비어 고요하지만 확 트여서 생기 있고 힘차게 살

아 있다는 것이다. 애국가의 작사자는 우리의 가을 하늘을 닮은 이러한 공활한 마음으로 우리나라를 지키고 사랑하자는 뜻으로 애국가 제3절을 작사하였을 것으로 생각한다.

공활과 비슷한 뜻으로 적적성성寂寂惺惺이라는 한자성어가 있다. 적적성성은 원효대사의 금강삼매경론에 나오는 단어로 고요하면서도 의식이 맑게 깨어 있는 상태를 말한다. 적적寂寂이란 물결이 잠잠해진 고요한 호수같이 어떤 번뇌도 일지 않는 평화로운 상태를 말한다. 성성惺惺이란 반짝이는 별처럼 영롱하고 또렷하게 마음에 와 박히는 것을 뜻한다. 즉 온갖 번뇌 망상이 생기지 않고 마음이 고요하면서도 새벽 하늘의 별처럼 또렷한 것을 적적성성하다고 하는 것이다.

선가禪家에서는 사마타를 적적성성으로, 위빠사나를 성성적적으로 번역하기도 한다. 사마타는 인도의 팔리어로서 고요함, 평정, 평화를 의미한다. 한자로는 멈춘다는 의미의 지止로 번역하고 대상에 집중하여 정定이라고도 한다. 위빠사나는 몸과 마음의 순간순간 변화를 끊임없이 관찰하고 알아차리는 것을 의미한다. 한자로는 지켜보고 관찰한다는 의미의 관觀으로 번역하고 알아차림으로 지혜를 얻는다고 하여 혜慧라고도 한다. 적적寂寂은 고요함이요 성성惺惺은 깨어 있음이다. 고요함과 깨어 있음은 선禪 수행의 중요한 두 가지 요소다. 이것을 지관수행止觀修行 또는 정혜쌍수定慧雙修라 한다.

고요한 가운데 깨어 있고 깨어 있는 가운데 고요해야 올바른 수행이라고 할 것이고 이 순간에 밝고 생생하게 존재할 수 있는 것이다. 이것을 선가에서는 적성등지寂惺等持 즉 고요함과 깨어 있음을 똑같이 수행한다고 한다. 번뇌망상이 사라졌으나 고요하고 편안하기만 하면 적적寂寂에 머무는 것일 뿐이므로 적적성성寂寂惺惺으로 마음이 고요하면서도 또렷하게 깨어 있어야 한다는 것이다. 우리가 고요한 가운데 깨어 있으면 밝고 또렷해져 활달하고 생기 있는 생명력이 눈앞에 전개되어 나타나고 영원한 존재를 알게 되는 것이다. 결국 원효대사의 적적성성은 우리나라의 가을 하늘처럼 공활한 상태를 말한다고 볼 수 있다.

　세상에 뚜렷한 족적을 남기고 삶에 의미 있는 성공을 거둔 된 사람들은 분야는 서로 틀리겠지만 어떤 형태로든 공활함과 적적성성의 창조적 상태를 경험해본 사람이라 할 수 있을 것이다. 내면이 고요하고 깨어 있을 때 집중력과 지혜가 길러져 통찰력과 창의성이 발휘됨으로써 삶의 온갖 어려운 난관과 문제를 잘 헤쳐 나갈 수 있기 때문이다. 따라서 우리는 지금 이 순간에 고요하면서 깨어 있어야 하고 진리와 지혜의 경전을 되풀이 읽고 경전 구절을 마음에 새기거나 묵상함으로써 성현聖賢을 닮아 영원히 꺼지지 않는 생명의 빛, 영원한 존재와 하나가 되어야 하는 것이다.

〈2023년 12월 27일 매일신문〉

어떤 구도자

　단풍이 절정에 이르고 있다. 예년 같으면 버스를 대절하여 단풍 구경을 가려는 행락객들로 인하여 고속도로 휴게소가 버스와 사람들로 발디딜 곳 없이 붐빌 것인데 올해는 코로나 사태로 인하여 예년 같지 않게 조용하다. 대신 가까운 팔공산을 찾아 깊어가는 가을을 느끼려는 자가용 행렬은 길게 늘어서 있다. 단풍이 절정에 이르러 바람이 불고 비가 내리면 단풍잎은 낙엽이 되어 길에 뒹굴 것이다. 이 세상 모든 것은 변하지 않는 것이 없다. 그래서 가을이면 우리는 더욱 옷깃을 여미게 되고 인생이 무엇인가 자연 앞에 스스로 겸손해진다.

　그를 처음 만난 것도 단풍이 이렇게 절정에 이른 깊어가는 가을날이었다. 15년 전 합천 해인사 가는 길에 있는 작은 찻집에서 그를 처음 만났다. 찻집을 그의 부인이 운영하고 있었다. 그는 어깨까지 머리카락을 드리우고 있었다. 입가에 항상 미소를 머금고 울림이 좋은 목소리를 가진 그와 마주앉아 차를 마시며 긴 시간 담소를 나누었다. 주로 종교와 철학, 역사에 대하여 대화를 나누고 지나온 삶에 대하여 이야기를 주고받은 것 같다. 그의 깊이 있는 안목과 고뇌를 읽을 수 있어서 금방 친해질 수 있었다. 나이도 나와 갑장이라 더 가까워질 수 있었는지 모르겠다.

소탈하고 기분 좋은 분위기를 가진 그를 만난다는 것은 즐거운 일인지라 그 뒤로 몇 번 더 해인사 그 찻집을 찾아 그를 만났다. 그는 수염을 깎지 않고 길렀고 허름한 옷에 고무신을 신고 다녔으며 걸을 때는 나무로 만든 큰 지팡이를 짚고 다녔다. 그런데 어느날 그가 지리산 청학동으로 도를 닦으러 입산해 들어가 버렸다는 소식을 들었다. 그는 청학동으로 떠나기 전에 그의 부인에게 무릎을 꿇고 삼배 절을 올리고는 홀연히 사라져 버렸다고 한다.

그로부터 5년 후 청학동을 나와 경북 영주에서 오래된 촌집을 무상으로 임차하여 개조해 살고 있다는 소식을 듣고는 그를 만나러 영주에 몇 번 다녀왔다. 머리는 여전히 치렁치렁 기르고 있었지만 그의 몸가짐과 목소리는 더 큰 울림이 있었고 얼굴은 맑았다. 기분 좋고 소탈한 웃음소리도 여전했다. 채식을 주로 하는 그와 나물 반찬 밥상을 마주하고 앉았더니 열어 놓은 장짓문 밖으로 향기로운 솔바람이 불어오고 뻐꾸기 울음소리가 참으로 평화스러웠다. 속세를 떠난다는 것은 마음으로부터 속세의 집착을 버려야 하는 것인가 보다.

영주에서 1년여를 지냈던가? 그는 다시 지리산으로 홀연히 사라져 버렸다. 그리고 그의 소식을 오랫동안 듣지 못하다가 최근에 그가 진주 인근 산에서 절을 지어 살고 있다는 소식을 들었다. 주말을 맞아 비가 내리고 있었지만 친구인 청가 고홍선과 둘이서 승용차를 운전하여 그가 살고 있다는 절로 달려갔다. 합천을 거쳐 진주를 지나 산청 가까운 높지 않은 산에 자리 잡은 그의 구도처를 찾았다. 시골길과 산길을 달려서 한참 들어간 곳에 그의 절이 있었다. 시간을 수십 년 거꾸로 되돌려놓은 듯한 절에 도착하니 절 입구 돌계단에 빗방울이 무수히 떨어지고 뒷산에는 우연이 가득했다.

절이라고 하지만 오래된 시골집을 개조하여 부처님을 모시고 있었다. 우리가 들어서자 그는 합장하며 함박웃음으로 기쁘게 맞아주었다. 황토 흙집에 한지를 발라놓은 방에서 그는 차를 우려 우리에게 대접하였다. 10년 만에 다시 만난 그는 그토록 치렁치렁 길렀던 머리카락을 자르고 머리를 깎아 스님이 되어 있었다. 모든 것이 단촐하고 검소했다. 너무나 검소해서 역시 불법을 배우고 수도하는 구도자의 모습은 이런 것이어야 하는구나 하는 것을 느꼈다. 비는 창밖에서 계속 내리고 그가 따라주는 차에는 그의 인간적인 향기가 스며 있는 것 같다.

현대의 종교인은 너무 세속화되고 물질적으로 풍족해졌다. 부처님은 제자들에게 비구는 누더기 옷을 기워 입고 식사는 탁발을 해서 얻어먹으면서 살아야한다고 하셨다. 그것이 어떤 것에도 집착하지 않는 청정비구의 모습일 터이다. 비단으로 만든 가사장삼과 제의를 거치고 거룩하게 떠받들어지는 것이 종교인의 참모습은 아닐 것이다. 비가 내리는데도 그는 절 입구까지 내려와 돌아가는 우리를 향해 허리를 굽혀 합장을 한다. 왠지 모르게 가슴이 먹먹해지는 것은 나만의 느낌은 아닐 것이다.

〈2020년 11월 2일 대구일보〉

대원각과 시인 백석
그리고 월북 시인들

　대원각이라는 요정을 운영하던 자야(본명 김영한)는 법정 스님에게 대원각을 기증하여 대원각은 길상사라는 사찰로 바뀌었다. 자야는 시인 백석을 사랑하여 백석과 살림을 차려 동거까지 하였으나 백석 부모의 반대로 결혼하지 못하였고 백석은 결국 다른 여성과 결혼하게 되었다. 백석은 얼굴이 잘 생겨 그때나 지금이나 젊은 여성들에게 미남으로 유명한데 백석은 김영한에게 자야子夜라는 애칭을 붙여 주었으며 자야라는 이름은 중국 고대로부터 노래 잘하고 사랑스런 여인을 일컫는다.

　백석은 결혼한 후에도 자야에게 함께 만주로 떠나자고 제안하였으나 자야는 자신이 백석의 앞길에 걸림돌이 된다고 판단하여 거절하였고 백석은 홀로 만주로 떠났다가 분단과 전쟁으로 북에 남게 됨으로써 둘은 더 이상 만나지 못했다. 백석은 김일성종합대학에서 국문학을 강의하였으나 1957년 아동문학 논쟁이 벌어질 때 계급적인 요소를 강조하기보다 아동의 눈높이에 맞춘 교육이 옳다고 주장했다가 '낡은 사상의 잔재'라는 비판을 받고 집필 금지와 함께 압록강 인근에서 노동자로 살다 세상을 떠났다고 전해진다.

대원각은 원래 남로당 당수 박헌영의 여조카 김소산이 운영하던 요정이다. 김소산은 반공 검사로 유명한 오제도가 사랑했던 여인인데 1949년 김소산은 여간첩사건으로 오제도의 손에 의해 직접 구속되었다. 김소산은 수감되면서 그 당시 새끼 기생이었던 자야에게 대원각의 책임 및 관리를 맡겼는데 1950년 한국전쟁이 터지고 혼란한 와중에 서울이 수복되고 나서 당시 국회 부의장 이재학의 애첩이 되었던 자야가 이재학의 도움으로 1955년 대원각의 소유권을 자신 앞으로 넘겨 주인이 되었다고 한다.

한국전쟁 중 북에 남거나 월북한 천재 시인으로 백석 외에 정지용, 이용악 그리고 임화가 있다. 이들의 시는 냉전시대 남한에서 판매가 금지되었다가 1988년 이후 해금이 되었다. 시인 정지용은 작품 『향수』에서 보듯이 한국의 토속적인 정서를 이미지즘적으로 표현해 시를 발표하여 1930년대 한국의 대표적 시인으로 군림하였으나 전쟁 중 북으로 가다가 비행기 폭격을 받아 사망했고, 이용악은 시인 서정주, 오장환과 함께 1930년대 후반을 대표하는 시인인데 일제 하 만주를 떠돌던 조선 민중의 아픔을 생생하게 그린 리얼리즘적 단형서사시에 북방의 호방한 서정까지 담아 시를 발표하였으나 한국전쟁 때 월북하여서는 김일성을 찬양하는 어용시를 발표하며 살았다.

'조선의 랭보'라 불리던 시인 임화는 사회주의 문학운동을 표방한 카프의 서기장을 지냈으며 카프문학을 주도한 대표적인 사람이다. 임화는 시인 백석 못지 않은 수려한 외모의 엄청난 미남이었고 영화 주연으로 출연하기도 하여 '조선의 루돌프 발렌티노'라는 별명으로 불리기도 하였다. 임화는 1935년 카프가 해산한 후에는 잠시 순수문학으로 회귀하는 듯 했으나 박헌영을 만나면서 남로당 노선을 따르게 되었고 1947년 박헌영이 미군정의 체포령을 피하여 월북할 때 함께 북으로 넘어갔다. 1953년 한국전쟁 실패의 책임을 지고 박헌영과 남로당 당원 2,000여 명이 숙청을 당할 때 임화도 미제 간첩의 죄명을 뒤집어 쓰고 처형당하였다.

시인 백석과 월북 시인들은 분단과 한국전쟁의 와중에 대한민국이 아니라 공산주의 북한을 선택하였다. 친일행위자들에 대한 청산도 제대로 되지 않고 지주와 자본가 등 부르주아지가 이끄는 대한민국보다는 노동자, 농민 등 프롤레타리아가 이끄는 북한이 더 사람 사는 냄새가 나는 자신들의 조국이라고 여겼기 때문이리라. 그러나 그들은 대한민국의 이승만이나 박정희가 아니라 그들이 조국이라 여겼던 북한에서 그들의 수령 김일성에 의하여 죽임을 당하거나 집필을 금지당하고 김일성을 찬양하는 어용 시인으로 살아야 했다.

한국전쟁의 와중에 좌나 우 어느 한쪽을 선택해야만 살 수 있었던 당시의 엄혹한 현실에서 만약 시인 백석이나 이용악 그리고 임화가 북을 선택하지 않고 남을 선택하여 남한에 남았다면 그들의 시인으로서의 삶은 어떠했을까. 지조론으로 유명한 시인 조지훈처럼 최소한 지조를 지키며 살 수는 있었을까. 대원각을 둘러싸고 시인 백석과 자야 그리고 김소산, 박헌영, 시인 임화로 이어지는 인연의 실타래가 질곡의 한국전쟁만큼이나 복잡하게 얽혀 있다.

〈2018년 8월 13일 경북일보〉

모명재에서
고모령을 넘어 고모역까지

　대구 수성구 만촌동 옛 남부정류장 뒤 야트막한 야산으로 둘러싸인 곳에 모명재慕明齋가 있다. 모명재는 임진왜란 당시 명나라 원군을 이끌고 온 이여송 장군의 일급참모였던 풍수전략가 두사충을 모신 재실이다. '모명慕明'은 명나라를 그리워한다는 뜻으로 두사충의 호다. 두사충은 왜군이 재침한 정유재란 때도 두 아들과 함께 원병을 와서 공을 세웠는데 전쟁이 끝난 후 명나라로 돌아가지 않고 조선에 귀화하였다. 모명재의 기둥에는 충무공 이순신 장군이 두사충에게 보낸 시가 걸려 있다.

　두사충은 명의 원군이 조선 관군과 합동작전을 펼칠 때 조선군과 긴밀한 협의를 하였는데 이러한 인연으로 그당시 삼도수군통제사였던 이순신 장군과도 상당한 친분이 있었다고 한다. 충무공 이순신은 명나라 장수로서 수만리 먼길을 마다않고 두 번씩이나 조선을 찾아와 도와준 두사충에게 감격하여 한시를 지어 보내 마음을 표했고 그 한시가 모명재 기둥에 지금도 걸려 있는 것이다.

모명재에서 두사충의 묘를 지나 산길을 조금 걸어가면 형봉과 제봉을 지나 고모령으로 넘어가는 길 표지판이 서 있다. 모명재를 들를 때마다 형제봉을 넘어 고모령을 지나 고모역까지 가는 코스를 한번 걸어보겠다고 마음먹었다가 지난 토요일 마침내 그 등산길을 걸을 수 있었다. 모명재에서 올라가는 형봉은 야산이지만 경사가 가팔라 형봉 정상에 오르니 온몸에 땀이 묻어나왔다. 형봉 정상 건강쉼터에는 체육시설이 있는데 그곳에서 군기지 철조망을 따라 내려가지 않고 명복공원 뒤에 있는 천태종 사찰 동대사로 내려왔다. 동대사 앞마당 저편에 저수지가 있고 그 근처 천막을 쳐 놓은 평상에 잠시 앉아 오월의 시원한 산들바람을 쐬다가 일어나 고모령으로 향했다.

고모령은 현인이 불렀던 전통가요 '비내리는 고모령'으로 유명한 곳이지만 찾는 사람이 별로 없이 수풀로 그늘져 있어 생각을 비우고 혼자 조용히 걷기 적당한 곳이다. 고모顧母는 한자로 돌아볼 고顧, 어미 모母다. 한자 뜻대로 하면 어머니를 돌아본다는 것이다. 현인의 '비내리는 고모령'은 일제강점기 고향을 등지고 징병·징용에 끌려가야 했던 사람들의 심금을 울리며 그 당시 대 히트를 쳤다. 노래는 '어머님의 손을 놓고 돌아설 때엔 부엉새도 울었다오 나도 울었오'로 시작된다. 나라 잃은 젊은이들이 일제의 태평양 전쟁에 동원되어 끌려가면서 어머님의 손을 놓고 돌아설 때 서럽게 울어야 했던 한맺힌 애절한 가사로 구성되어 있다.

고모령의 호젓한 산길을 지나 마을로 내려오면 고모역이 나타난다. 고모역은 현재는 폐역으로 기차가 서지 않는 곳이지만 일제 강점기에는 대구역과 경산역 사이에 놓여 있어 징병·징용에 끌려가던 청년들의 집합소였다. 일제는 사람이 많이 붐비는 대구역을 피해 조금 한적한 고모역에 징병·징용을 가는 사람들을 집합시켜 기차에 태워 부산으로 보냈다.

고모역 인근 경산 남산면 대왕산에는 '대왕산 죽창의거비'가 세워져 있다. 태평양 전쟁이 한창이던 1944년 여름 강제징병·징용에 항거하여 경산지역 청년 29명이 죽창과 낫 등으로 무장하여 약 20일간 대왕산 일대에서 일제에 대항하여 소규모 독립운동을 벌였다. 세 차례의 전투 끝에 식량이 고갈되자 모두 체포되어 2명은 고문 후유증으로 광복을 못본 채 옥사하였고 나머지 27명은 광복 전후에 풀려났다. 대왕산 죽창의거는 일제가 강제 징병·징용을 했다는 대표적 사례라 할 수 있다.

고모역은 현재 문화공간으로 바뀌어 시인이자 역사가인 설준원 고모역 문화원장이 옛 고모역의 역사와 현인의 '비내리는 고모령'에 얽힌 자료를 폐역 건물 내에 전시하고 있다. 고모역 맞은편 마을에는 고모상회가 있고 그 옆에 일흥마트가 있다. 일흥마트 창문 밖 오래된 탁자에 앉아 후배와 김치를 안주로 막걸리를 시켜 마셨다. 유튜브에서 흘러나오는 '비내리는 고모령' 노래를 들으면서 행여나 비라도 내리려나 했는데 비는 오지 않고 고모역을 지나쳐 달리는 기차소리만 요란하다. 마을 담장 위에는 그 옛날 고모령과 고모역의 슬픈 애환을 말해주듯 오월의 장미만이 하늘 아래 붉게 물들어 있었다.

〈2022년 6월 16일 법률신문〉

연암 박지원의 문체혁신과
정조의 문체반정

조선 후기 역사에 있어서 그 누구와도 비교할 수 없는 빛과 에너지를 발산한 두 개의 별이 있었으니 연암 박지원(1737~1805)과 다산 정약용(1762~1836)이다. 『열하일기』로 유명한 연암은 그 당시 집권층인 노론벌열층의 경화사족 출신이었고, 『목민심서』 등을 저술한 다산은 집권에서 배제되었던 남인 출신이었다. 연암은 노론 권문세족 출신이었으나 처음부터 과거시험을 거부하고 권력의 밖으로 떠돌며 서얼 출신들과 어울려 문체혁신의 실험에 골몰하였다. 이에 반하여 다산은 미미한 남인 출신이었으나 정조의 탕평책에 힘입어 젊은 나이에 조정에 등용되어 권력의 중심에서 정치를 개혁하고자 하였다.

1792년 정조는 '패관잡기는 물론 경전과 역사서까지 모든 중국 서적의 수입을 금지한다'는 공표를 하였다. 연암 박지원의 문체혁신에 대한 정조의 문체반정의 시작이다. 패관잡기란 소품이나 소설 기타 에세이류의 개인 문집을 뜻한다. 요즈음에는 패관잡기가 문학의 주류로서 소중히 여겨지고 있지만 그 당시에는 금지당한 것이다. 정조의 '문체반정文體反正'은 문체를 바른 곳으로 되돌린다는 것이다. 경박한 소품체와 황당무계하고 허구에 가득 찬 소설체를 혁파하고 우주와 역사에 대한 깊고도 원대한 사유, 중후한 격식을 갖춘 고전적이고 아카데믹한 문장으로 되돌아가자는 것을 말한다. 이러한 문장은 경학의 고문古文을 지칭한다.

　문체반정이 일어나자 다산 정약용은 '국내에 유행하는 패관잡서를 모두 불사르고 이를 북경에서 사들여 오는 자를 중벌로 다스려야 한다'고 주청하였다. 정조의 문체반정에 적극 호응한 반면 연암을 비롯해 문체 변혁을 시도한 자들을 엄중하게 처벌해야 한다고 주장한 것이다. 다산은 소품·소설체는 사람의 감성을 건드려 마음을 뒤흔들리게 하는 삿된 것이고 고전·고문체는 이성으로 다스려 사람의 마음을 안정되게 하는 바른 문장체로 본 것이다. 정조는 다산의 주청을 받아들여 중국서적 수입을 금지하는 한편 과거시험에서 소설체적 문체 변혁을 시도한 글이 있으면 무조건 낙방시켰을 뿐만 아니라 다시는 과거를 보지 못하도록 조치하였다. 그러나 패관잡서를 불사르게 하지는 않았고 이를 사들여 오는 자를 중벌로 다스리지도 않았다. 또한 소설체에 탐닉했던 사람이라도 반성문을 쓰고 고전체로 전향하여 개전의 정이 뚜렷한 경우에는 다시 관리로 등용하는 관대함까지 보였다.

　정조는 경전과 역사를 방대하게 섭렵을 하였을 뿐만 아니라 규장각을 설치하여 신하들에게 직접 강의를 주도하고 정조 자신의 개인 문집인 『홍재전서』 수십 권을 남길 만큼 박학다식하였다. 정조는 연암 박지원이 소품, 소설체로의 문체혁신을 시도한 숨은 기획자라는 것을 잘 알고 있었다. 정조는 문체혁신을 금지하는 문체반정을 총지휘하면서도 문체혁신의 본거지인 연암의 열하일기를 바쁜 국정 와중에도 이미 읽어서 그 내용을 모두 알고 있었다.

연암이 문체혁신을 시도한 것은 죽은 문장인 고문을 어설프게 베끼거나 본받지 말고 지금 눈앞에 펼쳐진 인간과 자연 현상의 변화에 직접적으로 감응하여 살아있는 현재의 새로운 문장으로 표현하자는 것이었다. 연암의 문장은 소품체, 소설체를 즐겨 구사하였지만 연암의 목적은 어떻게 하면 문장에 삶의 약동하는 기운을 불어넣는가에 있었던 것이다.

조선 후기의 불세출의 천재인 연암과 다산을 신하로 둔 정조는 자신의 문체반정에 적극 호응하는 다산을 총애하고 신임하면서도 이와 반대편에서 문체혁신을 시도한 연암을 처벌하거나 내치지 않았다. 젊은 정조의 경륜과 박학다식함, 포용력을 보여주는 것이다. 국가 최고지도자로서 구동존이求同存異 즉 '같은 것은 찾고 다른 것은 내치지 말고 그대로 두라'는 정신을 실천함으로써 정치뿐만 아니라 문체에 있어서도 대탕평 및 화합을 이룬 것이다.

국가 최고지도자는 정조대왕처럼 수기치인修己治人하고 박학다식하며 올바른 통찰력과 포용력을 갖춘 문무文武겸전한 사람이어야 바람직하다. 그중에서 박학다식은 지도자가 종합적인 판단을 내리기 위해 꼭 갖추어야 할 전제조건이다. 이웃나라 중국의 마오쩌둥은 한漢과 당唐의 역사를 20년에 걸쳐 편찬한 방대한 역사서 『자치통감』을 무려 17번이나 완독했을 만큼 박학다식하였다. 대장정 도중에도 『자치통감』을 손에서 놓지 않고 베개 밑에 두고 잤다고 한다. 문화대혁명으로 중국의 역사를 후퇴시킨 장본인이기도 하지만 책을 가까이 하고 항상 공부하고 배우려 한 점은 우리 정치 지도자들도 배워야할 점인 것 같다.

대구 동구 평광마을과
하양무학로교회

　주말을 맞아 팔공산 둘레길에 놓여 있는 대구 동구 평광마을을 찾았다. 평광마을은 대구 인근에 남아 있는 사과나무 집산지다. 지구 온난화로 인하여 사과 생산지가 대구에서 북쪽인 청송, 의성으로 옮겨갔으나 평광마을 인근은 팔공산에 위치해 있어서 아직도 사과 과수원이 많고 우리나라에서 가장 오래된 홍옥 사과나무가 평광마을 입구에 그대로 심어져 있다. 평광마을은 불로시장에서 개천을 건너 도로를 따라 한참 들어간 곳에 있다. 근처에 측백나무 거리와 경주 최씨 집성촌인 옻골이 있다.

　사방이 산으로 둘러싸인 평광동 큰마을에는 재실 첨백당과 광복소나무가 있다. 효자 강순항 정려각을 지나 동쪽 계곡으로 들어가는 입구에는 평리마을이 있으며 안으로 들어가면 새터, 시량이 마을이 차례로 나타난다. 시량이 마을은 왕건이 견훤과의 공산전투에서 패하여 달아나던 중 이곳에서 밥을 얻어먹고 사라져 실왕리失王里로 불리다가 음이 변하여 시량이로 불리게 되었다고 한다. 이곳에 신숭겸 영각 유허비가 위치한다. 평광마을에는 시온성기도원이 황량하게 서 있고 닭의 홰치는 소리, 개 짖는 소리, 바람소리, 계곡에 물 흐르는 소리만 들릴 뿐 마을은 고요하고 적막하여 시인 이태백의 '별유천지 비인간別有天地 非人間'의 싯구절이 절로 떠오른다.

신숭겸 장군 사당 앞에 차를 세우고 팔공산 쪽으로 걸어 들어갔다. 사람이 거의 다니지 않는 임도에 간혹 산악자전거를 타는 사람들만 지나간다. 산 속에는 딱따구리 소리만 들리고 길은 혼자 묵상하며 걷기 안성맞춤이다. 제방공사를 잘 해놓아서 길이 시원하게 뚫렸고 주변 풍경이 무척 신선하다. 길을 따라 오르니 오른쪽은 초례봉으로 올라가는 길이고 왼쪽은 환성산으로 가는 길이다. 고갯마루에 있는 안내판을 보니 그대로 고개를 넘어가면 경산 하양이다. 돌아가려다가 내친 김에 하양무학로교회가 있는 하양읍까지 걸어가보기로 했다. 예정에도 없이 대구 동구에서 고개를 넘어 경산 하양읍까지 걸어서 가보는 것이다. 처음 가보는 숲속으로 난 길이지만 새로운 것, 낯선 것을 경험해보는 것은 창조적 기쁨과 설렘을 맛볼 수 있게 한다.

약 1년 전부터 찾아가기 시작했던 하양무학로교회는 물볕으로 불리는 하양에 1986년 조원경 목사가 개척한 교회다. 신도 30여 명의 작은 시골교회인 하양무학로교회는 2019년 한국의 대표적 건축가인 승효상이 설계비도 제대로 받지 않고 새로 예배당을 지어주었다고 한다. 신축 예배당은 첨탑도 네온사인 십자가도 창문도 없이 회색 벽돌의 단층 건물로 연면적 15평의 아주 작은 예배당이다. 사시사철 흰 고무신 하나로 생활하는 검소한 조원경 목사는 '묵정초당'이라는 두 평 남짓 소박한 목사 집무실에서 성경을 묵상하고 불경과 성리학도 차별 없이 공부한다. 교회가 날로 세속화, 물질화되고 극단적으로 교조화되고 있는 지금 시골의 작은 교회가 종교간의 담을 낮추는 작은 울림이 되고 세상의 소금이 될 수 있었으면 한다.

하양무학로교회가 있는 하양읍으로 넘어가는 길에 오래된 주막이 있었지만 주인이 없어 한 모금 막걸리로 목을 축일 수 있는 기회는 가지지 못하였다. 대곡리를 지나 2만 5천보를 걸어 하양읍 가까이 도착하자마자 비가 내렸다. 잠바를 뒤집어 쓰고 비를 피해 뛰어서 근처 편의점으로 들어갔다. 컵라면을 사서 뜨거운 물을 붓고 앉아 기다리며 편의점 창밖에 비가 내리는 모습을 하염없이 쳐다보았다. 젊은 시절 비를 맞으며 걸어보기도 하였지만 비 내리는 편의점 창밖을 지켜보고 있는 것도 나름 운치가 있다.

너무 바쁘게 도시에서만 살아가고 소나기의 순수한 마음을 잃어가고 있는 우리들! 편리함만 추구하는 디지털 시대에 힘들게 걸어 아날로 그의 불편함을 경험해보는 것도 좋은 것일 수 있다는 생각을 하며 하양 대구가톨릭대 앞에서 814번 버스를 타고 한시간 동안 흔들리며 대구로 돌아왔다. 신숭겸 장군 사당 앞에 세워진 나의 승용차는 주인을 기다리며 홀로 평광마을을 지키고 있을 것이다.

경주에 가거든

토요일 오후에 조각가 선배가 홀로 살고 있는 경주 불국사 아랫동네에 가서 1박 2일을 보냈다. 경주로 들어가는 길은 언제나 나를 편안히 안아주는 엄마의 품 같은 아늑함이 있다. 통일전과 화랑교육원, 선덕여왕릉을 지나가면 신라 천년의 숨결이 느껴지고 어느 낯선 여행지를 찾아온 것 같은 신선한 생동감이 넘친다. 드넓은 서라벌 들판에는 모내기가 끝난 벼들이 눈이 시리도록 푸르게 자라고 있고 줄지어 늘어선 단층 기와집들은 여기가 천년 고도라는 것을 피부로 느끼게 한다. 낯선 곳을 찾아 떠난다는 것은 익숙함을 벗어나는 창조적 자유다.

선배 집에 도착하니 선배가 집 밖에 나와서 기다린다. 경주 시내 '삽짝거리'라는 식당을 예약해 놓았으니 거기로 택시를 타고 가자고 한다. 식당에서 괴짜스님을 만나 판소리꾼과 술을 곁들여 저녁을 먹었다. 술은 취하면 실수도 하게 되지만 한편 벽을 허물어뜨려 빨리 친하게 하고 나의 자존심을 버리게 하고 나를 낮추게도 한다. 저녁 식사를 끝내고 라이브 카페에서 신라의 달밤, 황성옛터를 부르면서 놀다가 밤늦게 선배의 집에 돌아오니 선배가 미리 이불을 깔아놓았으니 다실에서 자라고 한다.

다실에는 책들이 수북이 쌓여 있고 '空'이라 쓰인 커다란 액자가 벽에 걸려 있다. 책 중에 『경주에 가거든』이라는 제목의 춘원 이광수의 경주 자전거 여행기가 있어서 읽었다. 일제 강점기 차편도 잘 없는 시절에 춘원은 자전거를 타고 경주 유적지를 돌아다니며 기행문을 남겼다. 춘원의 글은 언제 읽어도 맛깔이 난다. 춘원은 일제 강점기 육당 최남선, 벽초 홍명희와 더불어 조선 3대 천재로 불렸다. 1919년 3.1 운동 당시 춘원은 일본에서, 육당은 조선에서 각자 독립선언문을 기초하였고 반일민족운동을 해왔으나 중일전쟁과 태평양전쟁이 일어나면서 친일을 함으로써 반민족행위자로 비판을 받고 있다. 그래서 반일을 강조하는 사람들은 춘원과 육당의 글은 읽지 말아야 한다고 말한다. 그러나 춘원과 육당이 친일행위를 하면서 지은 글들은 읽지 말아야 하겠으나 그들이 반일민족운동을 하면서 지었던 글까지 읽지 않는다는 것은 이제 와서 무슨 의미가 있겠는가. 춘원은 조선의 문학에서, 육당은 민족 역사학에서 뚜렷한 발자취를 남겼다.

함경도가 고향이고 북한의 김일성종합대학을 다녔던 고 김규동 시인에 의하면 일제시대 만주에서 항일독립운동을 하다가 몇 번이고 옥고를 치렀고 북한의 보건사회부 위생국장을 지냈으며 한국전쟁 때 북한 치하의 서울에서 서울대병원장까지 지낸 공산주의자 유채룡이라는 사람은 다음과 같이 말했다고 한다.

"이광수, 최남선 같은 친일파의 작품 이를테면 흙, 무정은 훌륭한 책인데 그것까지 어떻게 버려요. 다만 조선인 학병동원 연설을 하고 창씨개명을 하고 민족을 배신한 게 죄지요. 그 전에 감옥에 갇혀서 조선 문학을 썼어요. 최남선도 친일을 했지만 그가 개척해놓은 국사는 재산이에요. 책을 불태워 재산을 다 버릴 수는 없어요. 친일은 말로 했지 책에 친일 흔적은 없어요. 최남선의 책을 다 버리면 우리 국사는 알맹이가 없어요. 문학을 하는 사람은 친일파, 자유주의자, 공산주의자의 저술도 광범위하게 읽어야 해요. 문학은 인간학입니다. 소설은 인간 공부이기 때문에 다방면으로 공부해야 합니다. 푸시킨, 톨스토이만 읽지 말고 친일 문학도 어느 정도 용서해서 걸러내야 합니다."

친일파니 종북좌파니 하면서 좌우 이념대립이 심하고 한쪽으로만 너무 치우쳐 다른 쪽을 지나치게 매도하는 작금의 우리나라 현실을 감안할 때 공산주의자이지만 유채룡의 말은 상당히 울림이 있다. 『임꺽정』이라는 대하소설을 남기고 월북한 벽초 홍명희는 친일을 하지 않았으나 북한에서 박헌영과 더불어 부수상을 지냈다. 벽초는 소설로서 많은 후학들에게 영감을 주었지만 대한민국 입장에서 볼 때는 남침하여 민족끼리 내전을 일으키고 무고한 많은 시민들을 죽게 한 책임자의 한 사람이라 할 수 있다.

춘원의 기행문을 읽고 나서 나도 시간이 되면 자전거를 타고 경주 유적지를 돌아보리라 다짐해본다. 책의 향기에 파묻혀 나도 모르게 잠들었다 아침에 일어나니 서라벌 공기는 너무 깨끗하고 맑아서 숙취가 전혀 없다. 대숲에서 새들이 재잘거리고 도자기를 굽는 가마터에는 들고양이가 혼자 어슬렁거린다. 불국사 아랫마을에서 마주치는 초여름의 낯선 풍경은 싱싱하고 생동감이 넘쳐 익숙함을 벗어나 창조적 자유를 느끼게 해준다.

〈2020년 7월 6일 대구일보〉

내 고향 칠곡군 왜관읍

올해 추석은 코로나로 인한 이동제한으로 고향을 찾지 못하는 분들이 많을 것 같다. 고향은 언제나 엄마의 품같이 그리운 곳이다. 내가 태어난 곳은 경북 칠곡군 왜관읍이다. 왜관이라고 하면 낙동강전투, 끊어진 낙동강 다리로 대표되는 한국전쟁이 떠오른다. 왜관은 낙동강 방위선의 최대 격전지였기 때문에 전투가 치열했던 곳이다. 1950~60년대에는 터지지 않은 불발탄으로 인하여 사고가 나기도 하였다. 현재도 미군부대 캠프 캐럴이 왜관읍에 자리잡고 있다.

왜관倭館이라는 지명은 일본인의 거류지를 의미한다. 일본인 거류지의 대표적인 곳이 부산 동래에 있는 동래왜관이었다. 일본인 거류지인 왜관은 주로 일본에 가까운 우리나라 남동쪽 해안에 설치되어 있었다. 그런데 내륙 깊숙이 자리 잡고 있는 칠곡군에 왜 왜관이라는 지명이 생긴 것인지 의문이 들 수 있다. 왜관은 낙동강변에 자리 잡고 있다. 낙동강을 따라 장사꾼 일본배가 칠곡군 왜관이 있는 곳까지 들어왔고 칠곡군 낙동강변 선창가에 일본인 거류지인 왜관이 형성되었다. 그런데 원래 왜관은 현 왜관읍의 낙동강 맞은편인 약목면 관호리에 있었다. 1905년 경부선 철도의 왜관역이 현 왜관읍 지역에 설치되면서 이 지역의 행정구역명이 왜관면이 되었다고 한다.

왜관면이 점점 커지면서 왜관읍으로 승격되었고 칠곡군에는 읍이 두 개가 생기게 되었다. 본래 있었던 칠곡군 칠곡읍과 새로 승격된 왜관읍이다. 왜관읍이 더 커지게 되면서 칠곡군 군청 소재지는 칠곡읍에서 왜관읍으로 옮기게 되었다. 칠곡읍은 나중에 대구시가 광역시가 되면서 편입이 되어 현재의 칠곡 지구로 바뀌었다. 현재 칠곡군은 인구 약 12만 명으로 경상북도에서는 가장 인구가 많은 군이다.

왜관읍은 가톨릭과 인연이 많은 곳이다. 일제 시대의 탄압과 한국전쟁을 거치면서 뿔뿔이 흩어졌던 베네딕도수도원 수사들이 왜관에 모여들어 세운 것이 지금 순심고등학교 옆 동산 위에 세워진 베네딕도수도원이다. 나는 어릴 때 저 멀리 동산 위에 높이 자리 잡고 서 있는 서구식 건물의 베네딕도수도원이 피안의 세계처럼 보였다. 가을이면 수도원을 둘러싼 노란 단풍잎이 너무 경이로웠다.

구상 시인은 왜관에서 살았는데 친형이 가톨릭 신부일 정도로 가톨릭과 인연이 깊다. 내가 살았던 동네 입구에 그 당시 구상 시인의 사모님이 순심병원을 열었다. 병원 건물이 현대식 건물이 아니라 기와집으로 된 한옥식 건물이었다. 내가 살았던 동네는 과수원으로 둘러싸인 들판에 1960년대 당시로는 현대식인 주택 50채로 형성된 마을이었다. 주로 미군부대에서 일하는 사람들이 많이 살고 있었다. 동아일보 지국장을 지내신 아버지 슬하에 1960년대에 한옥 주택에 살았으니 나의 유년시절은 과수원과 함께 하는 그리 부족함이 없는 생활이었다. 구상

시인은 낙동강변에 살면서 아름다운 시를 많이 지었는데 구상 시인이 살았던 낙동강변에는 지금 구상문학관이 세워져 있다.

왜관에는 베네딕도수도원과 함께 빼놓을 수 없는 것이 있는데 왜관읍 낙산리 낙동강변에 자리 잡은, 세운 지 100년이 넘는 가실성당이다. 가실佳室이라는 이름은 '아름다운 집'이라는 뜻으로 가실성당은 정말 아름다운 성당이다. 멀리 낙동강이 내려다보이는 동산에 자리 잡은 가실성당을 찾아가면 그 고고하고 퇴색한 성당의 원초적 성스러움에 저절로 머리가 숙여진다. 목가적인 풍경 속에 동정녀 마리아의 동굴이 있고 묵상에 잠든 사목관이 있다. 가실성당은 한적한 시골에 자리 잡고 있어 신자들은 별로 없겠으나 지금은 가톨릭 신자들이 베네딕도수도원에 피정을 오면 들러서 참배하고 간다고 한다. 가실성당은 팔공산 한티성지까지 이어지는 가톨릭 순례자의 길 시발점이기도 하다.

왜관이라는 지명은 그 이름 때문에 현재 시련을 겪고 있기도 하다. 칠곡군 주민 일부가 '일제강점기에 굳어진 왜관읍이라는 지명을 사용하지 말자'는 운동을 벌이고 있기 때문이다. 왜관읍은 칠곡읍, 왜관역은 칠곡역으로 바꿔야 한다는 것이다. 일리가 있는 주장이긴 하지만 그동안 왜관이라는 지명과 희로애락을 함께 해온 사람들의 역사도 같이 숨쉬고 있기 때문에 반대도 만만치 않을 것 같다.

가을이 깊어가고 있다. 코로나가 조금 잠잠해지면 휴일에 가족과 함께 베네딕도수도원, 가실성당, 호국의 다리, 매원마을이 있는 왜관읍으로 나들이를 한 번 해보는 것도 괜찮은 관광일 것 같다.

〈2020년 10월 5일 대구일보〉

아시아의 디아스포라
-고구려 유민의 후손 먀오苗족

　호주의 저명한 인류학자인 게디스(1916~1989)는 '세계 역사에는 끝없는 고난을 당하면서도 불굴의 의지로 끝까지 이겨낸 두 민족이 있으니 그중 하나는 먀오苗족이고 다른 하나는 유대인'이라고 말하였다. 먀오족은 현재 중국 구이저우貴州성과 윈난雲南성, 후난湖南성 일대에 걸쳐 분포하는 소수민족으로 중국 내 800만 명, 동남아와 미국 등 200만 명 합계 약 1,000만 명에 이른다. 먀오족은 한족에 의해 끝없는 고난을 당하였으나 지적 능력이 뛰어나고 저항과 독립성이 강해 '아시아의 유대인'이라고 불린다.

　서기 668년 나당연합군에 의해 평양성이 함락되고 난 후 당나라 장군 이적은 고구려의 보장왕과 연개소문의 아들 남건 등 고구려의 지배계층 약 20만 명을 중국으로 끌고 갔다. 이들 고구려 유민들은 영주(현 랴오닝성 차오양시)와 내주(현 산뚱성 옌타이시 라이저우) 등에 머물다가 중국 각지로 보내졌다. 그 당시 영주에 머물던 일부 고구려 유민들이 탈출하여 말갈족과 연합해 대조영의 발해를 세우기도 하였다.

영주에 머물던 고구려 유민들은 주로 요동과 만주에서 끌려온 사람들로 황하강과 양쯔강을 건너 윈난성과 구이저우성 서북지역 일대에 정착하여 서부 먀오족이라 불린다. 내주에 머물던 고구려 유민들은 평양성에서 서해 바다를 건너 끌려온 고구려 핵심 귀족층으로 후난성과 구이저우성 동남지역 일대에 정착하여 중·동부 먀오족이라 불린다. 동부 먀오족은 고구려의 핵심 귀족층 후손이기 때문에 독립성과 저항심이 유달리 더 강하다. 먀오족은 고구려 정체성 말살정책에 의해 산악지대로 쫓겨다니다가 당이 멸망하고 송이 건국되고서야 구당서舊唐書 등 문헌에 등장하기 시작한다. 중국의 다른 소수민족의 경우 모두 당 이전부터 문헌에 등장하고 있는 것과 사뭇 비교된다.

장제스의 국민당 정부 시절 중국의 유명한 인류학자였던 페이샤오퉁은 먀오족 일부의 체질인류학적 특징이 한국인과 가장 가깝다고 했다. 먀오족은 중국 남방지역에 정착하면서 원주민과 피가 섞이기도 했으나 만주족 다음으로 한국인과 유전자 특징이 가깝다. 1950년대 초 중국 공산당 정부는 최초로 중국 내 소수민족에 대한 조사를 전면적으로 실시해 먀오족에 대한 기원과 정체성을 확정하였다. 송 이전 문헌에는 전혀 발견되지 않는 먀오족이지만 송나라 시기에 후난성 일대에 거주하였으므로 당시 후난성 현지 소수민족인 남만일 것이라고 합의한 바 있다. 그러나 남만은 모두 반호라는 개를 토템으로 숭배하였으나 먀오족은 반호라는 개를 토템으로 숭배하지 않는다. 따라서 송나라 이전의 먀오족 역사는 중국 공산당 정부에 의하여 조작된 것이다.

먀오족은 고구려 유민이 근간이 되어 현지 원주민과 융화과정을 거치면서 형성된 민족이다. 중국은 동북공정에 따라 고구려 유민은 모두 중국에 흡수되었으므로 고구려사는 중국사라고 주장하고 있으나 동의할 수 없는 주장이다. 당이 고구려 정체성을 말살하기 위하여 고구려 유민들을 중국 남방으로 끌고 가 한족에 동화, 자연소멸시키려 하였고 최근에는 중국 공산당 정부가 동북공정으로 고구려 역사마저 중국 역사로 편입시키려 획책하고 있다. 중국 베이징에서 언어인류학을 전공한 김인희 박사는 '1,300년 디아스포라 고구려 유민'이라는 책을 통해 먀오족의 뿌리와 현재를 밝히고 있다. 김인희 박사는 먀오족의 뿌리가 고구려 유민임을 19개의 증거를 들어 설명하고 있다. 먀오족은 그 수가 1,000만 명에 이르지만 중국 및 세계 여러 지역에 흩어져 거주하기 때문에 근대 이전의 유대인과 마찬가지로 자신이 뿌리 내린 사회에서 현재도 소수자 내지는 이방인으로 살아가고 있다.

역사를 잊은 민족은 내일이 없다. 나라를 잃은 망국의 국민은 이민족의 탄압에 짓밟히며 끝없는 고난을 당하여야 했다. 고구려 멸망의 원인은 국론 분열이다. 강대국에 둘러싸여 동북아 패권 경쟁 속에 놓인 대한민국이 다시는 이민족의 침략에 짓밟히지 않도록 국론을 통합하고 단결하여 자주국방을 위해 힘써야 할 것이다. 그리고 1,300년 동안 한족에 저항하며 독립을 위하여 끝없이 투쟁해온 먀오족이 우리의 형제임을 잊지 말아야 하겠다.

〈2021년 12월 20일 법률신문〉

운을 읽는 변호사

　지인으로부터 일본에서 50년 가까이 변호사로 일한 니시나타 쓰토부가 쓴 책 '운을 읽는 변호사'를 선물 받아 읽었다. 저자는 민·형사 사건을 담당하면서 1만 명 이상의 의뢰인을 만나보게 되었는데 그 의뢰인들을 상담하고 그들의 삶을 지켜보게 되면서 세상에는 운이 좋은 사람과 나쁜 사람이 있다는 것을 알게 되었다고 한다.

　10년 동안 정성껏 시어머니의 병간호를 했으나 운이 달아난 경우가 있고 유산 상속 때문에 다투게 되면서 자식들이 더 불행해진 경우가 많다고 한다. 힘든 일이나 칭찬받는 일을 했으나 오만의 덫에 빠지게 됨으로써 모처럼의 노력과 고생이 불행으로 이어지게 되고, 부모들이 갖은 고생과 절세까지 해서 자식들에게 많은 재산을 물려주었으나 그 유산 때문에 자식들이 더 불행해지게 된 경우가 많고, 재판에 이긴 후에 회사가 도산하거나 경영자가 교통사고를 당하는 등 오히려 불행해지는 경우가 드물지 않다고 한다.

그래서 남과 다투지 않는 것이 운을 지키는 비결이고 나만 잘 되기를 바라면 운이 돌아서게 되며 은혜를 입었을 땐 다른 사람에게라도 그 은혜를 갚는 것이 운을 좋게 만드는 것이라고 한다. 눈앞의 득실을 따지지 않고 100만큼 일하고 80만 바라면 120이 들어오게 되는 것이고 자신만을 위해 돈을 쓰는 부자는 반드시 불행해지며 자신만의 이익보다도 사회 전체의 이익을 우선시하여 타인을 배려할 때 커다란 운을 불러오게 된다고 한다.

일본의 자동차용품 판매업체로 매출액 1조 원이 넘는 대기업을 운영하는 모 기업가는 식품점에서 식품을 살 때 유통기한이 임박한 것을 골라 산다고 한다. 이는 유통기한이 다 되어도 팔리지 않으면 그 식품을 폐기처리하게 되어 슈퍼 주인이 손해를 보게 되는데 유통기한이 지나기 전에 이를 사줌으로써 그렇게 되는 것을 막아준다. 손님의 입장에서는 유통기한까지 날짜가 많이 남아 있는 식품을 사는 것이 신선하고 오랫동안 보존할 수 있어서 이득인데 그는 자신만의 이득이 아니라 남을 배려하고 사회 전체의 관점에서 생각하고 행동하는 것이다. 그렇게 함으로써 뜻밖의 이득을 얻을 수 있고 좋은 운도 불러오게 되는 것이라 한다.

사람들은 '나는 왜 이렇게 운이 나쁘냐'고 말하면서 운이 나쁜 것이 부모 탓, 이웃 탓, 환경 탓으로만 돌리는 경우가 있다. 그리고 불평만 한다. 좋은 부모, 좋은 환경에서 태어나 살았다면 자신도 잘 살 수 있었을 것인데 그렇게 되지 못한 것에 대하여 불평을 늘어놓고 잘 사는 사람들을 증오하기도 한다. 물론 잘 살고 못 사는 것이 부모 탓일 수도 있고 환경 탓일 수도 있다. 그러나 어렵고 나쁜 환경 속에서도 이를 극복하고 성공하는 사람들도 있고 어려운 환경이 오히려 사람을 더 훌륭하게 성장시키는 바탕이 되기도 한다. 역경은 거꾸로 경력이라는 말도 있다. 역경의 길이만큼 삶이 더 단단하고 지혜로워질 수 있기 때문일 것이다. 불평보다는 힘든 삶을 이겨내는 방법을 찾는 사람에게는 길이 주어진다. 운은 고정된 것이 아니고 바뀌는 것이다. 남을 탓하기 전에 나의 잘못을 돌이켜보고 반성하며 밝고 바른 마음을 내는 것이 운을 좋게 만든다. 세상은 일체유심조요. 마음먹기에 달려 있다.

이스라엘에는 성경 속의 '사람을 낚는 어부'의 배경이기도 한 갈릴리 호수가 있고 이 호수에서 요르단강을 따라 남쪽으로 흘러가면 사해가 나타난다. 사해는 소금물 호수로 죽음의 바다로 불린다. 갈릴리 호수는 강물이 호수로 들어가는 동시에 흘러나오기 때문에 물고기를 비롯한 많은 생물들이 살고 있지만 사해는 막혀 있어서 강물이 흘러 들어가기만 하고 빠져나가지 못한다. 사해에 들어온 물은 흘러나가는 대신 사막의 높은 기온으로 인하여 증발되고 높은 염도로 인하여 사해는 생물들이 살기 어렵다. 그래서 두 호수를 비교하여 강물이 호수로 들어가기만 하고 흘러나가지 못하는 사해처럼 '가질 줄만 알고 베풀 줄 모르는 사람은 결국 파멸한다'는 격언이 있다.

베푸는 것은 더 큰 것이 들어올 수 있는 공간을 만들어준다. 부자가 되고 싶은 사람은 부를 담을 수 있는 내 그릇을 크게 만들어야 한다. 그릇이 큰 사람은 남을 진심으로 배려하고 베풀 줄 안다. 그리고 눈앞의 이익에 연연하지 않는다. 다툼과 분쟁은 되도록 피해야 하고 남이 나에게 미움과 원한을 가졌을 때는 다른 일을 하기 전에 먼저 이를 해결하고 화해하는 것이 중요하다. 내가 베푼 것은 즉시 잊어버리고 남에게 은혜를 입었을 때는 잊지 않고 다른 사람들에게라도 은혜를 갚는 것이 운을 좋게 한다. 힘든 일이나 칭찬받는 일을 했다고 오만의 덫에 빠져서는 안 되며 사회 전체의 이익을 우선시하여 타인을 배려할 때 커다란 운을 불러오게 된다.

〈2018년 4월 30일 경북일보〉

감상평

홍석준 전 국회의원

박헌경 변호사의 글은 철학적이면서도 역사에 기반한 이념적이고, 그러면서도 이민정책과 황사예방정책처럼 우리에게 정책적 함의를 던져준다. 이것은 저자의 지역과 나라에 대한 사랑과 걱정의 산물이 아닌가 싶다.

심후섭 아동문학가(전 대구문인협회장)

문장이 정확하고 주제가 분명하며 그 해결책 또한 명쾌하다.
〈신한국〉 기관지에도 차례로 옮겨 싣고 싶다.

박재일 영남일보 논설실장

그의 글은 율사의 엄정함을 기초로 하면서도 놓칠 수 없는 숱한 곁가지의 고민들을 담고 있다. 그의 글은 역사 저편에서 길러온 사실과 현존의 충돌을 직조로 짜서 들려준다. 공공선을 향해 우리가 헤쳐나갈 길을 거침없이 제시한다. 물론 혜안과 따뜻함이 깔려 있다.

박헌경 변호사 칼럼집

역사와 현실

초판1쇄 발행	2024년 7월 1일
지은이	박헌경
펴낸이	이동관
펴낸곳	매일신문사
주소	대구광역시 중구 서성로 20
전화	(053)251-1420~2
값	15,000원
ISBN	979-11-90740-34-0